职业教育课程改革创新规划教材

电子电器产品营销实务

张晓艳　主　编

王奎英　副主编

李小贺　申利霞　李晶晶　参　编

電子工業出版社

Publishing House of Electronics Industry

北京 · BEIJING

内 容 简 介

本书根据教育部中等职业教育教学改革要求，从中等职业学校电子类专业学生未来职业岗位需求的角度出发，介绍了电子电器产品营销所需的基本知识、基本业务和基本岗位技能。

本书采用基本技能模块的方式编写，主要内容包括：电子电器产品市场营销概论、电子电器产品的市场分析、电子电器产品的市场定位、电子电器产品的产品策略、电子电器产品的价格策略、电子电器产品的分销渠道策略、电子电器产品的沟通与促销策略、电子电器产品采购实务、电子电器产品仓储与保管实务、电子电器产品销售实务、电子电器产品运输与配送实务。

本书以知识“有用、够用”为原则，重点突出基本知识的应用和基本技能的培养，采用探究型学习方式，体现“以学生为主体、以教师为主导”的现代教育教学理念。

本书可作为中等职业学校电子类及相关专业的教学用书，也可作为电子电器产品经营从业人员岗前培训及自学参考用书。

为方便教师教学，本书还配有电子教学参考资料包，详见前言。

图书在版编目（CIP）数据

电子电器产品营销实务 / 张晓艳主编. —北京：电子工业出版社，2012.1
职业教育课程改革创新规划教材
ISBN 978-7-121-15492-8

Ⅰ. ①电…　Ⅱ. ①张…　Ⅲ. ①电子产品—市场营销学—中等专业学校—教材②电器—产品—市场营销学—中等专业学校—教材　Ⅳ. ①F764.5

中国版本图书馆 CIP 数据核字（2011）第 263289 号

策划编辑：张　帆
责任编辑：刘　凡
印　　刷：北京京师印务有限公司
装　　订：北京京师印务有限公司
出版发行：电子工业出版社
　　　　　北京市海淀区万寿路 173 信箱　邮编　100036
开　　本：787×1092　1/16　印张：14.25　字数：383 千字
版　　次：2012 年 1 月第 1 版
印　　次：2017 年 8 月第 8 次印刷
定　　价：28.80 元

凡所购买电子工业出版社图书有缺损问题，请向购买书店调换。若书店售缺，请与本社发行部联系，联系及邮购电话：（010）88254888，88258888。

质量投诉请发邮件至 zlts@phei.com.cn，盗版侵权举报请发邮件至 dbqq@phei.com.cn。

本书咨询联系方式：（010）88254592，bain@phei.com.cn。

前　言

本书是中等职业学校电子类专业系列教材之一，是依据《教育部关于进一步深化中等职业教育教学改革的若干意见》等教学指导方案，并参照电子产品经营相关职业技能鉴定标准编写的。全书遵循“就业为导向、能力为本位、素质为基础、模块为载体”的指导思想，采用“模块引领、技能驱动、一体化教学”的模式，力求突出以下特色：

（1）以学生为主体，教师为主导，强调自主学习、团队协作、理论实践一体化。本教材每一技能单元的学习均以小组活动开始。活动中，学生在教师的带领下，通过预习基本知识和进行小组讨论，共同完成任务。

（2）以知识“有用、够用”为原则，以职业需求为基础，参照电子电器产品经营相关职业鉴定标准选择教学内容。明确岗位职责，适当嵌入职业素质和职业道德规范要求，力求内容精要、语言精练、重点翔实、易学易懂。

（3）按职业领域工作过程的逻辑排列设置模块和模块所涵盖的相关典型工作任务。由“基本技能”“基本知识”“思考题”“知识拓展”栏目构成一个教学单元；由“模块教学目标”、“模块基本技能”“模块技能训练”“模块学习测验与总结”“模块学习评价”等栏目构成一个教学模块，体现模块化、系列化。

（4）采用以学生为主体、以教师为主导的探究型学习方式，教学活动丰富多彩。每个任务单元的教学首先以小组活动的形式展开，先让学生自行学习、体验、尝试解决问题，再由教师做主题讲授。由简到繁，由易到难。培养学生自主学习和团队合作学习的能力，满足学生喜欢探究新事物的心理，激发学生学习新知识的兴趣。各种学习活动采用了多种生动有趣的形式，给学生带来全新的学习体验，符合中职生的认知规律，吸引学生积极参与。

本课程在教学活动中可参考如下课时分配表。

序　号	模　块	建议学时
1	电子电器产品市场营销概论	6
2	电子电器产品的市场分析	6
3	电子电器产品的市场定位	6
4	电子电器产品的产品策略	6
5	电子电器产品的价格策略	4
6	电子电器产品的分销渠道策略	4
7	电子电器产品的沟通与促销策略	6
8	电子电器产品采购实务	4
9	电子电器产品仓储与保管实务	6
10	电子电器产品销售实务	4
11	电子电器产品运输与配送实务	4
12	复习、机动	2
13	测验	2
合　计		60

本书由河南机电学校高级讲师、高级市场营销师张晓艳任主编，河南机电学校高级讲师、河南省学术技术带头人王奎英任副主编，河南龙翔电器有限公司高级工程师黄家旗任主审。模块一由河南省民政学校李小贺编写；模块二和模块九由王奎英编写；模块三由河南机电学校李晶晶编写；模块四至模块七由河南机电学校申利霞编写；模块八、十、十一由张晓艳编写。全书由张晓艳统稿。本书在编写过程中得到了新飞电器有限公司营销师顾正杰的指导和帮助，并吸取了一些专家、学者、教师的研究成果，在此深表谢意。

由于我们水平有限，时间仓促，书中不妥和错误之处在所难免，敬请同行、读者批评指正。

为了方便教师教学，本书配有电子教学参考资料包，请有此需要的教师登录华信教育资源网（www.hxedu.com.cn）免费注册后再进行下载，如有问题可在网站留言板留言或与电子工业出版社联系（E-mail：hxedu@phei. com.cn）。

编　者

2011 年 9 月

目　录

模块一

电子电器产品市场营销概论

模块教学目标

学习目标	理解市场、市场营销的含义和市场营销的核心概念；熟悉电子电器产品市场特点；了解市场的分类和市场营销观念的发展过程
技能目标	掌握市场营销基本理论；能综合运用所学知识剖析现实案例
教学方式	学生自主学习、合作学习；教师授导；案例研讨、分析；实地考察
参考学时	6 学时

模块基本技能

基本技能 1 识别电子电器产品

活动 1：组建学习团队

活动形式：小游戏。

活动过程：（1）教师根据学生总数划分若干小组，组成学习团队。一般每班 4～5 组，每组 8～10 人。

（2）教师事先准备好与组数相同的图片，将每张图片按小组人数剪成若干个碎片。

（3）每位学生任意抽取一张碎片，然后尝试与其他学生的碎片拼接，能共同拼出完整图片的同学即为同一小组成员。

（4）各组为本团队命名，并提出团队格言，推举出小组长及小组发言人（建议组长和发言人由每位学生轮流担当）。小组成员将个人信息提供给组长，组长按表 1-1 整理成通讯录，供大家学习交流。

表 1-1　学习小组通讯录

团队名称		组长		发言人	
个人信息	姓名	电话	电子邮箱	QQ	备注
团队格言					

活动 2：识别电子电器产品

活动形式：小组讨论

活动过程：（1）教师向学生说明本次活动的目的、内容及注意事项。

（2）学生认真预习“基本知识”并就图 1-1 所示产品展开讨论，识别哪些属于电子电器产品。

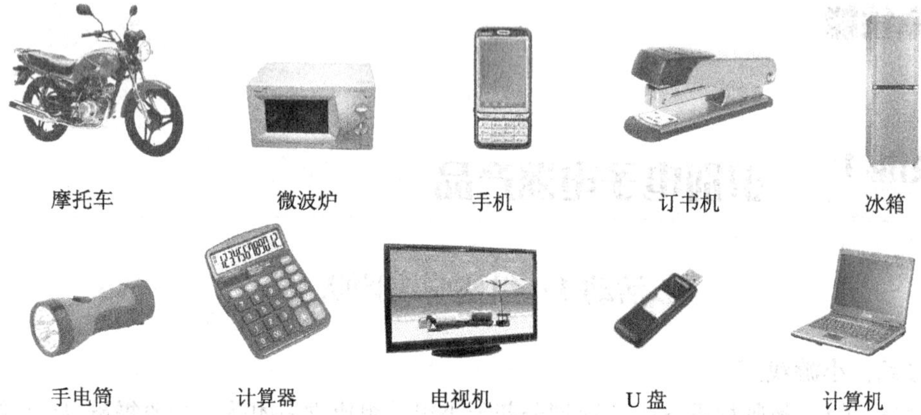

图 1-1

（3）讨论过程中，教师给予必要的引导。

（4）组长负责记录，小组发言人报告讨论结果。

（5）教师对本次活动的开展情况进行评价；对存在争议的一些问题加以澄清；对表现好的小组和个人予以表扬或奖励，尤其要鼓励学生的创造性思维。

活动成果：小组研讨记录表（见表 1-2）。

表 1-2　______小组研讨记录表

研 讨 问 题	研 讨 结 果
图中所列哪些属于电子电器产品	

基本知识

一、电子电器产品的定义

电子电器产品是电子产品和电器产品的总称。

电子产品泛指由电子元器件组成的产品。从民用的角度来讲，电子产品分为消费类电子产品（如电视机、冰箱、冰柜、空调、VCD、收音机、录像机、手机、电话、电子玩具等）和专业类电子产品（如广播、电视发射机，专业录像机，播控设备，各种电子仪器仪表等）。

电器产品泛指所有用电的器具。从专业的角度来讲，电器产品主要指用于对电路进行接通、断开来变换电路参数，以实现对电路或用电设备的控制、调节、切换、检测和保护功能的用电设备和元器件。但现在这一名词已经广泛地扩展到民用角度。从普通民众的角度来讲，它主要是指家庭常用的一些为生活提供便利的用电设备，如空调、冰箱、洗衣机、各种小家电、升降平台用电器、升降机用电器等。

概括地讲，电子电器产品是指由电子元器件组成、以电为能源的产品。

二、电子电器产品的分类

电子电器产品种类繁多，且分类标准不同，分类结果也不相同。现以家用电子电器产品为例，按其用途可分为如下几种。

（1）空调器具：主要用于调节室内空气温度、湿度以及过滤空气，如电风扇、空调器、空气清洁器等。

（2）制冷器具：利用其装置产生低温来冷藏或冷冻食物、饮料及其他物品，如电冰箱、冷饮机、制冷机、冰淇淋机等。

（3）清洁器具：用于个人衣物、室内环境的清理与清洗，如洗衣机、干衣机、淋浴器、抽烟机、排气扇、吸尘器、地板打蜡机、擦窗机等。

（4）熨烫器具：用于熨烫衣物，如电熨斗、熨衣机、熨压机等。

（5）取暖器具：通过电热元件使电能转换为热能，供人们取暖，如空间加热器、电热毯等。

（6）保健器具：用于身体保健的家用小型器具，如电动按摩器、按摩靠垫、空气负离子发生器、催眠器、脉冲治疗器等。

（7）整容器具：用于修饰人们面容，如电吹风、电推剪、电动剃须刀、多用整发器、烘发机、修面器等。

（8）照明器具：包括室内各类照明及艺术装饰用的、灯具，如各种室内照明灯具、镇流器、启辉器等。

（9）家用电子器具：指家庭和个人用的电子产品。这类家电产品门类广、品种多。主要包括以下几类。

①音响产品：如收音机、录音机、组合音响、电唱机等。

②视频产品：如电视机、录像机等。

③计时产品：如电子手表、电子钟等。

④计算产品：如计算器、家用电子计算机、家用计算机等。

⑤娱乐产品：如电子玩具、电子乐器、电子游戏机等。

⑥其他家用电子产品：如家用通信产品、医疗保健产品等。

（10）厨房器具：用于食物准备、食具清洁、食物制备、烹调等的电器器具，如电饭锅、电火锅、电烤箱、微波炉、电磁灶、搅拌器、绞肉机、洗碗机、榨汁机等。

思考题

请分类说出你家有哪些电子电器产品。

知识拓展

电子电器产品特性

1. 可靠性

可靠性是指电子电器产品在规定的使用条件下和规定的使用时间内保证完成规定功能的程度。能长期稳定可靠地工作是衡量电子电器产品品质的一个重要指标。

2. 耐用性

一般电子电器产品的使用寿命都很长，大部分电子产品的正常使用寿命都是以千小时计算的。较高档的产品，如电视机、冰箱、空调等的使用寿命则是以万小时来计算的。

3. 安全性

电子电器产品在电气和机械运动部分都应采取必要和充分的安全措施，保证在正常使用时不会对人身造成危害。

4. 美观性和装饰性

电子电器产品在外观式样设计、外表色彩、图案处理等方面一般都要讲究美观和装饰性。

5. 使用适宜性

电子电器的正常使用应不会给人们的正常生活带来危害。

6. 节约性

由于能源和水资源的稀缺，使用能源和水资源的费用逐年提高，所以人们更加倾向于使用节能性能和节水性能好的电子电器产品。

基本技能2 了解电子电器产品市场特点

活动：案例研讨

活动形式：以小组为单位研讨案例。

活动过程：（1）教师向学生说明本次活动的目的、内容及注意事项。

（2）学生认真预习“基本知识”，研读案例并展开讨论、回答问题。

（3）讨论过程中，教师给予必要的引导。

（4）组长负责记录，小组发言人报告研讨结果。

（5）教师对本次活动的开展情况进行评价；对存在争议的一些问题加以澄清；对表现好的小组和个人予以表扬或奖励，尤其要鼓励学生的创造性思维。

活动成果：小组研讨记录表（见表1-3）。

表1-3　　小组研讨记录表

研讨问题	研讨结果
（1）农村家电消费需求有哪些特点	
（2）为什么“家电下乡”优惠活动能激活农村消费市场	
（3）为什么说农村消费市场潜力巨大	

案例1-1

“家电下乡”激活农民购买力 升级农村消费市场

我国农村消费市场曾因持续低迷，一度被人们戏称为“一锅烧不开的温水”。调查表明，截止到2006年，农村居民家庭平均每百户冰箱、空调、洗衣机的拥有量分别只有22.5台、7.3台和43.1台。而从市场容量的角度来看，农村几乎与城市相当。根据中国统计年鉴的数据测算，2006年年底，城镇的家庭户数约为1.96亿户，农村的家庭户数约为1.82亿户，这说明农村家电市场的需求很大。2008年，国家开展了意在刺激农村消费市场由企业让利、国家补贴的“家电下乡”优惠活动。参与活动的家电产品共197个型号，按产品销售价格的13%予以补贴。

农村的家电消费水平与收入水平关系密切，可支配收入水平高的省市，家电的保有量水平也较高。降低家电产品的价格和提高收入对消费的影响是同向的，都会刺激消费。政府补贴家电购买无疑是一种鼓励消费的有效策略。

此次试点地区家电增长潜力较大，家电下乡试点工作所选取的山东、河南和四川是目前农村人口最多的三个省，分别占全国农村人口的6.8%、8.6%和7.28%，总计占全国农村人口总数的22.68%。因此这三个省的农村市场容量居全国之首。

如今，三年时间过去了，“家电下乡”活动取得了非常好的效果。2011年一季度统计结果显示，全国累计销售下乡家电产品270万台，销售额40亿元，环比增长70%，大大刺激了农村消费需求。

近年来，国家出台的一系列惠民政策使农民的钱包日益丰盈，农民的消费意识在逐年提升，农村消费市场潜力巨大。

基本知识

一、市场的概念

从市场营销学的角度讲，市场是现实需求与潜在需求的统称，即哪里有需求，哪里就有市场。对于一个企业而言，产品生产出来并定价后，如果有人愿意以此价格购买这种产品，这就意味着企业的产品有市场。愿意购买又有能力购买的人越多，或有效购买力越大，说明产品的需求量大，企业的市场就越大。因此，从企业营销的角度来讲，市场是指某种产品的现实购买者与潜在购买者（可能的购买者、有潜在购买需求的人或组织）需求的总和。它由三个要素组成：人口、购买力和购买欲望。

1. 人口

这是指人口数量的多少。人口数量的多少决定着市场容量的大小；人口结构影响着市场需求的内容与结构。

2. 购买力

购买力是指消费者支付货币购买商品或劳务的能力。在人口既定的条件下，购买力就成为市场容量的重要因素之一。市场的大小直接取决于购买力的大小。

3. 购买欲望

购买欲望是指消费者购买商品或劳务的愿望、要求和动机，是把消费者的潜在购买力转变为现实购买力的重要条件。

一般而言，人口的多少与生活必需品的销量密切相关；购买力的高低与高价品、奢侈品的销量密切相关；而购买欲望则较多地与消费者的个性相关联。

电子电器产品市场是指由一切对电子电器产品具有特定需要和欲望，并且愿意和能够从事交换来使需要和欲望得到满足的潜在顾客所组成的群体。

二、市场的分类

市场的分类方法很多，按照不同的标准可以划分为不同的类型。根据购买者特点及使用目的不同，市场可分为消费者市场和组织市场。

1. 消费者市场

消费者市场是指个人或家庭为了生活消费而购买商品或服务的市场。这一市场庞大而分散，是整个社会经济活动为之服务的最终市场。

消费者是电子电器产品的主要买主，消费者市场是电子电器产品经营活动为之服务的最终市场。因此，电子电器产品消费者市场是电子电器产品经营者最为重视和重点研究的对象。

2. 组织市场

组织市场又包含三个组成部分，即生产者市场、中间商市场和政府市场。

（1）生产者市场。生产者市场也称工业市场或产业市场。在生产者市场中，人们采购货物或劳务的目的是加工生产其他产品，并将这些产品销售或出租，以从中赢利。

（2）中间商市场。中间商市场也称再售者市场。在中间商市场中，批发商、各类零售商和代理商购买产品的目的是在消费者市场上出售这些产品而获利，因此中间商市场又被称为转售者市场。

电子电器产品经营企业一般不生产产品，是电子电器产品转售者，即经销商。例如，苏宁电器股份有限公司就是我国一家大型家电连锁零售企业，其经营的商品包括空调、冰箱、彩电、音像、小家电、通信产品、计算机、数码产品等上千个品牌、20多万个规格型号的电子电器产品。

（3）政府市场。政府市场是指为执行政府的主要职能而采购或租用商品的各级政府单位。政府市场上的购买者是政府的采购机构。政府市场是一个庞大的市场，受到电子电器产品生产经营者的普遍重视。

三、电子电器产品市场特点

1. 电子电器产品消费者市场特点

（1）分散性。电子电器产品消费者市场以个人或家庭为购买和消费的基本单位，购买者众多、市场分散，购买的目的是为了满足生活需要，主要通过零售商购买，每次购买的量小。

（2）差异性。电子电器产品消费者人多面广，差异性大。不同年龄、性别、兴趣爱好、受教育程度、收入水平的消费者有着不同的需求特点。

（3）多变性。电子电器产品更新换代周期短，新产品层出不穷，越来越多的消费者追逐消费潮流，需求多变。消费者更加关注产品的性能、外表款式乃至产品品位，而对一成不变的产品感到厌倦。

（4）替代性。电子电器产品种类繁多，同种产品的生产厂家多，产品之间往往可以互相替代。因此，消费者选择余地大，经常在替代品之间进行购买选择，导致购买力在不同产品、品牌和企业之间流动。

（5）非专业性。电子电器产品消费者大多缺乏相应的产品知识和市场知识，其购买行为属于非专业性购买。他们对产品的选购受广告宣传的影响较大，其购买行为具有很大程度的可诱导性。

2. 电子电器产品组织市场特点

（1）派生需求。组织需求是一种派生需求。组织机构对产品的需求归根结底是从消费者对消费品或服务的需求中派生出来的。

（2）市场大。组织市场是一个非常庞大的市场。该市场的消费者不仅购买与消费者市场相同的大量产品，如计算机、灯具、空调、电视等，而且购买许多消费者市场不常需要的产品，如大型中央空调、大型计算机等。

（3）多人决策。采购决策过程的参与者往往不止一个人，而是由很多人组成的，甚至连采购经理也很少能够独立决策而不受他人影响。

（4）过程复杂。由于购买金额较大，参与者较多，而且产品技术性能较为复杂，组织购买行为过程将持续较长一段时间。

（5）提供服务。一般来讲，电子电器产品本身并不能满足组织购买者的全部需求，产品经营者还必须为购买者提供技术支持、人员培训、及时交货、信贷优惠等便利与服务。

思考题

1. 市场的构成因素有哪些？
2. 电子电器产品消费者市场有何特点？

知识拓展

电子电器产品市场需求及供应特点

1. 电子电器产品市场需求特点

随着时代的发展，消费者对电子电器产品的需求也越来越趋向现代化。其特点主要表现在以下几个方面。

（1）方便适用。方便适用、物美价廉是消费者选购电子电器产品时最基本的要求。

（2）绿色环保。现在，绿色环保意识已深入人心，消费者对于电子电器产品的环保性要求越来越高。

（3）节能。省水、省电、节约能源是消费者选购电子电器产品的重要条件之一。

（4）智能化。智能化电子电器产品已经成为电子电器产品的主要发展方向，它能够让消费者在使用时感到轻松愉悦。

（5）安全保健。当今社会，人们对身体安全和健康日益关注，安全性好和具有卫生保健功能的电子电器产品越来越受到消费者的欢迎。

（6）个性化。随着消费需求越来越趋于个性化，可以体现个人的爱好和个性而设计的电子电器产品也越来越受消费者特别是年轻消费者的推崇。

2. 电子电器产品市场供应特点

电子电器产品的生产经营者在向市场供应产品时，通常要考虑以下几方面的问题。

（1）市场特点：即根据电子电器产品市场的特点来决定产品供应的种类及数量。人口数量大、购买力强、购买欲望强烈的地区，对电子电器产品的需求量就大，市场供应的产品数量、种类就多；地广人稀、经济欠发达地区，对电子电器产品的需求量就小，市场供应的产品数量、种类就少。

（2）换代特点：电子电器产品的科技含量高，更新换代快。因此，电子电器产品的市场供应周期通常比较短。

（3）季节特点：部分电子电器产品在供应时被考虑到产品使用的季节性特点。一般规律是冬季增加供应取暖、保温产品；夏季增加供应制冷、降温产品；节假日电视、音像等娱乐、休闲产品的供应储备比较充足。

（4）气候特点：部分电子电器产品在供应时被考虑到产品使用地区的气候特点。例如，干旱气候地区多供应具有节水功能的产品；多雨气候地区多供应具有防潮功能的产品；常年高温地区多供应具有耐高温功能的产品；常年低温地区多供应具有抗低温功能的产品。

基本技能 3　熟悉市场营销基本理论

活动：案例研讨

活动形式：以小组为单位分析研讨案例。

活动过程：（1）教师向学生说明本次活动的目的、内容及注意事项。

（2）学生认真预习“基本知识”，研读案例并展开讨论、回答问题。

（3）讨论过程中，教师给予必要的引导。

（4）组长负责记录，小组发言人报告研讨结果。

（5）教师对本次活动的开展情况进行评价；对存在争议的一些问题加以澄清；对表现好的小组和个人予以表扬或奖励，尤其要鼓励学生的创造性思维。

活动成果：小组研讨记录表（见表 1-4）。

表 1-4　______小组研讨记录表

研 讨 问 题	研 讨 结 果
（1）为什么海尔“无所不洗”的洗衣机在农村市场销售火暴	
（2）海尔“无所不洗”，反映了海尔怎样的营销观念	

案例 1–2

海尔洗衣机“无所不洗”

创立于 1984 年的海尔集团，经过 20 多年的持续发展，现已成为享誉海内外的大型国际化企业集团。作为在白色家电领域最具核心竞争力的企业之一，海尔有许多令人感慨和感动的营销故事。

海尔营销人员调查四川农民使用洗衣机的状况时发现，在盛产红薯的成都平原，每当红薯大丰收的时节，许多农民除了卖掉一部分新鲜红薯外，还要将大量的红薯洗净后加工成薯条。但红薯上沾带的泥土洗起来费时费力，于是农民就动用了洗衣机……更进一步的调查发现，在四川农村有不少洗衣机用过一段时间后，电动机转速减弱、电动机壳体发烫。向农民一打听，才知道他们冬天用洗衣机洗红薯，夏天用它来洗衣服。这令张瑞敏萌生了一个大胆的想法：发明一种洗红薯的洗衣机。1998 年 4 月，这种洗衣机投入批量生产，洗衣机型号为 XPB40-DS，它不仅具有一般双桶洗衣机的全部功能，还可以洗地瓜、水果甚至蛤蜊，价格仅为 848 元。首次生产了 1 万台投放农村，立刻就被一抢而空。

每年的 6 月至 8 月是洗衣机销售的淡季。调查发现，不是老百姓不洗衣服，而是夏天里 5kg 的洗衣机不实用，既浪费水又浪费电。于是，海尔的科研人员很快设计出一种洗衣量只有 1.5kg 的洗衣机——小小神童。

“只有淡季的思想，没有淡季的市场。”在西藏，海尔洗衣机甚至可以合格地打酥油；在安徽，海尔洗衣机可以洗龙虾。海尔通过多年来的技术储备和市场优势的积累，在快速启动的洗衣机市场中占尽先机，在其他企业以降价和推销为手段大力开拓市场时，海尔仍然以优质服务赢得了市场，市场份额继续高居全国第一。

正是因为海尔公司以顾客为中心，以市场需求为导向，重视市场调查，获取重要的调查资料来指导企业的生产和经营活动，组织有系统的市场营销，才取得了今天的成就。

基本知识

一、市场营销的含义

市场营销是指通过交换以满足目标顾客的需要和欲望，从而实现企业赢利目标的综合性经营销售活动。理解市场营销主要从以下五个方面进行。

1. 市场营销活动的目的是追求利润

市场营销的最终目标也是企业经营管理的目标，即追求经济效益的最大化，实现企业的生存和发展。市场营销不是一般的管理活动而是一种战略管理活动。

2. 市场营销活动的中心是达成交易

市场营销的基本核心思想是以顾客为中心，企业的营销活动自始至终都围绕着顾客、顾客服务、满足顾客需求展开。

3. 市场营销活动的出发点是了解和引导消费者的需求

企业要实现自己的经营目标，就要对顾客需求进行分析，尽可能满足顾客需要。随着社会经济的发展，顾客需求的个性化特征越来越明显，而且变化异常快捷。这就需要了解顾客的需要，运用各种营销手段刺激和引导消费者产生新的需求。

4. 市场营销活动的手段是展开综合性的经营销售活动

企业必须搞好市场调研、选择目标市场、产品开发、产品定价、分销渠道选择、产品推广、产品储存和运输、产品销售、售后服务等一系列与市场有关的工作。通过向顾客提供能满足顾客需要的产品或服务并使顾客选择和接受这种产品或服务来实现企业的经营目标。

二、市场营销包含的核心概念

市场营销包含了许多核心概念，其中主要有：需要、欲望和需求；商品交换和交易；营销管理；营销组合。

1. 需要、欲望和需求

需要是指人们与生俱来的基本需要，存在于人类自身生理和社会之中。人的需要是多种多样的，饥饿时感到有充饥的需要，口渴时感到有解渴的需要。著名的马斯洛需要层次理论把人的基本需要概括为生理需要、安全需要、归属需要、自尊需要和自我实现需要，并指出一个人总是首先满足最基本、最重要的需要，然后才能向高级形式发展。

欲望是指想得到某种具体满足物的愿望，是个人受不同文化及社会环境影响表现出来的对需要的特定追求。例如，饥渴时对食品和水的欲望特别强烈；“同事买了部高档手机，我也想要”；“假如我中了头彩，就去买一辆豪华轿车”。显然，这些都是期盼得到某种具体满足物的想法，并不涉及支付能力能否达到。

需求是指对某个有能力购买并愿意购买的具体产品的欲望。人的需要是有限的，但欲望却很多，当有购买能力时，欲望便转化成需求。“上大学了，我得买台计算机”，现在这种需求已不足为奇，但在 1990 年，这实在是难以想象。因为，那时的一台很普通的计算机都得 2 万元左右，而一般工作人员的月收入却不足 200 元。欲望可以是无边无际的遐想，但需求的概念却有着严格的限定性，其要点包括：有明确具体的产品或服务，具备购买能力或支付能力，有购买意愿，这三者缺一不可。

人类的需要和欲望是市场营销活动的出发点。人类的需要源自人的生理和心理条件，不是社会或营销者所能创造的。营销者虽然不能创造需要，但却可以通过各种营销组合或多种营销沟通方式来影响人们的欲望。

2. 商品交换和交易

交换是指通过提供某种东西作为回报，从他人那里获得所需要的东西的行为和过程。交换的发生必须具备以下 5 个条件：

（1）至少有买卖（或交换）的双方；

（2）交换的每一方都拥有对方认为有价值、想要的东西；

（3）每一方都能够沟通信息和传送货物；

（4）每一方都可自由地接收和拒绝对方的东西；

（5）每一方都认为与对方进行交易是值得的、适当的或称心如意的。

人们对满足需求和欲望之物的取得可以有多种方式，如自产自用、巧取豪夺、乞讨和交换等。其中，只有交换方式才存在市场营销。因此，交换是市场营销的核心概念，营销的全部内容都包含在交换概念之中。

交易是交换的基本组成单位，是交换双方之间的价值交换。交换是一个过程，在这个过程中，如果双方达成一项协议，就称为发生了交易。交易的典型方式是货币交易，如到商店购买一台微波炉要支付价款680元。

3. 营销管理

市场营销管理是指企业为实现其目标，创造、建立并保持与目标市场之间的互利交换关系而进行的分析、计划与执行过程。市场营销管理的基本任务是为了达到企业目标，通过营销调研、计划、执行与控制来管理目标市场的需求水平、时机。换句话说，营销管理的实质是需求管理。

营销管理的任务会随着目标市场的不同需求状况而有所不同。通常要对目标市场设定一个预期交易水平，即“预期的需求水平”。然而，实际的需求水平可能低于或高于期望。营销者必须善于应对各种不同的需求状况，调整相应的营销管理任务。

4. 营销组合

市场营销组合是企业为满足目标市场的需求而加以组合的可控制的变数。国外学者曾确定多个企业可控变数。1960年，杰罗姆·麦卡锡将它们归纳为产品（Product）、价格（Price）、地点（Place）和促销（Promotion），即著名的“4P”。

（1）产品：即企业提供给目标市场的产品和服务的集合体，它包括产品的效用、质量、外观、式样、品牌、包装、规格、服务和保证等因素。

（2）价格：即企业出售产品和服务所追求的经济回报，包括价目表所列的价格、折扣、折让、支付方式、支付期限和信用条件等，通常又称为定价。

（3）地点：即企业为其产品进入和达到目标市场所组织实施的各种活动，包括商品流通的途径、环节、场所、仓储和运输等，通常又称为分销或渠道。

（4）促销：即企业利用各种信息载体与目标市场进行沟通的传播活动，包括广告、人员推销、营业推广、公共关系与宣传报道等。

三、市场营销观念的演变与发展

市场营销观念的演变与发展可归纳为五个阶段，即生产观念、产品观念、推销观念、市场营销观念和社会市场营销观念。

1. 生产观念

19世纪末至20世纪20年代以前，西方资本主义国家处于工业化初期，产品的数量尚未满足市场的需要，处于供不应求的卖方市场状况，企业不存在销售困难。在这一市场状态下，企业的市场营销普遍采用生产导向观念。

生产观念认为：生产是最重要的因素，只要生产出有用的产品，就不愁卖不出去。“我生产什么，就卖什么”是这种观念的典型反映。他们认为消费者喜欢那些价格低廉并可以随处买到的产品，企业的中心任务是如何提高劳动生产率、降低生产成本、增加产量和扩大销售覆盖面。

生产观念的缺点在于轻视顾客，“酒香不怕巷子深”，“皇帝的女儿不愁嫁”。我国在计划经济时期至改革开放初期，绝大多数企业都奉行生产观念，工作重点就是抓好生产、提高产量，以满足旺盛的市场需求。如今许多公用事业单位和垄断行业的生产经营、服务机构还在按这种观念行事。

2. 产品观念

产品观念和生产观念几乎在同一时期流行。产品观念认为，消费者喜欢高质量、多功能和有特色的产品。因此奉行产品观念的企业总是致力于生产优质产品，并不断改进提高产品质量，追求精益求精。

奉行产品观念的管理者十分迷恋自己的产品，坚信消费者能够鉴别出产品优异的质量和功能，无须大力推销，顾客会主动找上门来并愿意出高价购买质量上乘的产品。因此，奉行产品观念容易患“营销近视症”，即过分重视产品质量，看不到市场需求及其变动，只知责怪顾客不识货，而不反省自己是否根据需求为顾客提供了其真正想要的东西。

3. 推销观念

20 世纪 20 年代末，西方国家的市场形势发生了很大的变化。由于科学管理和大规模生产技术的推广，使得商品供给迅速增加，许多产品供过于求，企业间的竞争日益激烈，许多厂商纷纷倒闭。这一现实使许多企业的经营者认识到，企业不能只集中力量发展生产，即使是质优价廉的物品也要吸引消费者前来购买。于是，企业纷纷采用推销观念。

推销观念认为，消费者通常会有购买迟钝或抗拒购买的表现。如果任其自然，消费者通常不会购买本企业太多的产品，因此，企业必须大力开展推销和促销活动，刺激消费者购买或更多地购买他们的产品。奉行推销观念的厂商特别注重运用推销术和广告术，激发现实和潜在的消费者对产品的兴趣和购买欲望，促使其购买。在他们看来，产品是“被卖出去的”，而不是“被买走的”。所以他们很少研究顾客真正需要是什么，只是利用各种推销手段来刺激需求，争取顾客，扩大销售，而轻视了其他营销工作，把强行推销和铺天盖地的广告当做市场营销的全部。事实上，推销只是产品研发、定价、分销等一系列市场营销活动的一部分。

4. 市场营销观念

第二次世界大战后，西方国家的市场营销环境发生了巨大的变化。各主要资本主义国家的军事工业先后转产民用产品，使得社会产品供给迅速增加。同时，企业也更加重视新产品开发，品种多样，可供消费者选择的余地大大增加，市场成为买方市场，企业之间的竞争日趋激烈。在这样的市场状态下，市场营销观念应运而生。

市场营销观念认为，企业的一切经营活动应该以顾客为中心，正确地界定目标市场，比竞争者更有成效地去组织研发、生产和营销，更有效地满足顾客的需求和欲望。市场营销观念与前面三种观念的最大区别在于：市场营销观念是以买方需要为中心，通过帮助消费者满足其需要而获得相应报酬；而推销观念则是以卖方需要为中心，满足卖方迫切想把产品换成现金的需要。前者是通过为别人服务而获得自身发展，而后者则是一种自利的考虑。

5. 社会市场营销观念

20 世纪 70 年代，市场营销观念开始受到抨击。不少人认为市场营销观念虽然能很好地发现顾客的需求并为之服务，但并没有关心消费者与社会的长远利益。例如，一次性饭盒、塑料袋、卫生筷子等迎合了人们图方便的需要，但同时也造成了资源的大量浪费、环境污染及生态环境的破坏；香烟虽然满足了烟民的需要，却严重损害了烟民自身及他人的身心健康等。这就要求企业在制定营销策略时，要考虑企业自身利润、消费者需要和社会利益三者的平衡。

社会营销观念是对市场营销观念的重要修改和补充。它认为，企业提供产品不仅要满足消费者的需要和欲望，而且要符合消费者和社会的长远利益，求得企业自身利益、消费者利益和社会长远利益三者之间的平衡。企业不能为了赚钱而只满足消费者的需求，不顾社会利益，而应该树立良好的社会形象，给社会大众留下一个关心和爱护社会的好印象。这就要求企业在制定营销策略时，要平衡兼顾企业利润、消费者需求和社会利益。

目前中国仍处于社会主义市场经济初级阶段，由于社会生产力发展程度及市场发展趋势、经济体制改革的状况及广大居民收入状况等因素的制约，中国企业营销观念仍处于以推销观念为主、多种观念并存的阶段。

四、市场营销新理论

市场营销学自20世纪初问世以来，发展了不少新的理论。

1. 服务营销

随着生产力的不断发展和社会分工日益细化，服务业在经济中的比重越来越大。因此，服务营销在营销中的重要性也不断增加。关于服务的定义，菲利普·科特勒认为："服务是一方能够向另一方提供的基本上是无形的任何活动或利益，并且不导致任何所有权的产生。它的生产可能与某种有新产品联系在一起，也可能没有任何关联。"上述定义包含以下要点：

（1）服务提供的基本上是无形的活动，可以是纯粹服务，也可以与有形产品联系在一起。

（2）服务提供的是产品的使用权，并不涉及使用权的转移，如饭店的租赁。

（3）服务对购买者的重要性足以与物质产品相提并论。当一些重要的服务，如社会保障、教育事业（教育产业除外）、治安和国防等，消费者不需要支付费用。

2. 整合营销

整合营销观念又称整合营销传播，是20世纪90年代欧美国家以消费者为导向的营销思想在传播宣传领域的具体体现。

整合营销就是从消费者的角度做逆向思考，通过研究他们的需要、欲望以及他们愿意为此付出的成本，来进行多角度、全方位的广告策划、媒体利用，在双向沟通和购买方便性方面取得成效，最终实现利润、市场占有率、品牌、接近公众4大效益，主动引导消费行为的过程。

整合营销观念仍然是以消费者和市场需求为中心，同样强调顾客满意，不过它更注重消费者的个性而非共性来开展企业的营销活动。因此，这种观念认为，传统的"4P"组合已经很难适应竞争激烈的现代市场，应由"4C"，即消费者的需求和欲望（Consumer）、消费者获取满足的成本（Cost）、购买的方便性（Convenience）以及相互之间的沟通（Communication）来代替。

3. 网络营销

网络营销观念是由于互联网技术的迅速发展而出现的一种全新的营销观念。互联网起源于20世纪60年代的美国，随着科学技术的不断发展进步，互联网在全球范围内发展迅速，并取得了巨大的成功。如今，互联网已将遍布全世界的计算机网络连接起来，成为了全人类共享的信息资源，被称为继电视、广播、报纸、杂志之后的第五大传播媒体，是一种全新的、立体的、互动的媒体。

网络营销是指企业、组织或个人通过利用计算机网络、现代通信技术等一系列硬件和软件的支持，在网上开展的一系列营销活动，如网上调查、网上购物、网上促销、网上支付等活动。网络营销突破了地域限制，提供了更个性化的产品和服务，使得交易更加便利。此外，网络营销还具有营销成本低、营销环节少、营销方式新、营销国际化、营销全天候等特点。

4. 绿色营销

绿色营销观是在生态环境不断恶化与消费者环保意识不断增强的情况下提出的一种新的营销观念。20 世纪 90 年代以来，绿色营销风靡全球，使企业营销步入了集企业责任与社会责任为一体的理性化发展阶段。

所谓绿色营销，是指企业在充分满足消费需求，争取适度利润和发展水平的同时，注重自然生态平衡，减少环境污染，保护和节约自然资源，维护人类社会长远利益及其长久发展，将环境保护作为企业生存和发展的条件和机会的一种新型营销观念和活动。

5. 关系营销

在很多情况下，企业并不能寻求即时的交易，所以他们会与长期供应商建立顾客关系。企业想要展现给顾客的是卓越的服务能力，现在的顾客多是大型且全球性的。他们偏好可以提供不同地区配套产品或服务的供应商，且可以快速解决各地的问题。当顾客关系管理计划被执行时，组织就必须同时注重顾客和产品管理。同时，企业必须明白，虽然关系行销很重要，但并不是在任何情况下都会有效的。因此，企业必须评估哪一个部门与哪一种特定的顾客采用关系营销最有利。

思考题

1. 市场营销定义的理解要点有哪些？
2. 我国市场营销观念的现状是怎样的？

知识拓展

市场营销活动管理

电子电器产品经营企业的市场营销活动，需要以下三个管理系统支持。

1. 市场营销计划

企业既要制定较长期战略规划，决定发展方向和目标，又要有具体的市场营销计划，具体实施战略计划目标。

2. 市场营销组织

营销计划需要有一个强有力的营销组织来执行。根据计划目标，企业需要组建一个高效的营销组织结构，要对组织人员实施筛选、培训、激励和评估等一系列管理活动。

3. 市场营销控制

在营销计划实施过程中，需要控制系统来保证市场营销目标的实施。营销控制主要有企业年度计划控制、企业赢利控制、营销战略控制等。

营销管理的三个系统是相互联系、相互制约的。市场营销计划是营销组织活动的指导，营销组织负责实施营销计划，计划实施需要控制，保证计划得以实现。

营销小故事

36 次越洋电话

珍妮是美国一家报社的高级记者，她的丈夫在东京。有一天，她回日本探望公婆，顺便到东京一家索尼专卖店买了一台摄像机。在选机时，珍妮当然受到了热情的接待，但当她回到家打开一看，却发现摄像机只有一个空壳。于是，她气愤难平地写了一篇名为《微笑服务的背后》的文章，以此揭露索尼公司的虚假服务和欺骗行为。当天晚上，正当她准备将稿件发回美国时，索尼公司副总裁和专卖店经理亲自拿着一台摄像机找上门来并向她详细解释了事情的经过：当天下午盘点时，经理发现一个空壳的样机被售货员错卖了出去。于是，他们根据珍妮留下的名片，拨通了报社电话，然后又将电话打到了她美国的家中，几经周折，查到了珍妮在日本公婆家的电话，最终打听到了她的确切地址，于是登门致歉。而在这短短的几小时内，竟打了 36 次越洋电话。珍妮听后大受感动，于是，当晚，另一篇名为《36 次越洋电话》的文章发回了美国。

营销启示：只有真正把顾客当做“上帝”，才能赢得“上帝”的真正垂爱。

模块技能训练

一、请讨论并回答下列问题：

1. 电子产品和电器产品的区别在哪里？
2. 青海、江苏、海南三省的电子电器产品消费市场哪个最大？为什么？
3. 年轻消费者对电子电器产品的消费需求有什么特点？
4. 电子电器产品生产经营应该树立怎样的营销观念？

二、案例分析

案例 1–3

燕舞的“兴”与“衰”

江苏燕舞电器集团有限公司始建于 1968 年。20 世纪 80 年代，企业抓住改革开放的机遇，从一个名不见经传的小厂迅速发展成为全国最大的收录机生产基地。20 世纪 80 年代中后期，燕舞音响曾以较高的质量畅销全国。“燕舞，燕舞，一片歌来一片情”的广告词响彻大江南北。燕舞也跨入全国大型工业企业 500 强的行列，销量连续 8 年在全国收录机行业领先。

1993 年，燕舞在全国音响市场普遍萧条的情况下，实施了“创名牌、进名城、到名店”的战略，努力开拓国内外市场，从而再铸辉煌。燕舞音响在全国获得了四个第一：中外组合音响知名度

第一；满意度国内组合音响第一；全国市场收录机产品竞争力调查评价项目第一；主要经济技术指标第一。

但是，当时燕舞的负责人没有把力量放在新产品开发、技术革新和继续开拓市场上，而是把几千万元存在银行吃利息，以为这样就可以高枕无忧。影碟机刚诞生，燕舞却觉得“没有前途”，依然陶醉于录音机。不久，影碟机迅速取代录音机，燕舞产品出现积压，销路不畅，很快被挤出了市场。几千万元存款不到几年就花光了，企业垮台，工人下岗，燕舞音响从此销声匿迹。

问题：燕舞的“兴”与“衰”，其原因何在？从中能够吸取哪些经验教训？

三、技能实训

实地考察

活动形式：实地考察哪些电子电器产品受欢迎。

活动过程：（1）以小组为单位利用课余时间对本地家电卖场进行实地观察。

（2）留意观察哪些品牌、哪种产品的柜台驻足人群多、销售情况好。

（3）留意倾听顾客向营业员询问的问题。

（4）小组讨论填写实地考察表，组长负责记录。

（5）活动成果：实地考察表（见表1-5）。

表1-5 ______小组实地考察表

产品名称	品　　牌	顾客询问的主要问题	受欢迎的原因

模块学习测验与总结

一、选择题

1．电子电器产品市场是指（　　）。

A．由电子电器产品生产商所组成的总体

B．由电子电器产品经销商所组成的总体

C．由对电子电器产品有需求的潜在顾客所组成的总体

D．由电子电器产品生产商、经销商、潜在顾客所组成的总体

2．电子电器产品消费者市场具有（　　）的特点。

A．专业性　　B．非专业性　　C．集中性　　D．分散性

3．电子电器产品组织者市场包含三个组成部分，即（　　）。

A．生产者市场　B．消费者市场　C．中间商市场　D．政府市场

4. 以下属于电子电器产品市场营销活动的是（　　　）。
A. 产品定价　　　　B. 公益活动
C. 产品储存　　　　D. 产品运输

5. “好酒不怕巷子深”的营销观念是（　　　）。
A. 生产观念　　　　B. 产品观念
C. 推销观念　　　　D. 市场营销观念

二、判断正误

1. 消费者市场的购买是最终市场的购买。（　　）
2. 组织市场购买的特点之一是过程复杂。（　　）
3. 人口的多寡与生活必需品的销量密切相关。（　　）
4. 电子电器产品市场营销活动的中心是为企业赢取利润。（　　）
5. “顾客就是上帝”的营销观念是推销观念。（　　）

三、案例分析

案例 1–4

日本电视机打入中国市场

1979 年，我国放宽对家用电器的进口。当时，日本电视机厂商首先从市场营销角度分析了中国市场需求的特点，认为中国人均收入虽然较低，但总人口有 10 亿，而且有储蓄的习惯，已形成了一定的购买力，具有对电视机的消费需求。由此得出结论：中国存在着一个很有潜力的黑白电视机市场。日本电视机厂商在分析中国电视机市场需求特点的基础上，制定了相应的市场营销策略以满足中国消费者的需求。

（1）产品策略。中国电压系统与日本不同，必须将 110V 改为 220V；中国电力不足，电压不稳，需配置稳压器；中国住房面积偏小，应以 12～14 英寸电视机为主；要提供质量保证及修理服务。

（2）定价策略。考虑到当时中国尚无国外电视机的竞争，因此，价格比中国同类电视机要高。

（3）分销策略。因为当时中国内地国营企业尚未进口电视机，所以经港澳国货公司和代理商销售；或通过港澳同胞和其他归国人员携带电视机进入内地。

（4）促销策略。主要采用广告策略，在中国香港《大公报》《文汇报》等报刊大量刊登广告；在香港电视台发动宣传攻势，介绍有关日本电视机的信息。

日本电视机厂在有针对性地制定市场营销组合的基础上，将电视机源源不断地推向中国市场。

问题：日本电视机为什么能够成功打入中国市场？

四、个人学习总结（表 1-6）

表 1-6　个人学习总结

我学到了哪些知识	
我学会了哪些技能	
我哪里学得不够好？ 原因及措施怎样	

模块学习评价（表 1–7）

表 1-7　模块学习评价表

<table>
<tr><td colspan="2">小组：</td><td>姓名：</td><td colspan="3">评价总分：</td></tr>
<tr><td colspan="2">评价项目</td><td>评价依据</td><td>优秀
8～10 分</td><td>良好
6～8 分</td><td>继续努力
0～6 分</td></tr>
<tr><td rowspan="3">自我
评价
20 分</td><td>学习态度</td><td>遵守纪律；学习主动；积极参与小组活动和讨论；尊重同学和老师；具有较强的团队精神、合作意识；能客观有效地评价同学的学习</td><td></td><td></td><td></td></tr>
<tr><td>目标达成</td><td>达到学习目标；按要求完成各项学习任务</td><td></td><td></td><td></td></tr>
<tr><td colspan="2">自评合计分</td><td colspan="3"></td></tr>
<tr><td rowspan="8">小组
互评
30 分</td><td>其他组员</td><td>评价依据</td><td>优秀
20～30 分</td><td>良好
10～20 分</td><td>继续努力
0～10 分</td></tr>
<tr><td></td><td rowspan="6">（1）积极参与小组活动和讨论；具有较强的团队精神、合作意识；服从角色安排
（2）对小组活动贡献大小
（3）知识目标达成情况
（4）技能目标达成情况</td><td></td><td></td><td></td></tr>
<tr><td></td><td></td><td></td><td></td></tr>
<tr><td></td><td></td><td></td><td></td></tr>
<tr><td></td><td></td><td></td><td></td></tr>
<tr><td></td><td></td><td></td><td></td></tr>
<tr><td>……</td><td></td><td></td><td></td></tr>
<tr><td colspan="2">小组平均分</td><td colspan="3"></td></tr>
<tr><td rowspan="7">教师评
价 50 分</td><td></td><td>评价依据</td><td>优秀
10～8 分</td><td>良好
8～6 分</td><td>继续努力
6～0 分</td></tr>
<tr><td>学习态度</td><td>综合表现</td><td></td><td></td><td></td></tr>
<tr><td>个人评价</td><td>自评结果</td><td></td><td></td><td></td></tr>
<tr><td>小组评价</td><td>互评结果</td><td></td><td></td><td></td></tr>
<tr><td>小组活动</td><td>活动成果</td><td></td><td></td><td></td></tr>
<tr><td>测验</td><td>测验结果</td><td></td><td></td><td></td></tr>
<tr><td colspan="2">教评合计分</td><td colspan="3"></td></tr>
</table>

模块二

电子电器产品的市场分析

模块教学目标

学习目标	掌握电子电器产品市场调查、市场预测、市场营销环境分析和市场购买行为分析的基本内容和方法
技能目标	具备电子电器产品市场调研、营销环境分析和市场购买行为分析的初步能力；具备一定的团队协作能力
教学方式	学生自主学习、合作学习；教师授导；实际体验；案例研讨；座谈会；社会实践
参考学时	6 学时

模块基本技能

基本技能 1　分析市场营销环境

活动：案例研讨

活动形式：以小组为单位研讨案例。

活动过程：（1）教师向学生说明本次活动的目的、内容及注意事项。

（2）各小组首先预习“基本知识”，研读案例，然后展开研讨，组长负责记录，小组发言人宣读讨论结果。

（3）讨论过程中，教师给予必要的指导。

（4）教师对本次活动的开展情况进行评价；对存在争议的一些问题加以澄清；对表现好的小组和个人予以表扬或奖励，尤其要鼓励学生的创造性思维。

活动成果：小组研讨记录表（见表 2-1）。

表 2-1　______小组研讨记录表

研 讨 问 题	研 讨 结 果
TCL 集团为何要放弃经营多年的主营业务——平板电视市场，转而加快液晶电视产业升级战略	

案例 2-1

彩电业大环境不佳 TCL出售股权为经营减负

2011年7月，一则“TCL出售TCL王牌电子（深圳）有限公司100%股权”的消息引发了人们的关注。难道曾经家喻户晓的王牌彩电已经结束历史使命？TCL相关负责人表示，此次出售有助于盘活旗下闲置资产、加快液晶电视产业升级战略。出售完成后，TCL多媒体可更专注于相关液晶主业，并能实现收益约2亿元，可实现净利润约1.05亿元。

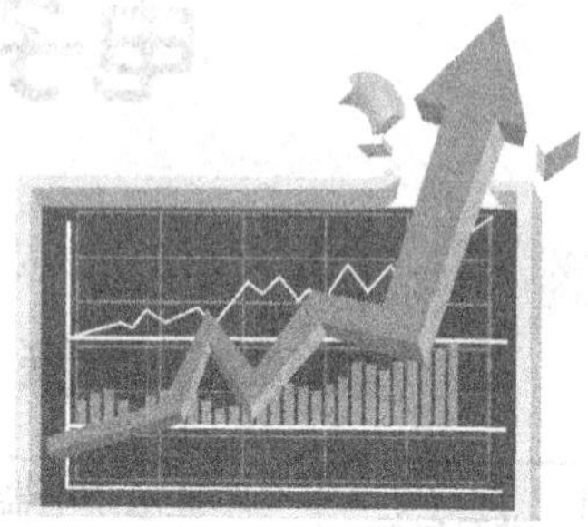

有分析认为，TCL集团出售TCL王牌电子（深圳）有限公司100%股权的背后是该公司主业不兴的窘境。数据显示，2009年和2010年，该公司分别实现净利润4.7亿元和4.33亿元，同比分别下滑了近6%和8%。2010年扣除非经常性损益后，亏损2.33亿元，净利润同比下降209%。

实际上，TCL主业不兴和彩电行业大环境不佳有关。经过两年多的快速增长期，国内平板电视市场开始步入成熟期，城市的销量已在下滑。数据显示，2011年前5个月，国内城市平板电视市场销量已出现1%的负增长。得益于农村市场的增长，国内平板电视前5个月销量才保持2.7%的正增长。而据有关调查显示，由于宏观经济原因，加上“家电下乡”和“以旧换新”等政策红利刺激效应的减弱，国内平板电视市场已现疲软态势。

基本知识

一、市场营销环境的概念

市场营销环境是指影响企业市场营销活动及其目标实现的各种因素和动向，它分为宏观环境和微观环境。市场营销环境是客观存在的，企业不能选择、改变，但可以努力去适应环境，主动规避市场环境威胁，使企业的生存环境朝着有利于企业的方向发展。

电子电器产品生产经营企业通过分析市场营销环境，可以避免环境威胁，发现市场营销机会，采取适合的营销策略。

二、电子电器产品宏观营销环境分析

电子电器产品宏观环境是指会对电子电器产品营销提供市场机会或造成环境威胁的主要社会力量。它主要由人口环境、经济环境、政治法律环境、社会文化环境、自然环境、科技环境等因素构成。

1. 人口因素

人口因素包括人口的年龄结构、性别结构、教育与职业结构、家庭结构、社会结构和民族结构。

（1）年龄结构。不同年龄的消费者对商品的需求不同，如年轻人对时尚电子产品感兴趣，喜欢追赶潮流；老年人对保健按摩器等医疗保健产品有需求；儿童喜欢电动玩具等。

（2）性别结构。反映到市场上就会出现男性用品市场和女性用品市场。

（3）教育与职业结构。受教育程度高的消费者往往追求高雅、美观；受教育程度低的消费

者往往讲究价廉、实用。职业不同，收入水平、生活和工作条件不同，对商品的设计、款式、包装、价格等的要求也不尽相同。

（4）家庭结构。家庭的数量和家庭平均人口的多少以及不同类型的家庭，往往有不同的消费需求。例如，一个国家或地区的家庭单位、家庭平均人员多，对电视机、空调、洗衣机、厨房电器等耐用消费品的需求就大；小型家庭往往对家电要求小型精巧。

（5）社会结构。我国绝大部分人口为农业人口，约占总人口的 80%。这样的社会结构要求电子电器产品经营企业应充分考虑到农村这个大市场。

（6）民族结构。民族不同，其文化传统、生活习性也不相同，消费需求也有自己的风俗习惯。电子电器产品经营要重视民族市场的特点，开发适合民族特性、受其欢迎的商品。例如，海尔开发了能打酥油的洗衣机，就深受欢迎。

2. 经济环境

经济环境包括收入、消费支出、产业结构、经济增长率、货币供应量、银行利率、政府支出等因素。其中，消费者的收入和支出以及国家经济增长情况对电子电器产品营销影响较大。

目前我国的经济结构为正在工业化的经济，其特点为居民收入不高但增长很快。从 1991 年到 2009 年，我国年均 GDP 增长速度为 10.4%，城镇居民人均可支配收入年均增长 8.3%，农村居民人均纯收入增长 5.5%。国民经济的高速发展和居民收入的增长为我国企业的发展提供了良好的经济环境。从消费结构的角度分析，我国 1991 年城乡居民恩格尔系数为 58.8%，2010 年下降到 39.76%，这意味着我国居民用于食物消费的比例下降，用于其他生活用品的消费上升了。从储蓄方面来看，我国城乡居民年终储蓄存款 1990 年时余额为 7034.2 亿元，到 2010 年则达到了 303302 亿元。高储蓄率说明了我国国内市场潜在规模很大。

3. 政治法律环境

法律政治环境是影响企业经营的重要宏观环境因素，包括政治环境和法律环境。政治环境引导着企业营销活动的方向，法律环境则为企业规定营销活动的行为准则。

（1）政治环境：是指企业市场营销活动的外部政治形势。一个国家的政局稳定与否，会给企业营销活动带来重大的影响。如果政局稳定，人民安居乐业，就会给企业经营营造良好的环境；相反，如果政局不稳，社会矛盾尖锐，秩序混乱，就会影响经济发展和市场的稳定。

（2）法律环境：是指国家或地方政府所颁布的各项法规、法令和条例等，它是企业营销活动的准则，企业只有依法进行各种营销活动，才能受到国家法律的有效保护。

4. 自然环境

自然环境是指自然界提供给人类各种形式的物质资料，如阳光、空气、水、森林、土地等。企业应关注自然环境变化的趋势，并从中分析企业经营的机会和威胁，制订相应的对策。

（1）自然资源日益短缺。自然资源短缺，使许多企业将面临原材料价格大涨、生产成本大幅度上升的威胁；但又迫使企业研究更合理地利用资源的方法，开发新的资源和代用品，这又为企业提供了新的资源和经营机会。

（2）环境污染日趋严重。环境污染问题对企业的发展是一种压力和约束，要求企业为治理环境污染付出一定的代价，但同时也为企业提供了新的营销机会，促使企业研究控制污染的技术，兴建绿色工程，生产绿色产品，开发环保包装。

（3）政府干预不断加强。自然资源短缺和环境污染加重的问题，使各国政府加强了对环境保护的干预，颁布了一系列有关环保的政策法规，这将制约一些企业的经营活动。

5. 科技环境

科学技术是社会生产力中最活跃的因素，它影响着人类社会的历史进程和社会生活的方方面面，对企业营销活动的影响更是显而易见。现代科学技术突飞猛进，科技发展对企业经营活动影响作用表现在以下几个方面。

（1）科技发展促进社会经济结构的调整。每一种新技术的发现、推广都会给一些企业带来新的市场机会，导致新行业的出现；同时，也会给一些行业、企业造成威胁，使这些行业、企业受到冲击甚至被淘汰。例如，计算机的运用代替了传统的打字机，复印机的发明排挤了复写纸，数码相机的出现将夺走胶卷的大部分市场，等等。

（2）科技发展促使消费者购买行为的改变。随着多媒体和网络技术的发展，出现了"电视购物"、"网上购物"等新型购买方式。企业也可以利用这种系统进行广告宣传、市场调研和推销商品。随着新技术革命的进展，"在家便捷购买、享受服务"的方式还会继续发展。

6. 社会文化环境

文化主要是指一个国家、地区或民族的文化传统，包括一定的态度和看法、价值观念、宗教信仰、生活方式以及风俗习惯等。这些因素也会影响人们的消费观念或购买行为，从而影响企业的市场营销活动。

在中国的风俗习惯中，元旦、春节、端午、中秋等是非常重要的节日，这些节日前往往是人们购物的高峰期，这也是电子电器产品经营企业开展促销活动的最佳时机。

三、电子电器产品微观营销环境

电子电器产品经营企业的微观营销环境主要是指对企业营销活动发生直接影响的条件和因素，如企业自身、供应商、营销中介、最终顾客、竞争者和社会公众等。

1. 企业自身

（1）企业的最高管理层。由董事会、董事长、总经理以及其他办事机构组成的最高管理层是企业的最高领导核心，负责制定企业的经营目标和战略，营销者只有在最高管理者规定的范围内做出各项决策，并得到上层的批准，才能付诸实施。

（2）与营销相关的其他部门。如今企业财务、采购、制造、研发、仓储、运输等都会对电子电器产品经营企业的营销能力造成直接影响。

2. 供应商

供应商是指向企业及其竞争者提供生产产品和服务所需资源的企业或个人。供应商对电子电器产品经营企业营销活动的影响主要表现在供货的稳定性与及时性、供货的价格变动和供货的质量水平。

3. 营销中介

营销中介是指为企业营销活动提供各种服务的企业或部门的总称。电子电器产品营销中介主要有中间商、辅助商等。

（1）中间商：是指协助企业寻找顾客或直接与顾客进行交易的商业企业。中间商分为两类：代理中间商和经销中间商。代理中间商如代理人、经纪人，专门介绍客户或与客户磋商交易合同，但并不拥有商品持有权；经销中间商如批发商、零售商和其他再售商，购买产品，拥有商品持有权，再售商品。

（2）辅助商：是指为企业担任仓储、运输活动的物流公司，为企业提供各种营销服务的咨询公司、广告公司、财务代理、税务代理公司、银行、信贷机构、信托公司，以及为企业提供风险保障的保险公司等。这些机构虽然不直接经营商品，但它们协助企业确立市场定位，进行市场推广，对促进电子电器产品的批发和零售起着举足轻重的作用。

4. 最终顾客

企业与供应商和中间商保持密切关系的目的，都是为了有效地向顾客提供商品与服务。任何企业的产品或服务一旦得到了顾客的认可，它就获得了市场。所以，分析顾客的消费心理、了解顾客对企业产品的态度是企业经营的核心。电子电器产品经营企业应认真研究目标市场上顾客的需求特点及变化趋势，并对目标顾客进行细分，在细分市场的基础上制定企业经营方式和策略。

5. 竞争者

从消费需求的角度出发，企业的竞争者可划分为愿望竞争者、类别竞争者、产品形式竞争者和品牌竞争者。电子电器产品经营企业在开展经营活动时，要善于分析各类竞争者并采取不同的经营策略。企业掌握竞争的最好办法是树立“顾客第一”的观点。一个企业必须时刻牢记四个基本方面，即必须考虑客户、销售渠道、竞争和企业自身的特点。成功的商品经营实际上就是有效地安排好企业与顾客、销售渠道及竞争对手间的关系位置。

6. 公众

公众是指对一个组织完成其目标的能力有着实际或潜在兴趣或影响的群体。公众可能有助于增强一个企业实现自己目标的能力，也可能妨碍这种能力。鉴于公众会对企业的命运产生巨大的影响，精明的企业就会采取具体的措施，去成功地处理与主要公众的关系，而不是不采取行动和等待。大多数企业都建立了公共关系部门，专门筹划与各类公众的建设性关系。公共关系部门负责收集与企业有关的公众的意见和态度，发布消息、沟通信息，以建立信誉。如果出现不利于公司的反面宣传，公共关系部门就会成为排解纠纷者。

四、SWOT 综合分析方法及企业对策

企业对市场环境深入分析的目的是为了发现市场机会和环境威胁，以便采取有效的应对措施抓住有利时机开展经营活动，避开威胁或把损失降低到最小程度。

企业内外情况是相互联系的，将外部环境所提供的有利条件（机会）和不利条件（威胁）与企业内部条件形成的优势与劣势结合起来分析，有利于制定正确的经营战略。

SWOT 分析法就是进行企业外部环境和内部条件分析，从而寻找二者最佳可行战略组合的一种分析方法。SWOT 分析法的名称是取“优势（Strong）”、“劣势（Weak）”、“机会（Opportunities）”、“威胁（Threat）”的第一个字母组成的。

1. SWOT 分析的步骤

（1）收集信息。收集宏观环境及微观环境信息。

（2）信息的整理和分析。信息经整理后，分析它属于优势、劣势，还是机会或威胁。

（3）确定企业具体业务所处的市场位置。

（4）拟定营销战略。

2. 企业的 SWOT 综合分析

进行 SWOT 分析，需要绘制 SWOT 分析矩阵图，这个矩阵是以外部环境中的发展机会和威胁为一方，以企业拥有的优势和存在的劣势为另一方而组成的二维矩阵，如图 2-1 所示。

在这个矩阵中，存在四种战略组合策略，即优势–机会组合、劣势–机会组合、优势–威胁组合和劣势–威胁组合。

企业内部因素 / 企业外部因素	优势（S）	劣势（W）
机会（O）	SO战略	WO战略
威胁（T）	ST战略	WT战略

图 2-1　企业 SWOT 分析矩阵

（1）优势–机会组合（SO）战略。优势–机会组合代表企业自身优势多、市场机会大。这种组合应该是企业的最佳选择，应通过发挥自身优势，利用企业内部的长处去抓住外部机会，实现企业的快速发展。企业适宜采用扩张战略，即企业在该业务上重点扩张，筹集资金，积极准备扩大经营。

（2）劣势–机会组合（WO）战略。劣势–机会组合代表企业虽然遇到的市场机会大，但自身劣势多，缺少竞争优势。企业虽然识别出外部环境中存在的机会，但企业自身存在的不足可能会限制企业对机会的把握。对于这样的情况，最现实的问题就是企业如何弥补自身资源或能力的不足，以抓住机会，否则机会只能让给竞争对手。企业适宜采用防卫战略，如招商引资、寻求外援协助，利用外部机会来改进企业内部弱点。

（3）优势–威胁组合（ST）战略。优势–威胁组合代表企业自身虽有竞争优势，但缺少市场机会。企业可以利用自身长处去避免或减轻外来的威胁，降低威胁可能产生的不利影响。但这种做法会使得企业的优势资源不能更好地利用。在严重的市场威胁环境下，企业适宜采取分散战略，利用多角化经营，分散经营风险。

（4）劣势–威胁组合（WT）战略。劣势–威胁组合代表企业自身缺少竞争优势，劣势明显，且市场威胁较大。在这种情况下，企业难以抵挡环境威胁对企业的不利影响。如果企业处于这样的位置，在制定战略时就要设法降低环境不利对企业的冲击，使损失减到最小。企业适宜采用退出战略，即该业务既无机会也无优势可言，应及时撤离，如缩减经营规模、抽资转向等。

思考题

1. 营销宏观环境分析所含的基本内容有哪些？
2. 营销微观环境分析所含的基本内容有哪些？

知识拓展

国内电子市场的发展趋势

电子市场作为一种 IT 产品的主要零售终端，在 IT 产品流通领域发挥着越来越重要的作用。随着我国整个流通、服务业以及电子信息产业的快速发展，在“十二五”期间，国内电子市场成交额将保持年均 12%～15%的增长，并将呈现如下发展趋势。

1. 市场管理“百货化”

电子市场已开始向“百货商场化”管理靠拢。随着电子市场软硬件水平的不断提升，市场经营者不断为消费者营造良好的购物环境，推动市场走品牌之路。市场经营者通过风格多样的商品展示，使商品销售与现代环境设计融为一体，引领消费文化，满足消费者购物需求，提高市场的品位。此外，市场经营者通过借鉴百货、超市、大型购物中心等形态进行市场布局改造，在装修、产品经营区域划分、统一营销服务、统一品牌形象等方面开始探索市场“百货化”经营的新模式。部分电子市场也开始尝试“统一收银”等业务变革。

2. 以“品牌化”服务影响消费者

消费者对品牌的认知直接影响其消费习惯，较多的消费者先选择市场品牌再选择产品品牌。市场品牌的塑造直接界定了目标消费者的构成，引发消费者的跟随，进而有助于带动市场销售。电子市场的经营管理者正逐步树立规范经营理念，着力通过打造“品牌市场”来提升市场竞争力。电子市场的经营管理者通过吸引知名产品品牌生产商、规模较大并具有行业知名度的经销商到电子市场开设新品展示店、专营专卖店，与电子市场建立品牌战略联盟，伴随电子市场的连锁发展而发展。此外，电子市场的经营管理者通过对市场商户的主动管理来提高商户质量，进而提高商品质量和品牌化程度，降低消费者对电子市场产品质量的担忧。同时，电子市场经营者纷纷推出品牌化服务以提高市场知名度与美誉度，如部分电子市场推出的“先行赔付”制度等。

3. 与其他产业融合度提高

电子市场正逐步呈现出与其他产业融合的趋势，与餐饮、旅游、网络、社区服务、金融等行业的发展联系越来越紧密。从近年来电子市场的创新业态来看，多是零售业与其他产业融合，在专注电子市场业务的同时，也融合了百货零售、餐饮、休闲、娱乐等多种形态，地方政府也往往把电子市场行业的整体规划放在促进地区经济增长的大环境中来考虑，如商业街的规划、城镇中心的规划，往往融合了多种产业的互动。

4. 社区型模式发展速度将加快

随着城市化的推进、城市人口的增多、城市的扩大，人们基于交通、便捷的考虑，在大中型城市中选择就近消费将是一个趋势。此外，由于电子产品的关联度越来越强，计算机、数码、通信等电子产品都将成为在互联网背景下获取和交换信息的工具，其消费也随之呈现出电子产品普及化、购买群体大众化、服务方式体贴化等趋势，电子产品的消费门槛逐年降低，日益成为大众消费品。与此同时，消费者对于购买产品的服务要求更加严格，就近购买将成为部分电子产品的主要购买方式。消费者消费习惯的改变将为社区型电子市场的发展提供坚实的基础。

基本技能 2　分析市场购买行为

活动：课堂讨论

活动形式：小组座谈。主题：我的电子电器产品购买经历。

活动过程：（1）教师向学生说明本次活动的目的、要求和注意事项。

（2）小组成员依次讲述自己的一次电子电器产品购买经历，内容包括：①购买的是哪种产品？②购买的时间、地点，购买的主要原因或目的是什么？③是谁提出购买的，与谁商量过，由谁做出的购买决定，谁去买的，买给谁用的？④是以什么方式购买的？⑤对购买的产品是否满意，有哪些经验教训？组长负责记录座谈内容。

（3）由各小组发言人宣读本组座谈记录，以形成资料共享。

（4）小组研论并回答问题。组长负责记录。

（5）教师对各组讨论情况进行总结评价；对气氛热烈、发言积极的小组和个人予以表扬和奖励，尤其要鼓励学生的创造性思维。

活动成果：小组座谈记录表、小组座谈记录整理表（见表2-2、表2-3）。

表2-2 ______小组座谈记录表

组　长		座谈主题	我的购物经历
小组成员1	发言记录		
小组成员2	发言记录		
小组成员3	发言记录		
……			

表2-3 ______小组座谈记录整理表

项　目	结　果
购买的决策者主要是哪些人	
购买的目的主要有哪些	
购买的渠道主要有哪些	
购买时间段主要有哪些	
购买的产品有哪些	
购买的方式有哪些	

基本知识

一、电子电器产品消费者市场购买行为分析

消费者市场的购买是最终市场的购买，因此，对电子电器产品消费者市场购买行为的研究，是对整个电子电器产品市场进行研究的核心。

消费者的购买行为是指消费者购买商品的活动和与这种活动有关的决策过程。购买行为是与购买商品有关的各种可见的活动，如收集商品信息、比较、购买和购买后的反应等。而这些活动必然受消费者心理活动的支配，并受消费者个人特性和社会文化因素的影响。因此，研究消费者的购买行为，除了要考察消费者在购买决策过程中的各种活动以外，还要分析支配和影响这些活动的各种因素，以便说明谁是购买者（Occupants），他们买什么（Objects）、他们为何购买（Objectives）、谁参与购买（Organizations）、他们怎样购买（Operations）、什么时间购买（Occasions）和在何处购买（Outlets），即所谓“市场7os”问题。

1. 影响消费者购买行为的因素

（1）个性因素。个性因素是一个人身上表现出的经常的、稳定的、实质的心理特征。个性的差别直接导致其购买行为的不同。个性因素主要包括个人的年龄、职业、收入、个性、生活方式等。

（2）社会因素。消费行为作为个人行为，首先受到个人因素的影响，但消费者作为整个社会生活消费的一个组成部分，又受到他所处的社会历史条件的制约和社会因素的影响，主要包括社会文化、相关群体、社会阶层、家庭等，它们都将影响消费者的购买行为。

（3）经济因素。经济因素是影响消费者购买行为的直接因素，主要包括消费者收入、消费品价格（包括消费品本身的价格、消费品的预期价格和相关消费品的价格）等。

（4）心理因素。消费者的购买行为受其心理的支配，影响消费者购买行为的心理因素包括激励、知觉、态度、学习等心理过程。

2. 消费者购买行为的参与者

电子电器产品消费者在购买过程中，特别是在购买中高档产品时可能扮演不同的角色，按其在购买过程中的不同作用，可分为以下几种。

（1）倡议者：首先想到提议购买某产品的人。

（2）影响者：对购买某产品有一定影响的人。

（3）决策者：决定是否买、何时买、何处买、买何品牌的人。

（4）购买者：实际购买具体产品的人。

（5）使用者：实际使用产品的人。

例如，某家庭在购买电脑的过程中，提议人通常是孩子，影响者通常是父母的亲戚、同事、朋友，决策者通常是父母，购买者通常是父母和孩子，使用者主要是孩子。

以上 5 种角色中，最重要的是决策者。因此，决策者通常是商品经营者主要的促销对象。

3. 消费者购买行为分析方法

消费者购买行为分析，通常采用"5W1H"分析方法，其内容包括如下 6 个方面。

（1）What：消费者购买行为追求的能满足自己需求的产品或服务是什么。

（2）When：消费者购买行为一般发生在什么时候。

（3）Were：消费者获得该产品或服务一般通过什么渠道或消费者的购买行为一般发生在什么地点。

（4）Why：消费者购买的主要动机或目的是什么。

（5）Who：购买行为的发起者、影响着、决策者、执行者以及产品的最终使用者是谁。

（6）How：消费者习惯或喜欢通过什么样的购物方式实现自己的购买行为。

4. 消费者购买决策过程分析

消费者完整的购买行为过程是以购买为中心，包括购买前和购买后一系列活动在内的复杂行为过程。具体可分为 5 个阶段：

确定需要⟶收集信息⟶评估选择⟶决定购买⟶购买后行为

（1）确定需要。当消费者感觉到了一种需要而且准备购买某种商品去满足需要时，对这种商品的购买过程就开始了。来自内部和外部的刺激都可能引起需要和诱发购买动机。企业应了解消费者的需要是由什么引起的，又是怎样被引导到特定的商品上从而形成购买动机的，以便采取相应的市场营销策略，刺激消费者的某些需要并诱发购买动机。

（2）收集信息。消费者形成了购买某种商品的动机后，接下来往往要通过查阅资料，向亲友和熟人询问情况，关注广告宣传，留意报刊、电视等大众宣传媒介的客观报道和使用者对该产品的评论等渠道收集有关信息。企业可利用这些渠道向消费者有效地传递信息。

（3）评估选择。消费者根据所掌握的信息，对备选产品品牌、性价比、购买渠道等进行评价和比较，以便做出选择。企业可通过抽样调查，了解消费者如何评价产品，就可以采取措施来影响其选择。

（4）决定购买。经过评估与选择，消费者仅仅形成了对某种品牌的偏好和购买意向，接下来还要做出具体的购买决策：购买哪种品牌、在哪家商店购买、购买数量、购买时间，在某些情况下还要决定支付方式。企业应了解消费者的心理活动及其变化规律，采取符合消费者心理的促销活动和方法，引起消费者的注意和兴趣，以促成其购买。

（5）购买后行为。消费者购买商品后，往往会通过使用和他人的评判，对其购买选择进行检验。如果感到满意，可能重复购买或向他人推荐；如果感到不满，则会产生退货想法或劝说身边的人不要购买该产品。因此，企业产品宣传应实事求是并适当留有余地；应经常征求顾客意见，为他们发泄不满提供适当的渠道，以便迅速采取补救措施。

例如，李想对现在使用的耳机不满意，打算买一副新耳机。于是，他开始多方了解有关耳机的品牌、质量、价格以及购买渠道等方面的情况，最后选择了一款满意的某品牌的耳机，并且了解到网上购买比在专卖店购买价格便宜很多。于是，李想决定在网上购买并顺利得到了该款耳机。经过使用，李想觉得该耳机物美价廉，买得很合算，于是又介绍朋友去买。

二、电子电器产品生产者市场购买行为分析

生产资料购买行为的参与者，与消费者购买行为的参与者一样包括倡议者、影响者、决策者、购买者和使用者 5 种角色。

1. 生产者购买行为的类型

按照生产者市场购买行为的难度，生产者购买行为一般可分为 3 类。

（1）直接购买：即在供方、购买对象、购买方式、购买地点等不变的情况下，生产者购买过去曾经购买过的产品类型。这种购买行为最为简单。

（2）修正购买：即生产者在适当改变以前所购买产品的规格、花色、品种、价格、数量或其他交易条件后再进行购买的类型。这种购买行为稍为复杂。

（3）新购：即生产者首次购买某种产品或服务，购买前需要对该产品及其企业进行调查论证的类型。这种购买行为最为复杂。

2. 生产者的购买决策过程分析

生产者的购买特别是“新产品”的购买决策过程最为复杂，一般由以下几个阶段构成。

（1）认识需求：是生产资料购买决策过程的初始阶段，指企业人员认识到要购买某种产品以满足企业的某种需求。

（2）确定需求：指企业提出产品需求的种类与特征。

（3）说明需求：指企业确定待购产品的具体规格与性能。

（4）调查和寻找供应商：企业通过工商企业名录或其他商业资料来查找可能的供应商。

（5）分析供应商的建议书：企业要求每个可能的供应商提供详细的建议书，并进行分析、挑选。

（6）决定选择供应商：企业根据供应商的产品质量、价格、信誉、及时交货能力、技术服务等指标来评价、选择最终的供应商。

（7）履行常规的购货手续：企业以订货单的形式向选定的供应商提出订货。

（8）评价购买结果：企业将产品使用部门对所购产品的意见收集起来，进行全面评价。

思考题

1．电子电器产品消费者市场购买行为的特点是什么？

2．消费者完整的购买行为过程是怎样的？

知识拓展

消费者购买行为模式

现实中的顾客是多种多样的，不同的顾客在购买动机及行为方面有很大差别。受购买动机、经济条件、生活方式、社会文化、年龄和个性等因素的影响，顾客的购买行为主要有如下6种类型。

1．价格型购买行为

具有这种购买行为模式的客户对商品价格比较敏感。其中，有些总喜欢购买廉价商品，甚至在没有购买意向的情况下，见到廉价商品也会采取购买行动。还有些价格型的人特别信任高级商品，认为这类商品用料上乘、质量可靠，即所谓"一分钱，一分货"，所以常乐于购买高价商品，认为这样可以使自己的需求得到更好的满足。

2．理智型购买行为

有些客户习惯于在反复考虑、认真分析、多方选择的基础上采取购买行为。他们购买商品时比较慎重，不轻易受广告宣传、商品外观及其他购买行为的影响，而是对商品的质量、性能、价格和服务等方面认真进行比较。接待这类客户时要实事求是，详细地介绍商品，努力促成交易。

3．冲动型购买行为

具有这种行为模式的顾客经常在广告和商品陈列、使用示范等因素刺激下购买商品。他们在挑选商品时主要凭直观感受，而很少进行理智思考，不大讲究商品实际效用和价格等，因为喜爱或看到他人竞相购买就会迅速采取购买行动。生动的广告、美观的商品包装、引人注目的商品陈列等，对于吸引这类购买者效果十分显著。

4．想象型购买行为

有些人往往会根据自己对商品的想象、评价或联想进行选购。该类客户在购买商品时，比较重视商品名称、造型、图案、色彩、寓意等，这是一种比较复杂的购买行为。具有这种购买行为的客户通常对商品有很高的鉴赏力，他们的选择对相关群体的影响比较大。

5．习惯型购买行动

有些客户通常会根据自己过去的使用习惯和爱好购买商品，或总是到自己熟悉的地点去购买商品。他们一般比较忠于自己熟悉的商品、商标和经销商，选择商品和购买地点具有定向性、重复性。他们往往果断采取购买行动，不需要进行反复比较。

6. 随意型购买行为

有些顾客对商品没有固定的偏好，不讲究商品的商标和外观，往往是随机购买，这被称为随意型购买。它有两种表现：一种是不愿为购买商品多费精力，需要时遇到什么就买什么，追求方便和省事；另一种是购买者缺乏主见或经验，不知道怎样选择，乐于仿效他人，卖方的建议对其影响也很大。

人们的购买行为模式并不是一成不变的。在现实生活中，人们的购买行为模式往往与产品特性有直接关系，在购买不同类别的商品时，往往会采取不同的行为模式。例如，购买一般生活用品，属于随意型、习惯型的较多；而对于高档消费品，多数人属于理智型；对于礼品等，则以冲动型或价格型购买占多数。因此，掌握了各种类型的客户，就能深入地了解客户的需求，能更好地为顾客提供服务，从而赢得顾客。

基本技能 3 开展市场调查与预测

活动：体验市场调查

活动形式：填写市场调查问卷，接受市场调查。

活动过程：（1）由教师向学生说明本次活动的目的、要求和注意事项。

（2）全班学生每人填写一份问卷。

（3）各小组首先预习“基本知识”，研读案例，然后展开研讨。组长负责记录，小组发言人宣读讨论结果。

（4）讨论过程中，教师给予必要的指导；

（5）教师对本次活动的开展情况进行评价；对存在争议的一些问题加以澄清；对表现好的小组和个人加以表扬和奖励，尤其要鼓励学生的创造性思维。

活动成果：小组研讨记录表（见表 2-4）。

表 2-4 ______小组研讨记录表

研 讨 问 题	研 讨 结 果
（1）该问卷调查的目的是什么	
（2）该问卷想要收集有关手机哪些方面的资料	
（3）除了问卷调查以外，还有哪些方法可以达到市场调查的目的	

案例 2-2

学生手机使用情况调查问卷

同学您好！打扰一下，帮我填一份调查表可以吗？为了了解在校学生对手机消费的需求，我特地展开了此次调查活动，希望您在百忙之中抽出宝贵时间帮我完成这份市场调查，将您的选项填入括号中。

1. 您目前拥有手机吗？（ ）

A. 有 B. 没有

2. 您的手机是什么品牌？ （ ）

A. 诺基亚 B. 摩托罗拉 C. 三星 D. 索尼爱立信 E. iPhone F. 其他

3. 您购买手机的场所是（ ）。

A. 商场 B. 专卖店 C. 网上订购 D. 其他

4. 您喜欢的手机品牌是（ ）。

A. 诺基亚 B. 摩托罗拉 C. 三星 D. iPhone E. 其他

5. 购买手机，您认为合适的价位是（ ）。

A. 500～1000元 B. 1000～1500元 C. 1500～2500元 D. 2500元以上

6. 您购买手机的主要用途是（ ）。

A. 发短信 B. 打电话 C. 玩游戏 D. 其他

7. 您购买手机首先考虑的因素是（ ）。

A. 外形 B. 功能 C. 价格 D. 品牌 E. 其他

8. 若要更换手机，在经济条件允许的前提下，您最想使用哪种类型的手机？（ ）

A. 智能手机 B. 拍照手机 C. 音乐手机 D. 普通手机

9. 您的手机主要用来干什么？（ ）

A. 打电话 B. 发信息 C. 玩游戏 D. 上网

10. 您现在或曾经使用哪些手机功能？（ ）

A. 文字短信 B. 彩信 C. 摄影 D. 无线上网 E. 下载游戏

11. 您将来会尝试使用哪些手机业务与手机功能？（ ）

A. 文字短信 B. 彩信 C. 彩铃 D. 手机广播信息

E. 手机摄影 F. 手机报纸 G. 手机小说 H. 手机电影/电视

I. 游戏 K. 手机上网 L. 手机交友

12. 您觉得手机对你的生活来说（ ）。

A. 很重要 B. 比较重要 C. 一般 D. 比较不重要 E. 一点都不重要

13. 您作为顾客，是否希望厂家配送配套的手机套、手机链？（ ）

A. 希望 B. 不希望

14. 您希望手机厂商提供什么样的服务？（ ）

A. 校内维修 B. 学生专卖店 C. 手机专卖店

15. 请简单描述您理想中的手机。

基本知识

一、市场调查

1. 市场调查的定义

市场调查就是指运用科学的方法，有目的、系统地收集、记录、整理有关市场营销信息和资料，分析市场情况，了解市场的现状及其发展趋势，为市场预测和营销决策提供客观、正确的资料。

市场调查是市场营销的出发点，通过市场调查分析，为企业制订营销目标、产品计划、产品价格，选择分销渠道，采取促销策略和检查经营成果提供科学依据；并在营销决策的执行过程中，为计划的控制和调整提供依据，起到检验和矫正的作用。

2. 市场调查的内容

市场调查的内容涉及市场营销活动的整个过程，主要包括如下几个方面。

（1）市场环境的调查：主要包括经济环境、政治环境、社会文化环境、科学环境和自然地理环境等。具体的调查内容可以是市场的购买力水平，经济结构，国家的方针、政策和法律法规，风俗习惯，科学发展动态，气候等各种影响市场营销的因素。

（2）市场需求调查：主要包括消费者需求量调查、消费者收入调查、消费结构调查、消费者行为调查，包括消费者为什么购买、购买什么、购买数量、购买频率、购买时间、购买方式、购买习惯、购买偏好和购买后的评价等。

（3）市场供给调查：主要包括产品生产能力调查、产品实体调查等。具体为某一产品市场可以提供的产品数量、质量、功能、型号、品牌等，以及生产供应企业的情况等。

（4）市场营销因素调查：主要包括产品、价格、渠道和促销的调查。产品的调查主要是了解市场上新产品开发的情况、设计的情况、消费者使用的情况、消费者的评价、产品生命周期阶段、产品的组合情况等。产品的价格调查主要是了解消费者对价格的接受情况、对价格策略的反应等。渠道调查主要包括了解渠道的结构、中间商的情况、消费者对中间商的满意情况等。促销活动调查主要包括各种促销活动的效果，如广告实施的效果、人员推销的效果、营业推广的效果和对外宣传的市场反应等。

（5）市场竞争情况调查：主要包括对竞争企业的调查和分析，了解同类企业的产品、价格等方面的情况，他们采取了什么竞争手段和策略，做到知己知彼，通过调查可以帮助企业确定企业的竞争策略。

3. 市场调查的步骤

市场调查是由一系列收集和分析市场数据的步骤组成的。某一步骤做出的决定可能影响其他后续步骤，某一步骤所做的任何修改都往往意味着其他步骤也可能需要修改。

（1）确定问题与假设。由于市场调查的主要目的是收集与分析资料以帮助企业更好地做出决策，以减少决策的失误，所以调查的第一步就要求决策人员和调查人员认真地确定研究的目标，做出假设。给出研究目标的主要原因是为了限定调查的范围，并通过调查所得的资料来检验所做的假设是否成立，写出调查报告。

（2）确定所需资料。收集哪些资料与调查的目标有关。例如，消费者对本企业产品及其品牌的态度如何；消费者对本企业品牌产品价格的看法如何；本企业品牌的电视广告与竞争品牌的广告在消费者心目中的评价如何；不同社会阶层对本企业品牌与竞争品牌的态度有无差别，等等。

（3）确定收集资料的方式。需要确定的有：数据来源、调查方法、调查工具、抽样计划及接触方法等。如果没有适用的现成资料（第二手资料），原始资料（第一手资料）的收集就成为必需步骤。

（4）抽样设计。抽样设计首先要选择是概率抽样还是非概率抽样，这具体要视该调查所要求的准确程度而定。概率抽样的估计准确性较高，且可估计抽样误差，但从经济观点来看，非概率抽样设计简单，可节省时间与费用。其次要确定样本数目，这同样需要考虑统计与经济效率问题。

（5）数据收集。数据收集必须通过调查员来完成，调查员的素质会影响调查结果的正确性。调查员以大学的市场学、心理学或社会学的学生最为理想，因为他们已受过调查技术与理论的训练，可减少调查误差。

（6）数据分析。资料收集后，应检查所有答案，不完整的答案应考虑剔除，或者再询问该应答者，以求填补资料空缺。资料分析应将分析结果编成统计表或统计图，方便读者了解分析结果，并可从统计资料中看出与第一步确定问题假设之间的关系。同时又应将结果以各类资料的百分比与平均数形式表示，使读者对分析结果形成清晰对比。

（7）撰写调查报告。市场调查的最后一步是编写一份书面报告。一般而言，书面调查报告可分两类：①专门性报告；②通俗性报告。专门性报告的读者是对整个调查设计、分析方法、研究结果以及各类统计表感兴趣者，他们对市场调查的技术已有所了解。而通俗性报告的读者的主要兴趣在于听取市场调查专家的建议。

4. 市场调查的一般方法

市场调查的方法主要有访问法、观察法、实验法和问卷法。

（1）访问法：是指直接向被调查人员提出问题，根据被调查者的回答来收集信息资料的方法，包括面谈调查、邮寄调查、电话调查、留置调查、网络调查等。

①面谈调查：是由调查者直接与被调查者接触，通过当面交谈获取信息的一种方法。具体形式既有派员工走出去，也有把被调查对象请进来；既有个别交谈，也有开座谈会等形式；既有企业自身人员调查，也有聘请或委托他人调查；既有在家庭、单位调查，也有在购物场所、公共场所随机调查。要根据具体调查目的、特点和需求来决定采取哪种方式比较合适。

②邮寄调查：是指调查人员将设计好的调查问卷通过邮局寄给被调查者，由被调查者填好后在规定的时间内寄回的调查方法。

③电话调查：是指调查人员通过电话向被调查者了解有关情况的一种调查方法。这种方法一般适用于被调查者对调查问题比较熟悉或者是调查问题比较简单的营销调查。

④留置调查：是指调查人员将调查问卷当面交给被调查者，说明调查意图和要求，由被调查者自行填写，再由调查人员按约定日期收回的一种调查方法。还有一种做法是通过某些单位或组织，间接地向调查对象发送问卷，然后再通过他们集体回收；或者附上回邮信封要求被访者将填写好的问卷直接寄回。为了感谢合作，一般都要向被访者赠送小礼品。

⑤网络调查：是指调查人员利用计算机网络系统，将调查问卷通过电子邮件发给被调查者或放在网上，由被调查者填写后发回或提交的一种调查方法。

（2）观察法：是指调查人员通过直接观察记录被调查者的言行来收集资料的调查方法。常用的市场调查方法有如下几种。

①实验观察：是指在人为设计的环境中进行观察。非实验观察是指在自然状况下进行观察，所有参与的人和物不受控制。

②直接观察：是指调查人员介入到调查的情境中进行观察。间接观察则是调查人员不直接介入所调查的情景，而是通过观察与调查对象直接关联的事物来推断调查对象的情况。

③公开观察：是指在被调查者知道调查人员身份的情况下进行调查。非公开观察则是指调查人员在调查过程中不暴露自己的身份而进行调查。

④人工观察：是指由调查人员直接在观察现场记录有关内容，根据实际情况对观察到的现

象做出合理的推断。仪器观察是指利用仪器，如录音机、照相机等进行观察的方法。

（3）实验调查法：就是先在一个较小的范围内，并在一定的条件下，对某种影响商品销售的因素进行实际试验，对其结果进行全面分析、评价，看有无大规模推广的价值。所以，这种实验也常被称为销售实验或试销。

（4）问卷法：是通过设计调查问卷，让被调查者填写调查表的方式获得所调查对象的信息。在调查中将调查的资料设计成问卷后，让接受调查对象将自己的意见或答案填入问卷中。在一般进行的实地调查中，以问答卷采用最广泛。

下面是一份关于大学生手机市场的调查报告实例。

案例 2–3

关于大学生手机市场的调查报告

一、调查目的：了解在大学生中手机的使用情况

近年来，随着手机在校园里的普及，越来越多的手机厂商把目光投向了校园这一潜在的巨大市场。为了了解手机在大学生中的普遍情况、使用效果及消费情况，掌握手机在大学的销售情况和市场前景，我决定以大学生为调查对象，对校园里的手机市场做一次调研。

二、调查对象：在校大学生

三、设计调查项目和调查表

总共设计 36 项问题，发放网络邮件 150 个，随机选取 30 次，其中包括男生 11 人，女生 19 人。

四、调查时间：2011 年　月　日—2011 年　月　日

五、调查方式：网络问卷

为了使调查具有普遍性，我放弃了传统的书面问卷形式，而采用制作电子版问卷在网络上进行调查的方式。这样做的好处是显而易见的：

（1）提高效率，减少调查工作量。电子版调查问卷使用电子邮箱发送给大学生，并放在个人主页上，无须印刷，无须人工分派问卷。

（2）调查范围更广，调查对象更具随机性。由于是在网上答卷，没有空间和时间的限制，回答答卷的大学生朋友人数在短短 6 天的时间内突破 150 人，并且这些参加调查的朋友来自全国各地的大学，具有普遍性，又有代表性。

（3）数据统计便捷。通过计算机对调查数据进行统计，主要有人数统计、占同类选项百分比统计等。

六、调查方法

（1）确定问卷内容，以书面文件形式确定，交由本人制作成电子版调查问卷。

（2）动员同学进行广泛宣传，宣传方式主要有两种：一是让自己的朋友上网回答调查；二是在论坛上发布信息，让论坛上的网友帮忙回答。

（3）调查完成后，对调查统计数据进行分析。

（4）撰写调研报告。

七、调查数据统计分析

本次调查有超过150人参加并且完成了问卷，并且参加调查的朋友具有很高的随机性，保证了本次大学生手机调研具有一定普遍意义。我主要针对大学生手机拥有和需求状况、学生手机的使用要求分析、学生手机族的消费动力分析、学生手机族的消费动机分析、学生手机族的目标确立分析这5个方面进行数据统计和分析并在最后给出营销建议。

1．大学生手机拥有和需求状况

调查数据显示，在被访者中有 93.3%的学生拥有手机。同时，56.2%的学生将会在近期更换手机。在没有手机的学生中，78.4%学生表示将会在近期购买手机。从这些数据可看出：随着人们生活水平的提高，手机在大学里已不再是新鲜事物了，已开始普及化。大学生已经成为手机市场中一个不容忽视的消费群体。

2．学生手机的使用要求分析

（1）最重质量。选择手机时，消费者考虑的主要因素依次为：质量 14.6%，外形 12.5%，价格 7.3%，功能 16.7%，品牌 7.3%，售后服务 5.2%。其中，消费者对功能的要求最高，功能若不好，会导致使用不便。

另外，部分消费者对外观款式要求也较高，手机厂商不断推出新款在很大程度上会迎合他们的口味。随着人们生活水平的提高，以及持手机者年龄的下降，消费者对价格的敏感度会降低，而对外观款式的要求会提高。

（2）中低档产品较受欢迎。在手机价格的调查中，我发现消费者比较倾向于 1500～2500元的价位，比例高达 70.9%。另外，有少部分的消费者表示会选择 1000 元以下的手机。当然，也有部分消费者购买高价位手机。

（3）购机地点较集中。对消费者购买手机地点的调查发现，消费者购买手机的地点较为集中，大体分布在手机大卖场和品牌专卖店，其比例分别为 40%和 33.3%，其他的只占 26.7%。手机是高科技产品，普通消费者难以了解其功能是否完善、质量是否可靠，他们只能以销售人员的信用和专业知识作为判断标准，而手机大卖场或品牌专卖店的销售人员素质相对较高，所以容易赢得消费者的信任。此外，手机大卖场的价格优势也是学生朋友们考虑的一个重要因素。

（4）功能多元化。照相功能重要，游戏不可或缺。

（5）品牌手机具有强大优势。其中，诺基亚手机广受好评，夏普手机比较受女生欢迎，iPhone 手机则受男生喜欢。诺基亚手机质量好，LG 手机做工精美。

另外，大学生还对手机供销方有如下要求：售后服务、待机时间、防水功能、防摔功能、数码功能、价位低、通用网络、诚信、质量等。

八、结语——营销方式建议

为了提高形象和品牌价值，推广手机产品，建议进行如下营销活动来推动产品销售。

1．亮相展览会

在学校周围举办大型的电子产品展览会，设立专柜展示手机产品，尤其是新产品。

2．商标设计大赛

在推广宣传手机的同时，适时开展一次对手机商标进行形象设计的大赛。利用专卖店、各大零售商店、各种媒介宣传这次商标形象设计大赛，既可以推广企业的形象，又可以拉近与大学生顾客的关系，运用关系营销。

3．投放广告

广告的投放也是产品营销手段的重要环节，一个优秀的广告设计会对产品销售起到锦上添花的作用。可以选择在生活时尚频道、时尚类报纸杂志、消费电子杂志、电脑报、网络等媒体播放广告。产品广告突出年轻、时尚、激情、动感等元素吸引顾客。但是要时刻监视广告的投放频率和费用等，及时做出评估和决策。

4. 价格策略

在销售推广活动进行到一定的程度时，为了进一步提高销售量，可以运用价格杠杆进行价格调整，给消费者一定的折扣，以刺激零售消费。但应避免与竞争者打价格战。

5. 限量版产品

对于产品本身，在原有的产品系列上，结合特定的宣传活动推出限量版。一定会在特定的消费群体中引起购买和收藏的高潮，也可以推广产品。

6. 参与学校活动

例如，赞助学校内篮球赛、演讲比赛、才艺大赛等影响力较大的活动。

二、电子电器产品市场预测

1. 市场预测的概念

市场预测就是在调查研究的基础上运用科学方法对市场需求变化进行分析并预测其发展趋势的过程。例如，一个家电经销商要制订明年的家电销售计划，就要预测明年家电市场需求的变化趋势，包括对市场潜在需求量、实际销售额等的测算。市场预测是企业做出正确决策的前提条件之一。预测是对未来不确定的时间进行推测，所以不可能百分之百准确。

2. 电子电器产品市场预测的基本内容

（1）预测市场对电子电器产品需求量的变化趋势。

（2）预测本企业生产经营的电子电器产品市场销售量和市场占有率的状况及发展趋势。

（3）预测市场对电子电器产品品种、规格、价格的需求变化趋势。

（4）预测本企业经营的电子电器产品生命周期。

3. 电子电器产品市场预测的方法

市场预测的方法很多，这里主要从定性和定量预测两个方面介绍几种常用的预测方法。

（1）销售者意见法。销售者意见法就是将销售者对市场前景的预测意见汇集起来，加以分析评价，做出预测的方法。例如，某公司的三名销售人员凭借自己的经验，对某产品下个季度的销售量提出自己的意见，分别为 650 台、600 台、780 台，则三个销售人员的预测平均值为（650+600+780）/3≈677（台）。这 677 台即为下季度的预测值。

在上述方法中，如果将销售人员替换成经理则为经理意见法。

（2）专家调查法。专家调查法又称为“德尔菲法”或“专家背靠背法”，这是一种向有经验的专家征询未来市场需求情况的预测方法。具体做法是先由企业向选定的专家提供背景资料，然后请专家们根据自己的知识和经验，对预测的项目提出意见，并说明依据和理由。企业将各位专家的意见收集、归纳、整理后，在匿名的条件下，反馈给他们，由专家考虑对自己的意见是否进行修正。经过几轮反复征询，直到专家的意见基本趋向稳定。然后，将专家的最后一次的预测按从小到大顺序排列，取中位数作为预测值。

$$中位数=（项数+1）/2$$

例如，有 9 位预测者预测的数据（从小到大排列）为：100，101，106，110，111，114，117，119，123。

$$中位项=（9+1）/2=5$$

那么，第 5 项所对应的值 111 为中位数，就是预测值。

又如在上例中若有第 10 位预测者，其预测值为 127，那么：

$$中位项=（10+1）/2=5.5$$

$$预测值=（111+114）/2=112.5$$

111、114 分别是中间两项，即第 5 项和第 6 项。这两项数字最能代表 10 个预测者的意见。

（3）市场需求量预测。市场需求量的预测公式如下：

$$Q=n \cdot q \cdot p$$

式中 Q——预测值；

n——消费者数量

q——平均每人每年购买量；

p——产品单价。

例如，假定每年有一亿消费者购买电池，平均每年购买量为 5 节，平均每节电池 1 元，则市场需求量是多少？

$$Q=1\times 5\times 1=5（亿）$$

思考题

1．市场调查与预测的基本内容是什么？

2．市场调查与预测的一般方法有哪些？

知识拓展

市场调查报告的一般格式

从严格意义上来说，市场调查报告没有固定不变的格式。不同的市场调查报告写作，主要根据调查的目的、内容、结果及主要用途来决定具体格式。但一般来说，各种市场调查报告在结构上都包括标题、导言、主体和结尾这 4 个部分。

1. 标题

市场调查报告的标题即市场调查的题目。标题必须准确揭示调查报告的主题思想，要简单明了、高度概括、题文相符。例如，《××市居民住宅消费需求调查报告》《关于化妆品市场调查报告》《××产品滞销的调查报告》等，这些标题都很简明，能吸引人。

2. 导言

导言是市场调查报告的开头部分，一般说明市场调查的目的和意义，介绍市场调查工作基本概况，包括市场调查的时间、地点、内容和对象，以及采用的调查方法、方式。这是比较常见的写法。也有调查报告在导言中，先写调查的结论是什么，或直接提出问题等，这种写法往往能增强读者阅读报告的兴趣。

3. 主体部分

这是市场调查报告中的主要内容，是表现调查报告主题的重要部分。这一部分的写作直接决定调查报告的质量高低和作用大小。主体部分要客观、全面阐述市场调查所获得的材料、数据，用它们来说明有关问题，得出有关结论；对有些问题、现象要做深入分析、评论等。总之，主体部分要善于运用材料来表现调查的主题。

4. 结尾

结尾主要是形成市场调查的基本结论，也就是对市场调查的结果做一个小结。有的调查报告还要提出对策措施，供有关决策者参考。

有的市场调查报告还有附录。附录的内容一般是有关调查的统计图表、有关材料出处、参考文献等。

营销小故事

把梳子卖给和尚

一位商人为了在四个儿子中挑选自己的继承人，决定做一个测试：让他们在一天的时间内向寺庙里的和尚们推销梳子。

早晨，四个儿子身背梳子分头而去。

不一会儿的工夫老大便悻悻而归："这不是明摆着折腾人吗？和尚们根本就没有头发，谁买梳子？"

中午，老二也沮丧而归："我到处跟和尚讲我的梳子是如何如何好，结果那些和尚说我笑话他们没有头发，于是赶我走，甚至要打我。幸亏我看到一个小和尚抓头挠痒，就劝他买把梳子挠痒，这才卖出了一把。"

下午，老三得意地回来了："我问一位山庙里的和尚，如果拜佛的人头发被山风吹乱了，是不是对佛不尊敬？和尚说是的。我说你知道了又不提醒他们，是不是一种罪过？他说是的。于是我建议他在每个佛像前摆一把梳子，香客来了先梳完头再拜佛。一共 12 座佛像，我便卖出去一打梳子！"

晚上，老四疲惫地归来，不仅梳子全部卖完了，还带回了与寺庙签订的大额订单，以及与寺庙联合成立梳子厂的协议。看到大家惊诧不已，老四解释说："我找到当地香火最旺的寺庙，直接跟方丈讲，你想不想给寺庙增加收入？方丈说当然想了。于是我建议他在寺庙最显眼的位置贴上告示，只要给寺庙捐钱捐物就有礼物送，礼物就是一把经过高僧开光并刻有寺名的功德梳。用这把梳子在人多的地方梳头，就能梳去晦气梳来运气。于是很多人捐钱后就在人多的地方梳头，又促使更多人去捐钱拿梳子。就这样，所有的梳子都卖出去了还不够。"

营销启示：不同的思维，采用不同的营销术，就会有不同的结果。在别人认为不可能的地方挖掘需求，开发出新的市场来，那才是真正的营销高手。

模块技能训练

一、请讨论并回答下列问题

1. 电子电器产品经营企业为什么要开展市场调查和预测活动？
2. 电子电器产品经营企业应如何适应市场环境的变化？
3. 电子电器产品经营企业为什么要研究消费者的购买行为？

二、案例分析

案例2–4

戴尔公司的环境威胁与机会分析

下面是美国戴尔公司在1995年进行SWOT分析时的记录。

1. 机会

（1）个人计算机产业的成长前景依然诱人。在今后的几年中可以预期高终端个人计算机有15%的收入增长率，产业有12%的综合增长率。

（2）应用于企业的成长最快的部分将是其顶尖系统。这个部分在今后的几年中预计年增长率可达20%。

（3）尖端技术、网络作业、顾客服务及成本是企业计算机系统购置的决定因素。

（4）1995年后顾客更换过时系统的数量将超过首次购买者。

（5）欧洲和亚洲市场是尚未饱和的市场之一。

（6）美国的个人计算机市场饱和度相对还很低。只有33%的白领在工作中使用个人计算机，只有17%的美国家庭拥有个人计算机。

（7）最大的成长机会应当属于那些中小企业（雇员不足500人的企业）。

2. 威胁

（1）个人计算机行业的竞争非常激烈，其中包括传统的制造商如IBM、康柏，以及不断增多的增值零售商、兼容计算机厂商与顾客自行组装。

（2）对零部件制造商的依赖使得组装再销售者对价格的变化与零部件获得性非常脆弱。

（3）零售计算机商店通常不会固定忠诚于他们商店内所出售的某一特定品牌的系统。

（4）一些行业分析家认为个人计算机产业的增长会随着经济增长的放慢变得不确定。

（5）大型、资源充裕的竞争者的研究与开发可能使得一些专利技术很快过时。

（6）由创新者和最早模仿者所启动的美国市场预计在今后的几年中会停滞，75%以上的顾客不能担保有购买一套家用计算机的财力。

（7）市场衰退减缓了产品更新和改良的速度。

3. 优势

（1）70%以上的戴尔的客户已成为重复购买者。

（2）戴尔的企业文化以业绩为导向，并强调顾客满意。

（3）相对于大多数制造厂家提供一般的系统而言，戴尔提供了高绩效、低成本的产品和顶尖系统。

（4）戴尔正在开发专利技术以提高系统绩效，同时改善其作为顾客系统开发者的形象。

（5）戴尔被认为是在顾客满意、售后服务方面的行业领袖之一。1991年后戴尔在美国、英国、德国和法国开展的顾客满意度民意测验中名列前茅。

（6）在过去的两年中，国际市场对戴尔设计系统的需求有所增加。

（7）戴尔与施乐公司签订了为戴尔的个人计算机实施现场服务的合同。戴尔顾客中97%以上都在施乐标准化服务的范畴内。

（8）国际销售已连续3年成倍增长，反映出所有的分支机构的运作以及在法国和瑞典的第一年度的运作都有利可图。

（9）戴尔在对大公司、政府部门和教育部门的销售中有54%的增长。

4. 劣势

（1）迈克尔·戴尔被批评缺乏耐心，并且不能倾听其他管理人员的意见。一些产业观察家们质疑：随着公司的发展和成熟，迈克尔·戴尔是否还有能力继续运用他的管理手段。

（2）戴尔公司的员工构成反映出组织的潜在缺点，即缺乏有经验的员工和对企业的所有权。尽管员工中男性与女性大约各占50%，但是在管理层中，只有一名女性管理人员——顾客服务经理。

（3）戴尔在对产品的宣传和新产品的导入方面远远落后于竞争对手。

（4）戴尔在促销上着眼于电信营销战略，没有抓住其他的渠道进行促销活动。

（5）戴尔在营销规模小的市场上缺乏对产品的优选。

问题：假如你是戴尔公司营销决策者，根据以上分析，你会采取哪种策略应对？

三、技能实训

××空调本地市场需求调查

活动形式：社会实践。以小组为单位，利用本地家电卖场及居民住宅小区进行调查访问。

活动过程：（1）确定市场调查任务。

（2）制订市场调查计划。

（3）执行市场调查计划。

（4）撰写市场调查报告。

（5）活动成果：

①市场调查行动方案；

②市场调查问卷；

③市场调查报告。

模块学习测验与总结

一、选择题

1. 影响企业营销活动的社会性力量和因素，称为（　　）。

   A. 微观环境　　B. 宏观环境　　C. 作业环境　　D. 直接环境

2. 以下属于微观环境因素的是（　　）。

   A. 经济　　B. 供应商　　C. 最终顾客　　D. 居民储蓄

3．以下不属于中间商的是（　　）。

A．批发商　　B．零售商　　C．供应商　　D．代理商

4．下列调查方法中不属于访问调查法的是（　　）。

A．面谈法　　B．网络调查法　　C．邮寄调查法　　D．直接观察法

5．影响消费者购买行为的因素有（　　）。

A．经济因素　　B．个性因素　　C．心理因素　　D．感情因素

二、判断正误

1．影响消费需求最活跃的经济因素是消费者收入。（　　）

2．企业经营成败的关键在于能否适应不断变化的经营环境。（　　）

3．访问调查法是收集二手资料常用的调查方法。（　　）

4．电子电器产品消费者购买过程中最重要的角色是购买者。（　　）

5．定性预测受预测者主观因素影响大。（　　）

三、案例分析

案例 2–5

网购正在改变家电消费习惯

据统计，目前网上家电商城已经达到了 1000 家之多。无论是家电连锁销售企业还是网络购物巨头，乃至新兴的网络购物网站，都在涉足家电销售。

网上购买家电，最显著的特点就是价格便宜、方便快捷。正是这两点优势，让许多年轻的消费者改变了以往进实体店购物的习惯，而是坐在家中用计算机完成购买。小家电在网购中最先火起来，如今在网上购买大家电的消费者也逐渐多起来。

世纪电器网发布的《2010 年上半年家电网购消费者调查研究报告》显示，31～35 岁年龄段的消费者网购家电能力开始凸显，消费人群比例从 2009 年的 20.6%提升至 35.55%。未来两年，随着 80 后、90 后消费群体的快速成长，家电网购的销售额有望向 2000 亿元发起冲击。

另据中国互联网络信息中心发布的《第 26 次中国互联网络发展状况统计报告》显示，截至 2011 年 6 月底，我国网民规模已达 4.2 亿人，相当于每 3 个中国人中就有 1 个是潜在的网购目标消费者。

家电网购正快速进入人们的生活，也悄悄改变着消费者的购买习惯。世纪电器网 CEO 王治全指出，网购消费群体趋于成熟化，将有利于促进家电网购市场的迅速发展。家电网购目前仍处于行业发展的初级阶段，与线下零售卖场相比还存在一定的差距，在电子商务发展利好的环境下，要超越传统销售渠道，要做的工作还有很多。

问题：面对消费者购买习惯的改变，电子电器产品营销应作何应对？

四、个人学习总结（表 2-5）

表 2-5　个人学习总结

我学到了哪些知识	
我学会了哪些技能	
我哪里学得不够好？原因及措施怎样	

模块学习评价（表 2-6）

表 2-6　模块学习评价表

小组：		姓名：	评价总分：		
评价项目		评价依据	优秀 8～10 分	良好 6～8 分	继续努力 0～6 分
自我评价 20 分	学习态度	遵守纪律；学习主动；积极参与小组活动和讨论；尊重同学和老师；具有较强的团队精神、合作意识；能客观有效地评价同学的学习			
	目标达成	达到学习目标；按要求完成各项学习任务			
	自评合计分				
小组互评 30 分	其他组员	评价依据	优秀 20～30 分	良好 10～20 分	继续努力 0～10 分
		（1）积极参与小组活动和讨论；具有较强的团队精神、合作意识；服从角色安排 （2）对小组活动贡献大小 （3）知识目标达成情况 （4）技能目标达成情况			
	……				
	小组平均分				
教师评价 50 分		评价依据	优秀 8～10 分	良好 6～8 分	继续努力 0～6 分
	学习态度	综合表现			
	个人评价	自评结果			
	小组评价	互评结果			
	小组活动	活动成果			
	测验	测验结果			
	教评合计分				

>>> 模块三

电子电器产品的市场定位

模块教学目标

学习目标	熟悉电子电器产品消费者市场细分的标准、程序与方法；目标市场选择的标准和程序；市场定位的原则和方法
技能目标	具备进行电子电器产品市场细分、目标市场选择和市场定位的初步能力
教学方式	学生自主学习、合作学习；教师授导；实际体验；案例研讨；座谈会；社会实践
参考学时	6 学时

模块基本技能

基本技能 1 市场细分

活动：案例研讨

活动形式：以小组为单位研讨案例。

活动过程：（1）教师向学生说明本次活动的目的、内容及注意事项。

（2）学生认真研读案例并在教师的指导下就研讨问题展开讨论，回答问题。

（3）组长负责记录，小组发言人报告研讨结果。

（4）教师对本次活动的开展情况进行评价；对存在争议的一些问题加以澄清；对表现好的小组和个人予以表扬或奖励，尤其要鼓励学生的创造性思维。

活动成果：小组研讨记录表（见表 3-1）。

表 3-1 ______小组研讨记录表

研 讨 问 题	研 讨 结 果
（1）老年手机市场为什么被看好	
（2）你认为儿童手机市场前景如何？为什么	

案例 3-1

被看好的细分手机市场

据悉，中国已有7亿多的手机用户。遍及大中小城市和农村的各类用户对手机的要求各不相同，于是形成了手机市场越来越细分的现象。只有抓住细分后的市场，那些后进入的商家才有生存的空间。有能力的厂商可以在少男少女手机、老人手机、孕妇手机甚至聋哑人手机和其他具有各种特色的手机市场上大展拳脚。

（1）廉价入门型手机。以往，市面上卖的廉价手机往往是因为新产品不断上市而被淘汰下来的旧的机型。虽然价格低，但这些手机有很多功能不尽如人意，所以一直销售不理想。现在，从设计阶段就打定主意针对廉价入门市场的手机品种越来越多，这些手机设计的特点就是生产成本低、实用而不花哨。

（2）运动型手机。手机是一种较贵的电子产品，所以对于那些喜欢运动或者经常处于非常恶劣的外部环境下的用户来说，普通的手机恐怕会成为一种易耗品。所以，针对他们必须有专门的运动型手机。一般而言，这种手机的功能不一定是出众的、体积不一定是小巧的，但是一定要针对特殊环境进行优化。例如，人们经常听到的“三防”概念就是指手机必备的防尘、防水、防震功能。

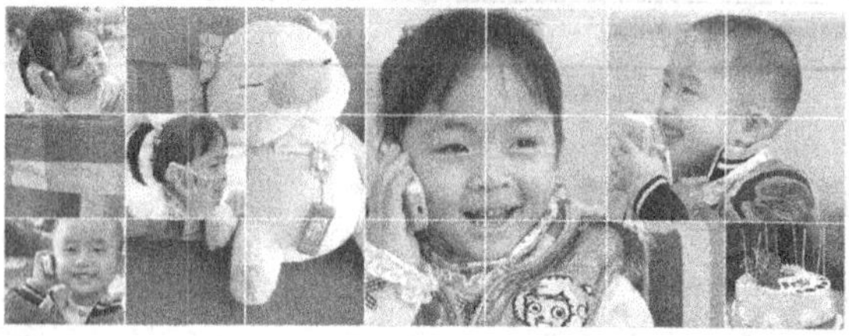

（3）女性手机。从2010年开始，女性手机就开始争奇斗妍，现在这个战场上的竞争更激烈。要想成为女性青睐的手机，首先设计要出色。其次，手机的款式一定要新颖、靓丽，像NEC、三星、联想等厂商推出的镜面手机、粉盒手机、香水手机等，都受到了众多女性的欢迎。

（4）儿童手机。中国的儿童手机市场前景广阔。在国外，儿童手机越来越普及。儿童手机没有数字键，只有几个可以输入特定号码的按键，同时限制呼入、呼出和限制短信接收、发送。根据儿童自身的特点，儿童手机还配有短信跟踪功能，只要家长申请将手机与孩子的手机捆绑，儿童手机会自动以短信形式通知父母孩子的所在地。

（5）老年手机。超大按键、超大屏幕字体、超大音量、SOS紧急呼叫键，专门针对老年人的手机逐渐在市场上火暴起来。国内外著名手机品牌也都纷纷进军老年人市场。

目前中国55岁以上的人口达到2.34亿，约占全国人口的20%，未来老龄群体的比例仍会不断增长，所以他们的身心和生活也越来越受到人们关注。老年手机就是顺应这个趋势在外观和功能上专门为老年人进行优化而设计的。网络搜索数据显示，老年手机市场前景看好，搜索指数一年内增长3倍。2009年上半老年手机分日搜索指数在5000左右波动，自2009年下半年开始上涨，到2009年年底已经突破10000。进入2010年，老年手机搜索指数继续攀高，同比增长约3倍，到2010年3月达到21000多次每天。

基本知识

一、市场细分的概念与作用

市场细分是指营销者通过市场调研，依据消费者的需要和欲望、购买行为和购买习惯等方面的差异，把某一产品的市场整体划分为若干消费者群的市场分类过程。每一个消费者群就是一个细分市场，每一个细分市场都是由具有类似需求倾向的消费者构成的群体。

电子电器产品市场细分不是根据产品品种、产品系列来进行的，而是从消费者的角度进行划分的，是根据市场细分的理论基础，即消费者的需求、动机、购买行为的多元性和差异性来划分的。市场细分对电子电器产品营销具有极其重要的作用。

1. 有利于选择目标市场和制订市场营销策略

市场细分后的子市场比较具体，比较容易了解消费者的需求，企业可以针对较小的市场制订特殊的营销策略。同时，在细分的市场上，信息容易了解和反馈，一旦消费者的需求发生变化，企业可以迅速改变营销策略，制订相应的对策，以适应市场需求的变化，提高企业的应变能力和竞争力。

2. 有利于发掘市场机会，开拓新市场

通过市场细分，企业可以对每一个细分市场的购买潜力、满足程度、竞争情况等进行分析对比，探索出有利于本企业的市场机会，使企业及时做出投产、异地销售决策，或根据本企业的生产技术条件编制新产品开拓计划，进行必要的产品技术储备，掌握产品更新换代的主动权，开拓新市场，以更好地适应市场的需要。例如，海尔根据消费者夏天洗衣次数多、单次量少的特点，推出了省水省电型的“小神童”系列洗衣机；通过改善洗衣机通水装置，解决了四川农民提出的洗衣机既洗衣服又洗地瓜的问题；进军日本市场时又推出了小型的、适合单身白领使用的洗衣机……

3. 有利于集中人力、物力投入目标市场

任何一个企业的资源、人力、物力、资金都是有限的。通过细分市场，选择适合自己的目标市场，企业可以集中人、财、物等资源，去争取局部市场上的优势，然后再占领自己的目标市场。

4. 有利于企业提高经济效益

前面三个方面的作用都能使企业提高经济效益。除此之外，企业通过市场细分后，可以面对自己的目标市场，生产和经营适销对路的产品，既能满足市场需要，又可以增加企业的收入。产品适销对路可以加速商品流转，降低企业的生产经营成本，提高企业的经济效益。

二、电子电器产品消费者市场细分的标准

电子电器产品消费者市场的细分标准可以概括为地理因素、人口统计因素、心理因素和行为因素四个方面，每个方面又包括一系列的细分变量。

1. 按地理因素细分

按地理因素细分，就是按消费者所在的地理位置、地理环境等因素来细分市场。

（1）地理位置。可以按照行政区划来进行细分，如在我国，可以划分为东北、华北、西北、西南、华东和华南几个地区；也可以按照地理区域来进行细分，如划分为省、自治区、市、县等，或内地、沿海、城市、农村等。在不同地区，消费者的需求存在较大差异。例如，滚筒洗衣机在农村地区的受欢迎的程度就不如城市地区。

（2）城镇大小。可划分为大城市、中等城市、小城市和乡镇。处在不同规模城镇的消费者，在消费结构方面往往存在较大差异。

（3）地形和气候。按地形可划分为平原、丘陵、山区、沙漠地带等；按气候可分为热带、

亚热带、温带、寒带等。防暑降温、御寒保暖之类的消费品就可以按不同气候带来划分。例如，我国北方气候干燥，加湿器很有市场，而江南地区空气湿度大，基本上不存在对加湿器的需求。

2. 按人口统计因素细分

按人口统计因素细分，就是按年龄、性别、职业、收入、家庭人口、家庭生命周期、民族、宗教、国籍等因素，将市场划分为不同的群体。

（1）年龄。不同年龄段的消费者，由于生理、性格、爱好、经济状况的不同，对消费品的需求往往存在很大的差异。因此，可按年龄将市场划分为许多各具特色的消费者群，如儿童市场、青年市场、中年市场、老年市场等。

（2）性别。按性别可将市场划分为男性市场和女性市场。不少商品在用途上有明显的性别特征，如妇女是方便、节能家电产品的主要购买者。

（3）收入。收入的变化直接影响消费者的需求欲望和支出模式。收入高的消费者就比收入低的消费者购买更高价的产品，如大容量冰箱、中央空调、豪华家电等；收入高的消费者一般喜欢到大百货公司或品牌专卖店购物，收入低的消费者则通常在住地附近的商店、仓储超市购物。

（4）职业。不同职业的消费者，由于知识水平、工作条件和生活方式等不同，其消费需求存在很大的差异。

（5）教育状况。受教育程度不同的消费者，在志趣、生活方式、文化素养、价值观念等方面都会有所不同，因而会影响他们的购买种类、购买行为、购买习惯。

（6）家庭人口。根据家庭人口数可分为单身家庭（1 人）、单亲家庭（2 人）、小家庭（2～3 人）、大家庭（4 人以上）。家庭人口数量不同，家用电器的配置等也会出现需求差异。

3. 按心理因素细分

按心理因素细分，就是将消费者按其生活方式、性格、购买动机、态度等因素细分成不同的群体。

（1）生活方式。生活方式是指人们对工作、消费、娱乐的特定习惯和模式。不同的生活方式会产生不同的需求偏好，如“传统型”、“新潮型”、“节俭型”、“奢侈型”等。这种细分方法能显示出不同群体对同一种商品在心理需求方面的差异性。

（2）性格。消费者的性格对产品的喜爱有很大的关系。性格可以用外向与内向、乐观与悲观、自信、顺从、保守、急进、热情、老成等词句来描述。性格外向、容易感情冲动的消费者往往喜欢表现自己，因而他们喜欢购买能表现自己个性的产品；性格内向的消费者则喜欢大众化，往往购买比较朴实的产品；富于创造性和冒险心理的消费者，则对新奇、刺激性强的商品特别感兴趣。

（3）购买动机。按消费者追求的利益来进行细分。消费者对所购产品追求的利益主要有求实、求廉、求新、求美、求名、求安等，这些都可作为细分的依据。例如，顾客购买美容家电产品是为了美的追求。因此，企业可对市场按利益变数进行细分，确定目标市场。

4. 按行为因素细分

按行为因素细分，就是按照消费者购买或使用某种商品的时间、购买数量、购买频率、对品牌的忠诚度等因素来细分市场。

（1）购买时间。许多产品的消费具有时间性。例如，电暖气在冬季购买需求旺盛；空调在夏季生意最兴隆。因此，企业可根据消费者购买时间进行细分，在适当的时候加大促销力度，采取优惠价格，以促进产品的销售。

（2）购买数量。据此可分为大量用户、中量用户和少量用户。大量用户人数不一定多，但消费量大，许多企业以此为目标，反其道而行之也可取得成功。例如，计算机的大量使用者是知识分子和学生。

（3）购买频率。据此可分为经常购买者、一般购买者、不常购买者（潜在购买者）。例如音响产品，青年人经常购买，中年人按正常方式购买，而工人、农民则不常买。

（4）购买习惯（对品牌忠诚度）。据此可将消费者划分为坚定品牌忠诚者、多品牌忠诚者、转移的忠诚者、无品牌忠诚者等。例如，有的消费者忠诚于某些产品，如海尔电器。为此，企业必须辨别他的忠诚顾客及其特征，以便更好地满足他们的需求，必要时给忠诚顾客以某种形式的回报或鼓励，如给予一定的折扣。

三、电子电器产品市场细分的程序与方法

1. 市场细分的程序

电子电器产品市场细分作为一个比较、分类、选择的过程，应该按照一定的程序来进行，通常有如下几步。

（1）正确选择市场范围。企业根据自身的经营条件和经营能力确定进入市场的范围，如进入什么行业、生产什么产品、提供什么服务。

（2）列出市场范围内所有潜在顾客的需求情况。根据细分标准，比较全面地列出潜在顾客的基本需求，作为以后深入研究的基本资料和依据。

（3）分析潜在顾客的不同需求，初步划分市场。企业将所列出的各种需求通过抽样调查进一步收集有关市场信息与顾客背景资料，然后初步划分出一些差异最大的细分市场，至少从中选出三个细分市场。

（4）筛选。根据有效市场细分的条件，对所有细分市场进行分析研究，剔除不合要求、无用的细分市场。

（5）为细分市场定名。为便于操作，可结合各细分市场上顾客的特点，用形象化、直观化的方法为细分市场定名，如某旅游市场可分为商人型、舒适型、好奇型、冒险型、享受型、经常外出型等。

（6）复核。进一步对细分后选择的市场进行调查研究，充分认识各细分市场的特点，本企业所开发的细分市场的规模、潜在需求，以及还需要对哪些特点进一步分析研究等。

（7）决定细分市场规模，选定目标市场。企业在各子市场中选择与本企业经营优势和特色相一致的子市场，作为目标市场。没有这一步，就没有达到细分市场的目的。

经过以上 7 个步骤，企业便完成了市场细分的工作，就可以根据自身的实际情况确定目标市场并采取相应的目标市场策略。

2. 市场细分的方法

市场细分的方法主要有单一变量法、主导因素排列法、综合因素细分法、系列因素细分法等。

（1）单一变量法：是指根据市场营销调研结果，把选择影响消费者或用户需求最主要的因素作为细分变量，从而达到市场细分的目的。这种细分法以企业的经营实践、行业经验和对客户的了解为基础，在宏观变量或微观变量之间，找到一种能有效区分客户并使企业的营销组合

产生有效对应的变量进行的细分。例如，电动玩具市场需求量的主要影响因素是年龄，可以针对不同年龄段的儿童设计出适合不同需要的玩具。

（2）主导因素排列法：即用一个因素对市场进行细分，如按年龄细分学习机市场等。这种方法简便易行，但难以反映复杂多变的顾客需求。

（3）综合因素细分法：即用影响消费需求的两种或两种以上的因素进行综合细分，如用生活方式、收入水平、年龄三个因素可将手机市场划分为不同的细分市场。

（4）系列因素细分法：当细分市场所涉及的因素是多项的，并且各项因素是按一定的顺序逐步进行时，可由粗到细、由浅入深，逐步进行细分，这种方法称为系列因素细分法。通过系列因素细分法进行市场细分，目标市场将会变得越来越具体。例如，全国市场可细分为城市市场、农村市场；农村市场又可细分为南方地区农村、北方地区农村；地区农村又可细分为农村少数民族地区等。

思考题

1．为什么要对电子电器产品市场进行细分？

2．市场细分必须具备怎样的条件？

知识拓展

有效市场细分的条件

企业进行市场细分的目的是通过对顾客需求差异予以定位，以取得较大的经济效益。众所周知，产品的差异化必然导致生产成本和推销费用的相应增长，所以，企业必须在市场细分所得收益与市场细分所增成本之间做一权衡。由此，我们得出有效的细分市场必须具备以下特征。

（1）可衡量性：这是指用来细分市场的标准、因素及细分后的市场是可以识别和衡量的，即有明显的区别、合理的范围。如果某些细分变数或购买者的需求和特点很难衡量，细分市场后无法界定、难以描述，那么市场细分就失去了意义。一般来说，一些带有客观性的因素，如年龄、性别、收入、地理位置、民族等，都易于确定，并且有关的信息和统计数据也比较容易获得；而一些带有主观性的因素，如心理和性格方面的因素，就比较难以确定。

（2）可进入性：这是指企业能够进入所选定的市场部分，能进行有效的促销和分销，实际上就是考虑营销活动的可行性。一是企业能够通过一定的广告媒体把产品的信息传递到该市场众多的消费者中去；二是产品能通过一定的销售渠道抵达该市场。

（3）可赢利性（规模性）：这是指细分市场的规模要大到能够使企业足够获利的程度，使企业值得为它设计一套营销规划方案，以便顺利地实现其营销目标，并且具有可拓展的潜力，以保证按计划能获得理想的经济效益和社会服务效益。例如一个普通大学的餐馆，如果专门开设一个西餐馆满足少数师生酷爱西餐的要求，可能由于这个细分市场太小而得不偿失；但如果开设一个回族饭菜供应部，虽然其市场仍然很窄，但从细微处体现了民族政策，有较大的社会效益，就值得去做。

（4）差异性：是指细分市场在观念上能被区别并对不同的营销组合因素和方案有不同的反应。

（5）相对稳定性：是指细分后的市场有相对应的时间稳定。细分后的市场能否在一定时间内保持相对稳定，直接关系到企业生产营销的稳定性。特别是大中型企业以及投资周期长、转产慢的企业，更容易造成经营困难，严重影响企业的经营效益。

基本技能2 目标市场选择

活动：案例研讨

活动形式：以小组为单位研讨案例。

活动过程：（1）教师向学生说明本次活动的目的、内容及注意事项。

（2）学生认真预习“基本知识”，研读案例并在教师的指导下展开讨论、回答问题。

（3）组长负责记录，小组发言人报告研讨结果。

（4）教师对本次活动的开展情况进行评价；对存在争议的一些问题加以澄清；对表现好的小组和个人予以表扬或奖励，尤其要鼓励学生的创造性思维。

活动成果：小组研讨记录表（见表3-2）。

表3-2 小组研讨记录表

研讨问题	研讨结果
（1）日本电视机打入美国市场，选用了什么机型？为什么	
（2）日本电视机成功打入美国电视机市场，采用了什么战略决策	

案例3-2

抓住空白点

日本电视机生产企业从1961年开始向美国出口电视机。当时美国不只是世界头号电视机生产强国，而且，美国消费者还普遍存有“东洋货是劣质货”的观念。但日本企业经过认真的市场分析发现，在美国市场上，12英寸以下的小型电视机是一个市场空白点。当时，美国电视机生产企业都嫌小型电视机利润少而不愿经营，并且错误地认为小型电视机消费时代已经结束。但事实上仍有不少消费者需要它，日本企业借机将小型电视机打入美国市场。正是由于日本企业从美国产品市场空白点入手“钻”入美国，所以未受到强大的美国企业的反击。等日本企业羽翼丰满，占领大型电视机市场时，美国电视机厂家再想反击却为时已晚。

基本知识

一、目标市场的选择标准

目标市场是企业在市场细分的基础上，根据市场潜量、竞争对手状况、企业自身特点所选择进入的市场。

例如，现阶段我国城乡居民对照相机的需求，可分为高档、中档和普通三种不同的消费者群。调查表明，33%的消费者需要物美价廉的普通相机，52%的消费者需要使用质量可靠、价格适中的中档相机，16%的消费者需要美观、轻巧、耐用、高档的全自动或多镜头相机。国内各照相机生产厂家大都以中档、普通相机作为生产营销的目标，因而市场出现供过于求，而各大中型商场的高档相机则多是高价进口产品。如果某一照相机厂家选定16%的消费者为目标，优先推出质优、价格合理的新型高档相机，就会受到这部分消费者的欢迎，从而迅速提高市场占有率。

一般而言，企业考虑进入的目标市场，应符合以下标准或条件。

1. 有一定的规模和发展潜力

企业进入某一市场是期望能够有利可图，如果市场规模狭小或者趋于萎缩状态，企业进入后就难以获得发展。此时，应审慎考虑，不宜轻易进入。当然，企业也不宜以市场吸引力作为考虑的唯一因素，即与竞争企业遵循同一思维逻辑，将规模最大、吸引力最大的市场作为目标市场。大家共同争夺同一个顾客群的结果，只会是造成过度竞争和社会资源的无端浪费，同时使消费者的一些本应得到满足的需求遭受冷落和忽视。现在国内很多企业动辄将城市尤其是大中城市作为其首选市场，而对小城镇和农村市场不屑一顾。如果转换一下思维角度，一些目前经营尚不理想的企业说不定会出现“柳暗花明”的局面。

2. 细分市场的结构吸引力

细分市场可能具备理想的规模和发展特征，然而从赢利的角度来看，它未必有吸引力。波特认为有五种力量决定整个市场或其中任何一个细分市场的长期的内在吸引力，即同行业竞争者、潜在的新参加的竞争者、替代产品、购买者和供应商。它们具有如下五种威胁性。

（1）细分市场内激烈竞争的威胁。如果某个细分市场已经有了众多的、强大的或者竞争意识强烈的竞争者，那么该细分市场就会失去吸引力。如果该细分市场处于稳定或者出现衰退，生产能力不断大幅度扩大，固定成本过高，撤出市场的壁垒过高，竞争者投资很大，那么情况就会更糟。这些情况常常会导致价格战、广告争夺战，并使公司要参与竞争就必须付出高昂的代价。

（2）新竞争者的威胁。如果某个细分市场可能会吸引能增加新的生产能力和大量资源并争夺市场份额的新的竞争者，那么该细分市场就会没有吸引力。问题的关键是新的竞争者能否轻易地进入这个细分市场。如果新的竞争者进入这个细分市场时遇到森严的壁垒，并且遭受到细分市场内原来的公司的强烈阻挠，他们便很难进入。

（3）替代产品的威胁。如果某个细分市场存在着替代产品或者有潜在替代产品，那么该细分市场就失去吸引力。替代产品会限制细分市场内价格和利润的增长。公司应密切注意替代产品的价格趋向。如果在这些替代产品行业中技术有所发展，或者竞争日趋激烈，这个细分市场的价格和利润就可能会下降。

（4）购买者讨价还价能力加强的威胁。如果某个细分市场中购买者的讨价还价能力很强或正在加强，该细分市场就没有吸引力。购买者会设法压低价格，对产品质量和服务提出更高的要求，并且使竞争者互相斗争，所有这些都会使销售商的利润遭受损失。销售商为了保护自己，可选择议价能力最弱的购买者或者转换销售。较好的防卫方法是提供顾客无法拒绝的优质产品供应市场。

（5）供应商讨价还价能力加强的威胁。如果公司的供应商——原材料和设备供应商、公用事业、银行等，能够提价或者降低产品和服务的质量，或减少供应数量，那么该公司所在的细分市场就会没有吸引力。如果供应商集中或有组织，或者替代产品少，或者供应的产品是重要的投入要素，或者转换成本高，或者供应商可以向前实行联合，那么供应商的讨价还价能力就会较强。因此，与供应商建立良好关系和开拓多种供应渠道才是防御上策。

3. 符合企业目标和能力

某些细分市场虽然有较大吸引力，但不能推动企业实现发展目标，甚至会分散企业的精力，使之无法完成其主要目标，这样的市场应考虑放弃。此外，还应考虑企业的资源条件是否适合在某一细分市场经营。只有选择那些企业有条件进入、能充分发挥其资源优势的市场作为目标市场，企业才会立于不败之地。

现代市场经济条件下，电子电器产品制造商品牌和经销商品牌之间经常展开激烈的竞争，也就是所谓的品牌战。一般来说，制造商品牌和经销商品牌之间的竞争，本质上是制造商与经销商之间实力的较量。在制造商具有良好的市场声誉、拥有较大市场份额的条件下，应多使用制造商品牌，无力经营自己品牌的经销商只能接受制造商品牌。相反，当经销商品牌在某一市场领域中拥有良好的品牌信誉及庞大的、完善的销售体系时，利用经销商品牌也是有利的。因此进行品牌使用决策时，要结合具体情况，充分考虑制造商与经销商的实力对比，客观地做出评价。

二、选择目标市场的程序

1. 评估细分市场

企业评估细分市场的核心是确定细分市场的实际容量，评估时应考虑三个方面的因素：细分市场的规模、细分市场的内部结构吸引力和企业的资源条件。

细分市场内部结构吸引力取决于该细分市场潜在的竞争力，竞争者越多、竞争越激烈，该细分市场的吸引力就越小。有五种力量决定了细分市场的竞争状况，即同行业的竞争品牌、潜在的新参加的竞争品牌、替代品牌、品牌产品购买者和供应商，这五种力量从供给方面决定了细分市场的潜在需求规模，从而影响市场实际容量。

如果细分市场竞争品牌众多，且实力强大，或者进入壁垒、退出壁垒较高，且已存在替代品牌，则该市场就会失去吸引力。例如我国胶卷市场，柯达、富士两大国际品牌实力雄厚，占据市场的绝大多数利润，乐凯在民族产业的口号下力求扩大市场份额。中小企业要进入这样一个市场，成功的可能性很小。如果该细分市场中购买者的议价能力很强或者原材料和设备供应商招商高价格的能力很强，则该细分市场的吸引也会大大下降。

决定细分市场实际容量的最后一个因素是企业的资源条件，这也是关键性的一个因素。企业的品牌经营是一个系统工程，有长期目标和短期目标，企业行为是计划的战略行为，每一步发展都是为了实现其长远目标服务，进入一个子市场只是企业品牌发展的一步。因此，虽然某些细分市场具有较大的吸引力，有理想的需求规模，但如果和企业的长期发展目标不一致，企业也应放弃进入。而且，即使和企业目标相符，但企业的技术资源、财力、人力资源有限，不能保证该细分市场的成功，那么企业也应果断舍弃。

因此，对细分市场的评估应从上述三个方面综合考虑，全面权衡，这样评估出来的结果才有意义。

2. 选择进入细分市场的方式

通过评估，品牌经营者会发现一个或几个值得进入的细分市场，这也就是品牌经营者所选择的目标市场，下面要考虑的就是进入目标市场的方式，即企业如何进入的问题。

（1）集中进入方式。企业集中所有的力量在一个目标市场上进行品牌经营，满足该市场的需求，在该品牌获得成功后再进行品牌延伸。这是中小企业在资源有限的情况下进入市场的常见方式。许多保健品企业在进入市场时常采用一个主打品牌进行集中营销的策略。例如，太太集团以“太太口服液”针对年轻女性养颜补血的心理进入市场获得了成功，现在又推出了“静心口服液”进入中年女性市场，也同样取得了成功。集中进入的方式有利于节约成本，以有限的投入突出品牌形象，但风险也比较大。

（2）有选择地专门化。品牌经营者选择了若干个目标市场，在几个市场上同时进行品牌营销，这些市场之间或许很少或根本没有联系，但企业在每个市场上都能获利。例如，宝洁公司在洗发水市场、牙膏市场、洗衣粉市场上同时开展营销活动且都取得了成功。这种进入方式有利于分散风险，企业即使在某一市场失利也不会全盘皆输。

（3）专门化进入。品牌厂商集中资源生产一种产品提供给各类顾客或者专门为满足某个顾客群的各种需要服务的营销方式。例如，只生产“太阳能”热水器，提供给所有消费者；或者为大学实验室提供所需要的一系列产品，包括烧瓶、试剂、显微镜、紫光灯等。

（4）无差异进入。品牌经营者对各细分市场之间的差异忽略不计，只注重各细分市场之间的共同特征，推出一个品牌，采用一种营销组合来满足整个市场上大多数消费者的需求。无差异进入往往采用大规模配销和轰炸式广告的办法，以达到快速树立品牌形象的效果。例如，20世纪20年代美国福特汽车公司推出福特T型轿车时，公司宣称：“本公司的产品可以满足所有顾客的要求，只要他想要是黑色T型轿车。”

无差异进入的策略能降低企业生产经营成本和广告费用，不需要进行细分市场的调研和评估。但是其风险也比较大，毕竟在现代需求日益多样化、个性化的社会中，以一种产品、一个品牌满足大部分需求的可能性很小。

（5）差异进入。品牌经营者有多个细分子市场为目标市场，分别设计不同的产品，提供不同的营销组合以满足各子市场不同的需求，这是大企业经常采用的进入方式。例如，海尔集团仅冰箱一种产品就区分出“大王子”“双王子”“小王子”“海尔大地风”等几个设计和型号各异的品牌，以满足家庭、宾馆、餐厅、农村地区等不同细分市场对冰箱的需求。

差异性进入由于针对特定目标市场的需求，所以成功的概率更高，能取得更大的市场占有率，但其营销成本也比无差异进入要高。

这五种市场进入方式各有优缺点，企业在选择时应考虑自身的资源条件，结合产品的特点，选择最适合的方式。

三、确定目标市场模式

企业在对不同细分市场进行了合理的评估后，就要对进入哪些细分市场做出决定，也就是要选定细分市场，确定目标市场的模式。目标市场的模式可以有以下几种，如图 3-1 所示。

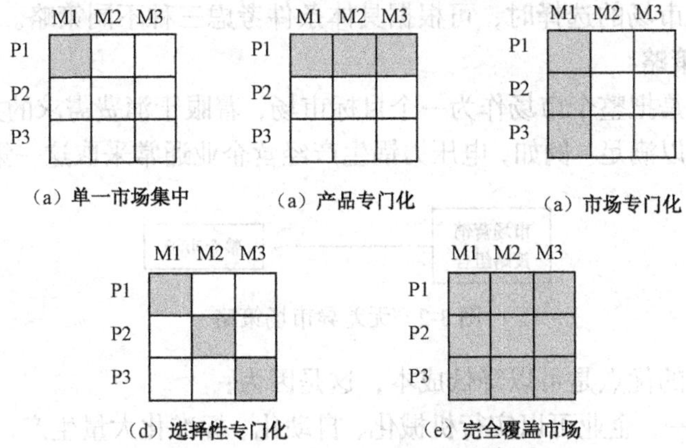

图 3-1　目标市场模式示意

（1）单一市场集中。选择一个细分市场集中营销是一种简单的目标市场。企业通过密集营销，会更加了解这个细分市场的需要，并且能够树立起特别的声誉，在该细分市场建立信誉，巩固市场地位。

例如，海尔集团在创业初期集中经营电冰箱。当时在了解到消费者不仅需要冰箱，而且迫切需要品质上乘的名牌冰箱的情况后，海尔集团通过引进技术，狠抓质量，甚至在资金十分困难的情况下，当众砸烂了 76 台存在质量缺陷的产品，树立了良好的质量信誉，创造了品牌，占领了市场。尽管其电冰箱价格高于同类产品，但依然得到了消费者的偏爱。也正是通过在冰箱市场的密集营销获得的成功，为海尔集团后来扩大目标市场积累了资金、树立了信誉、创造了名牌。然而，密集营销的风险较大，细分市场若有突发状况，如经济不景气、竞争对手加入等，就会对企业产生影响，因此许多企业会选择在多个细分市场的分散营销。

（2）产品专门化。企业集中经营一种产品，并向各类顾客销售这种产品。例如，中央空调经营者专门向市场供应中央空调，而不供应其他空调产品。

产品专业化的优点在于企业专注于一种或一类产品的经营，有利于发挥其优势，在该领域树立专业形象。其局限性是当该领域被一种全新的技术与产品所代替时，会给企业带来危机。

（3）市场专门化。市场专门化是指企业专门经营满足某一顾客群体需要的各种产品。例如，企业专门经营办公用电器产品，包括复印机、打印机、传真机等。

市场专业化经营的产品类型众多，能有效地分散经营风险。但由于集中于某一类顾客，当这类顾客的需求下降时，企业的收益也有可能随之减少。

（4）选择性专门化。选择若干个细分市场，每个细分市场都具有一定的吸引力，并且符合公司的目标和资源，而且每个细分市场都有赢利的可能。这种多细分市场目标优于单细分市场目标，因为这样可以分散风险，保证企业利润。例如，伊莱克斯冰箱以国际品质信誉打入中国市场后赢得了一部分注重产品质量的消费者，后来又推出了可以依个人爱好更换外壳颜色、图案的冰箱，得到一些追求个性化的消费者的认同。由此可见，在产品占领一个细分市场后，选择性地开发更多的细分市场，可以赢得更多的市场份额。

（5）完全市场覆盖。企业力图用各种产品满足各种顾客群体的需求，即以所有的细分市场作为目标市场，如 IBM 公司在计算机市场开发众多的产品，满足各种消费需求。

四、电子电器产品目标市场选择策略

企业在决定目标市场的选择时，可根据具体条件考虑三种不同策略。

1. 无差异市场策略

无差异市场策略是把整个市场作为一个目标市场，着眼于消费需求的共同性，推出单一产品和单一营销手段加以满足。例如，电压力锅生产经营企业通常采取这一策略，如图 3-2 所示。

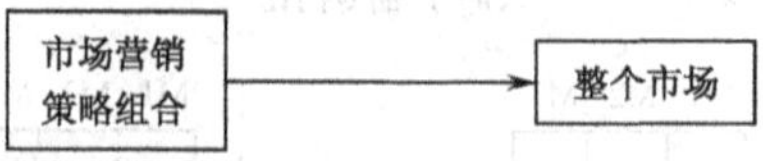

图 3-2　无差异市场策略

无差异营销策略的优点是可以降低成本，这是因为：

（1）由于产品单一，企业可以实行机械化、自动化、标准化大量生产，从而降低产品成本，提高产品质量。

（2）采用无差异的广告宣传、单一的销售程序，降低了销售费用。

（3）节省了市场细分所需的调研费用、多种产品开发设计费用，使企业能以物美价廉的产品满足消费者需要。

无差异营销策略也有其不足：

（1）不能满足不同消费者的需求和爱好。用一种产品、一种市场营销策略去吸引和满足所有顾客几乎是不可能的，即使一时被承认，也不会被长期接受。

（2）容易受到竞争对手的冲击。当企业采取无差异营销策略时，竞争对手会从这一整体市场的细微差别入手，参与竞争，争夺市场份额。

2. 差异性市场策略

差异性市场策略是充分肯定消费者需求的异质性，在市场细分的基础上选择若干个细分子市场为目标市场，分别设计不同的营销策略组合方案，满足不同细分子市场的需求。例如，电风扇市场细分后的台式风扇、落地扇、空调扇等就是差异性市场选择，如图 3-3 所示。

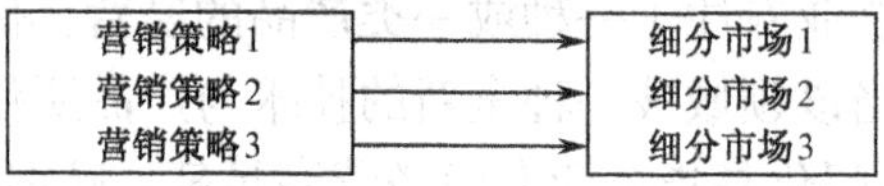

图 3-3　差异性市场策略

差异性市场策略是目前普遍采用的策略，这是科技发展和消费需求多样化的结果，也是企业之间竞争的结果。不少企业实行多品种、多规格、多款式、多价格、多种分销渠道、多种广告形式等多种营销策略，满足不同细分市场的需求。

差异性市场策略的优点是：

（1）由于企业面对多个细分市场，即使某一细分市场发生剧变，也不会使企业全盘陷入困境，大大降低了经营风险。

（2）由于能较好地满足不同消费者的需求，争取更多的顾客，从而扩大销售量，获得更大的利润。

（3）企业可以通过多种营销策略来增强企业的竞争力，有时还会因为在某个细分市场上取得优势、树立品牌形象而带动其他子市场的发展，形成连带优势。

差异性市场策略的不足之处在于：由于目标市场多、产品经营品种多，所以渠道开拓、促销、生产研制等成本高。同时，经营管理难度较大，要求企业有较强的实力和素质较高的经营管理人员。

3. 密集性市场策略

密集性市场策略是企业集中设计生产一种或一类产品，采用一种营销组合，为一个细分市场服务，如格力空调的生产经营策略，如图 3-4 所示。

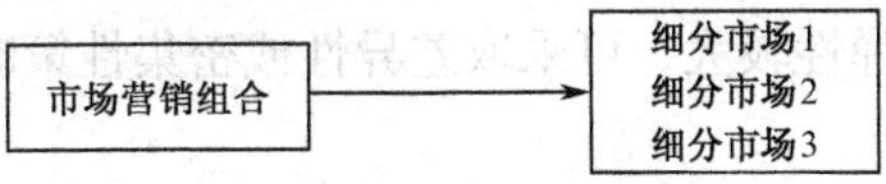

图 3-4　密集性市场策略

密集性市场策略与无差异性市场策略的区别是：后者以整个市场为目标市场，前者则以整个市场中某个小市场为目标市场。这一策略不是在一个大市场中占有小份额，而是追求在一个小市场上占有大份额。其立足点是：与其在总体上占劣势，不如在小市场上占优势。

密集性市场策略优点如下：

（1）由于市场集中，便于企业深入挖掘消费者的需求，能及时得到反馈意见，使企业能制订正确的营销策略。

（2）生产专业化程度高，企业可以有针对性地采取营销组合，节约成本和费用。

（3）目标市场较小，可以使企业的特点和市场特征尽可能达成一致，从而有利于充分发挥企业自身优势。

（4）在细分市场上占据一定优势后，可以集聚力量，与竞争者抗衡。

（5）能有效地树立品牌形象。

密集性策略的缺点如下：

（1）由于市场较小，空间有限，企业发展受到一定限制。

（2）如果有强大对手进入，风险很大，很可能陷入困境，缺少回旋的余地。

思考题

1. 什么是目标市场？
2. 目标市场的模式有哪些？
3. 企业选择目标市场应考虑哪些因素？
4. 如何评估目标市场？

知识拓展

影响目标市场选择的因素

无差异市场策略、差异性市场策略和密集性市场策略各有利弊，各自适合不同的情况。一般说来，在选择目标市场策略时要考虑以下因素。

1. 企业资源

如果企业资源丰富，实力雄厚（包括生产经营规模、技术力量、资金状况等），具有大规模的单一流水线，拥有广泛的分销渠道，产品标准化程度高，内在质量好，品牌商誉高，就可以采用无差异市场策略。

如果企业具有相当的规模、技术设计能力强、管理素质较高，可以实施差异性市场策略。反之，如果企业资源有限、实力较弱，难以开拓整个市场，则最好实行密集性营销策略。

2. 产品特点

如果产品具有同质性，即消费者购买和使用时对此类产品特征感觉相似，其需求弹性较小，如微波炉等，可采取无差异市场策略。如果产品具有异质性，消费者对这类产品特征感觉有较大差异，如手机等，其需求弹性较大，可采取差异性或密集性策略。

3. 市场特征

如果消费者的需求和爱好相似，购买行为对市场营销刺激的反应基本一致，企业可以采取无差异策略。

如果消费者需求偏好、态度、购买行为差异很大，宜采取差异性策略或密集性策略。

4. 产品生命周期

处于产品生命周期不同阶段的产品，要采取相应的目标市场策略。处在“引入期”、“成长期”的宜采取无差异市场策略。因为消费者初步接触新产品，对其不甚了解，消费需求还停留在初浅层次。另一方面，企业由于种种原因也难以一下子推出多种品种。

在“成熟期”、“衰退期”的宜采取差异性策略和密集性策略。这是由于企业生产已定型，消费已成熟，需求向深层次多样化发展，竞争也日趋激烈。采取差异性策略可以开辟一个又一个新市场，或者采取密集型策略，稳固市场地位，延长产品生命周期。

5. 竞争对手策略

企业选择目标市场策略时，通常还要分析竞争对手的策略，知己知彼，百战不殆。如果竞争对手采取无差异市场策略，企业应考虑差异性市场策略，提高竞争能力。如果竞争对手采取差异性策略，企业就应进一步细分市场，实行更有效的密集性策略，使自己的产品与竞争对手有所不同。

基本技能 3 市场定位

活动：课堂讨论

活动形式：小组座谈。

活动过程：（1）由教师向学生说明本活动的目的和要求，以及活动过程中可能出现的问题和注意事项。

（2）由各小组发言人宣读本组座谈记录，以形成资料共享。

（3）小组研讨并回答问题。组长负责记录。

（4）教师对各组座谈、讨论情况进行总结评价；对气氛热烈、发言积极的小组和个人予以表扬和奖励，尤其要鼓励学生的创造性思维。

活动成果：小组研讨记录表（见表 3-3）。

表 3-3 ______小组研讨记录表

研讨问题	研讨结果
（1）海尔洗衣机选择的目标市场有哪些	
（2）海尔洗衣机针对目标市场的产品定位是怎样的	
（3）海尔集团的市场定位策略为什么能够取得成功	

案例 3–3

海尔的市场定位策略

海尔集团的前身是一家生产普通家电产品、亏损额达147万元而濒临倒闭的集体小厂。1985年，海尔股份有限公司成立，经过十几年的发展，现在海尔集团已成为中国家电行业特大型企业。在这一发展过程中，海尔成功地运用了市场定位策略。

海尔集团根据市场细分的原则，在选定的目标市场内确定消费者需求，有针对性地研制开发多品种、多规格的家电产品，以满足不同层次消费者需要。例如，海尔洗衣机是我国洗衣机行业跨度最大、规格最全、品种最多的产品。在洗衣机市场上，海尔集团根据不同地区的环境特点，考虑不同的消费需求，提供不同的产品。例如，针对江南地区“梅雨”天气较多、洗衣不容易干的情况，海尔集团及时开发了集洗涤、脱水、烘干于一体的海尔“玛格丽特”三合一全自动洗衣机，以其独特的烘干功能迎合了饱受“梅雨”之苦的消费者。此产品在上海、宁波、成都等市场引起了轰动。针对北方水质较硬的情况，海尔集团开发了专利产品——“爆炸”洗净的气泡式洗衣机，即利用气泡爆炸破碎软化作用，提高洗净度 20%以上，受到了消费者的欢迎。针对农村市场，海尔研制开发了下列产品：（1）“大地瓜”洗衣机，适应盛产红薯的西南地区农民图快捷省事，在洗衣机里洗红薯的需要；（2）小康系列滚筒洗衣机，针对较富裕的农村地区；（3）“小神螺”洗衣机，价格低、宽电压范围、外观豪华，非常适合广大农村市场。

海尔集团以高质量和高科技进行市场定位，占领市场。其市场竞争的原则不是在量上争第一，而是在质上争第一，依靠高科技推出新产品。它所涉足的领域除冰箱外，其他产品均起步较晚，这些产品的市场竞争也非常激烈。但海尔集团经过认真的市场调查，冷静地估计自己的实力后，认为应该进入这些产品市场中参与竞争。它采用针锋相对式市场定位策略，1992 年推出空调产品，1995 年推出洗衣机产品，由于技术领先、质量可靠，均深受消费者欢迎。现在，海尔集团已跻身于世界 500 强的行列。

基本知识

一、市场定位的概念

1. 市场定位的概念

市场定位是指为了使自己生产或销售的产品获得稳定的销路，从各方面为产品塑造一定的特色，树立一定的市场形象，以求在顾客心目中形成一种特殊的偏爱。

电子电器产品生产经营企业在对自己的产品进行市场定位时，一方面要了解竞争对手的产品具有什么特色，另一方面要研究消费者对该产品的各种属性的重视程度，然后结合这两方面进行分析，再确定本企业产品的特色和独特形象。

二、电子电器产品市场定位的原则与方法

1. 市场定位的原则

各企业产品所面对的顾客和所处的竞争环境不同，市场定位所依据的原则也不同。总的来讲，市场定位所依据的原则有以下四点。

（1）根据产品具体的内在特点定位。构成产品内在特色的许多因素都可以作为市场定位所依据的原则，如所含成分、材料、质量、价格等。例如不锈钢豆浆机，可以强调它是不锈钢材料，与其他豆浆机的制造材料不同。

（2）根据特定的使用场合及用途定位。例如，空气加湿器产品的市场定位是室内空气加湿和室内空气质量改善。

（3）根据顾客得到的利益定位。产品提供给顾客的利益是顾客最能切实体验到的，也可以用做定位的依据。

（4）根据使用者类型定位。企业常常试图将其产品指向某一类特定的使用者，以便根据这些顾客的看法塑造恰当的形象，如老年保健理疗仪。

事实上，许多企业进行市场定位所依据的原则往往不止一个，而是多个原则同时使用。因为要体现企业及其产品的形象，市场定位必须是多维度、多侧面的。

2. 电子电器产品市场定位的方法

（1）特色定位法：是指根据特定的产品属性来定位，以便在竞争市场上确立一个恰当的位置。例如，格力空调强调科技领先；海尔空调强调健康环保；美的空调强调低碳节能。

（2）用途定位法：是指强调产品独特的使用价值。例如，亚都空气净化器强调能够净化室内空气、消除装修污染。

（3）使用者定位法：是指根据使用者的类型来定位。企业常常试图把某些产品指引给适当的使用者即某个细分市场，以便根据该细分市场的看法塑造恰当的形象。例如，康佳集团针对农村市场开发的“福临门”系列彩电，充分考虑农民消费者的需求特殊性，定位为质量过硬、功能够用、价位偏低，同时增加了宽频带稳压器等配件产品。

（4）竞争定位法：是指根据竞争者来定位，可以接近竞争者定位，也可远离竞争者定位。例如，康柏公司要求消费者将其个人计算机与 IBM 个人计算机摆在一起比较，企图将其产品定位为使用简单而功能更多的个人计算机。

（5）档次定位法：是指不同的产品在消费者心目中按价值高低有不同的档次。对于产品质量和价格比较关心的消费者，选择在质量和价格上的定位也是突出本企业形象的好方法。企业可以采用“优质高价”定位和“优质低价”定位。例如，在各种家电产品价格大战如火如荼的同时，海尔始终坚持不降价，保持较高的价位，这就是“优质高价”的典型表现。

（6）附加定位法：通过加强服务树立和加强品牌形象，称为附加定位。对于生产型企业而言，附加定位需要借助于生产实体形成诉求点，从而提升产品的价值；对于非生产型企业来说，附加定位可以直接形成诉求点。例如，“海尔真诚到永远”就是海尔公司一句响彻全球的口号。

三、市场定位的步骤

市场定位的关键是企业要设法在自己的产品中找出比竞争者更具有优势的特性。

竞争优势一般有两种基本类型：一是价格竞争优势，就是在同样的条件下比竞争者定出更低的价格，这就要求企业采取一切努力来降低单位成本；二是偏好竞争优势，即能提供确定的特色来满足顾客的特定偏好，这就要求企业采取一切努力在产品特色上下功夫。因此，企业市场定位的全过程可以通过如下三个步骤来完成。

1. 分析目标市场的现状，确认潜在的竞争优势

这一步骤的中心任务是要回答三个问题：一是竞争对手对产品如何定位；二是目标市场上顾客欲望满足程度如何以及确实还需要什么；三是针对竞争者的市场定位和潜在顾客的真正需要的利益要求企业应该及能够做什么。要回答这三个问题，企业市场营销人员必须通过一切调研手段，系统地设计、搜索、分析并报告有关上述问题的资料和研究结果。

通过回答上述三个问题，企业就可以把握和确定自己的潜在竞争优势在哪里。

2. 准确选择竞争优势，对目标市场初步定位

竞争优势表明企业能够胜过竞争对手的能力。这种能力既可以是现有的，也可以是潜在的。选择竞争优势实际上就是一个企业与竞争者各方面实力相比较的过程。比较的指标应是一个完整的体系，这样才能准确地选择相对竞争优势。通常的方法是分析、比较企业与竞争者在经营管理、技术开发、采购、生产、市场营销、财务和产品这七个方面究竟哪些是强项，哪些是弱项。借此选出最适合本企业的优势项目，以初步确定企业在目标市场上所处的位置。

3. 显示独特的竞争优势和重新定位

这一步骤的主要任务是企业要通过一系列的宣传促销活动，将其独特的竞争优势准确传播给潜在顾客，并在顾客心目中留下深刻印象。为此，企业首先应使目标顾客了解、知道、熟悉、认同、喜欢和偏爱本企业的市场定位，在顾客心目中建立与该定位相一致的形象。其次，企业通过各种努力强化目标顾客形象、保持目标顾客的了解、稳定目标顾客的态度和加深目标顾客的感情来巩固与市场相一致的形象。最后，企业应注意目标顾客对其市场定位理解出现的偏差或由于企业市场定位宣传上的失误而造成的目标顾客模糊、混乱和误会，及时纠正与市场定位不一致的形象。企业的产品在市场上定位即使很恰当，但在下列情况下，还应考虑重新定位：

（1）竞争者推出的新产品定位于本企业产品附近，侵占了本企业产品的部分市场，使本企业产品的市场占有率下降。

（2）消费者的需求或偏好发生了变化，使本企业产品销售量骤减。

四、电子电器产品定位策略

1. 避强定位策略

避强定位策略是指企业力图避免与实力最强的或较强的其他企业直接发生竞争，而将自己的产品定位于另一市场区域内，使自己的产品在某些特征或属性方面与最强或较强的对手有比较显著的区别。其优点是能使企业较快地在市场上站稳脚跟，并能在消费者或用户中树立形象，风险较小；缺点是避强定位往往意味着企业必须放弃某个最佳的市场位置，很可能使企业处于最差的市场位置。

电子电器产品经营企业采用这种方式时必须考虑以下几个问题：

（1）研究市场的空白处是如何形成的，是因为没有潜在需求，还是竞争对手无暇顾及。

（2）如果确定存在潜在需求，就要考虑这一部分市场是否有足够的需求规模，是否使企业有利可图。

（3）考虑企业的营销能力是否能胜任这部分市场的开发，有否足够的技术开发能力去开发市场空白处的需求产品。

2. 迎头定位策略

迎头定位策略是指企业根据自身的实力，为占据较佳的市场位置，不惜与市场上占支配地位的、实力最强或较强的竞争对手发生正面竞争，而使自己的产品进入与对手相同的市场位置。其优点是在竞争过程中往往相当惹人注目，甚至产生所谓轰动效应，企业及其产品可以较快地为消费者或用户所了解，易于达到树立市场形象的目的；缺点是具有较大的风险。

电子电器产品经营企业选择迎头定位策略的条件是：

（1）与企业条件相符合的市场已被竞争者占领，而且这个市场需求不够大，不存在与之并存的可能性。

（2）实力比竞争者雄厚，想成为市场的领先者，企业有把握赢得对方。

3. 创新定位策略

创新定位策略是指寻找新的尚未被占领但有潜在市场需求的位置，填补市场上的空缺。例如，日本索尼公司的随身听等产品正是填补了市场上迷你电子产品的空缺，并进行不断的创新，使得索尼公司能迅速发展，一跃成为世界级的跨国公司。采用这种定位方式时，企业应明确创新定位所需的产品在技术上、经济上是否可行，有没有足够的市场容量，能否为企业带来合理而持续的赢利。

4. 重新定位策略

重新定位是指企业为已在某市场销售的产品重新确定某种形象，以改变消费者原有的认识，争取有利的市场地位的活动。例如，北京亚都公司的产品定位最早是室内空气加湿器，随着人们对室内空气污染问题的日益重视，又将其产品定位在室内空气质量改善上，以吸引更多、更广泛的购买者。企业在选定了市场定位目标后，如果定位不准确，或者虽然开始定位得当，但当市场情况发生变化时，如遇到竞争者定位与本公司接近，侵占了本公司部分市场，或由于某种原因消费者或用户的偏好发生变化，转移到竞争者方面时，也应考虑重新定位。重新定位是以退为进的策略，目的是为了实施更有效的定位。重新定位对于企业适应市场环境、调整市场营销战略是必不可少的，可以视为企业的战略转移。重新定位可能导致产品的名称、价格、包装和品牌的更改，也可能导致产品用途和功能上的变动，企业必须考虑定位转移的成本和新定位的收益问题。

市场定位是设计企业产品和形象的行为，以使企业明确在目标市场中相对于竞争对手自己的位置。企业在进行市场定位时，应慎之又慎，要通过反复比较和调查研究，找出最合理的突破口。避免出现定位混乱、定位过度、定位过宽或定位过窄的情况。而一旦确立了理想的定位，企业必须通过一致的表现与沟通来维持此定位，并应经常加以监测，以随时适应目标顾客和竞争者策略的改变。

思考题

1. 市场定位的步骤是什么？
2. 市场定位的方法有哪些？

知识拓展

市场定位策略实施的步骤

1. 识别可能的竞争优势

消费者一般都会选择那些给他们带来最大价值的产品和服务。因此，赢得和保持顾客的关键是比竞争者更好地理解顾客的需要和购买过程，以及向他们提供更多的价值。通过提供比竞争者更低的价格，或者是提供更多的价值以使较高的价格显得合理。企业可以把自己的市场定位为：向目标市场提供优越的价值，从而赢得竞争优势。

产品差异：企业可以使自己的产品区别于其他产品。

服务差异：除靠实际产品区别外，企业还可以使其与产品有关的服务不同于其他企业。

人员差异：企业可以通过雇佣和训练比竞争对手好的人员来获得竞争优势。

形象差异：即使竞争的产品看起来很相似，购买者也会根据企业或品牌形象观察出不同。因此，企业可以通过建立形象来使自己不同于竞争对手。

2. 选择合适的竞争优势

假定企业已很幸运地发现了若干个潜在的竞争优势。现在，企业必须选择其中几个竞争优势，以建立起市场定位战略。许多营销商认为企业针对目标市场只需大力促销，其他的经销商则认为企业的定位应多于7个不同的因素。

总的来说，企业需要避免三种主要的市场定位错误：第一种是定位过低，即根本没有真正为企业定好位；第二种错误是定位过高，即传递给购买者的公司形象太窄；第三种是定位混乱，给购买者一个混乱的企业形象。

3. 传播和送达选定的市场定位

一旦选择好市场定位，企业就必须采取切实步骤把理想的市场定位传达给目标消费者。企业所有的市场营销组合必须支持这一市场定位战略。

营销小故事

“50+”老人超市

在奥地利首都维也纳有专门为50岁以上老人服务的购物场所，即“50+”超市。

“50+”超市创意很简单，但又很独到。超市货架之间的距离比普通超市大得多，老人可以慢慢地在货架间选货而不会觉得拥挤或憋气；货架间设有靠背座椅；购物推车装有刹车装置，后半截还设置了一个座位，老人如果累了可以随时坐在上面歇息；货物名称和价格标签比别的超市也要大，而且更加醒目；货架上还放着放大镜，以方便老人看清物品上的产地、标准和有效期等。如果老人忘了带老花镜，可以到入口处的服务台临时借一副老花镜戴上。最重要的是，超市只雇佣50岁以上的员工。对此，一家“50+”超市经理布丽吉特·伊布尔说：“这受到顾客的欢迎，增加了他们的信任感。”从中获益的不仅是顾客，雇佣的12名员工也可以重新获得工作，他们十分珍惜这份工作，积极性特别高。

“50+”超市由于替老人想得特别周到，深受老人欢迎，同时也被其他年龄层（如带孩子的年轻母亲）所接受。“50+”超市商品的价格与其他没有特殊老年人服务的所有超市一样，营业额却比同等规模的普通超市多了20%。

营销启示：我国正在向老年化社会过渡，也可以考虑相关的市场商机。

模块技能训练

一、请讨论并回答下列问题

1. 电子电器产品经营企业为什么要进行市场定位？
2. 电子电器产品经营企业产品定位策略有哪些？

二、案例分析

案例 3-4

抢占市场制高点的科龙集团

创建于1984年的广东科龙公司，当年是一个仅有300多人的乡镇企业，经过10多年的艰苦创业，从一个作坊式的乡镇小厂发展成为一家具有国际化、现代化规模的家电企业，1999年销售冰箱260万台、空调70万台、冰柜6万台，销售收入为81.73亿元，冰箱和空调的市场占有率分别为25%和9%。1997年，科龙公司荣获亚洲货币杂志颁布的“中国最佳管理公司”和“中国最佳投资者关系”奖项，创造了中国家电史上的神话。循着科龙公司的成功之路，人们不难发现，“抢占市场制高点”在科龙公司得到完美的体现。

1. 高技术、高起点的产品定位

“要干就要干最好的”是科龙公司产品定位的主要目标。其创业初期正是我国冰箱生产大量扩张，而产品质量却逐年下滑的阶段。当时科龙公司经过认真的市场调研和分析后，推出了适合中国家庭使用的双门双温BCD—103冰箱，由于产品技术先进、质量稳定、价格适中，受到了消费者的欢迎。随着冰箱市场竞争的逐步加剧，科龙公司在原有产品的基础上不断推出新产品，使产品始终走在市场的前列，如电子除臭技术的应用、绿色环保冰箱等，都是在国内首先推向市场的。1992年针对空调耗电量大的问题，科龙公司决定生产一种让消费者买得起用得起的空调。为此科龙公司选择了技术领先、能效比达到3以上（能效比是指耗电量与实际制冷量的比率，能效比越高，表明越省电，我国标准为2.32）的空调产品。经过与日本夏普公司合作，科龙公司设计出第一代空调产品，能效比为3.3，远远高于国家标准。产品设计的高标准、高起点也奠定了科龙产品市场份额不断扩大的基础。

2. 加大技术投资，保证产品的领先地位

科龙公司不断进行技术改造，引进最先进的加工设备、精密的检测装置和先进工艺以保证其产品的质量。在创业初期，企业有了一定效益后，公司投资8000万元进行第二期工程建设，从美国、意大利、日本等国引进当时较先进的加工设备和精密的检测设备，保证质量的稳定性。1991年科龙公司投资2亿元建成一座具有20世纪80年代末90年代初世界先进生产水平的冰箱城，达到年产100万台的生产能力，使产品在保证质量的前提下扩大了生产规模。2000年，科龙公司投资近亿元在北京中关村建立“中美科龙智能控制联合研发中心”，以制冷产业为核心，以智能化控制研发为切入点，进入新的高新技术产业，并将其与传统产业结合，提升现有产品档次，拉开与对手的技术实力距离，向信息产业化方向发展。

3. 利用资产重组，实现规模经营

1996年，科龙公司收购成都发动机公司，投资2.7亿元成立成都科龙冰箱有限公司；在东北又兼并了辽宁营口冰箱厂，投资2.4亿元成立营口科龙冰箱厂。短时间内，科龙公司在西南和东北建立了生产能力达 100 万台冰箱的工厂，从而在中国形成了三角形的生产基地。1997年，科龙、华宝两大空调企业合并，极大地提高了其空调生产的规模效益。1998年，科龙集团与丹麦丹佛斯压缩机有限公司、华意压缩机有限公司三方投资 9980 万美元筹建年产 300 万台无氟压缩机项目，又与日本三洋电器公司合作生产三洋·科龙冷柜，与美国惠而浦公司采用定牌生产的方式生产科龙牌洗衣机。与新伙伴的合作，为科龙实现资本跨国流动，在更广泛的领域和深度参与国际经济分工提供了实现的可能。

问题：1. 通过本案例的学习，你认为对待家电产品应该如何进行市场定位和市场细分？

2. 科龙公司抢占市场制高点的战略步骤是什么？

3. 科龙公司市场推进策略的基石是什么？

4. 面对着家电企业市场环境的变化，你认为科龙公司产品的定位是否适合？谈谈理由。

三、技能实训

情景模拟训练　ABC公司电冰箱市场定位

【情景内容】各小组分别成立一个模拟公司，并通过讨论确定模拟公司的法人代表（公司总经理）和营销部经理。研究市场背景资料，确定ABC公司电冰箱定位。

【人员构成】营销部经理、营销部工作人员。

【训练步骤】第一种选择是将ABC公司电冰箱定位于竞争者A附近，与A争夺顾客；第二种选择是将ABC公司电冰箱定位于图3-6左上角的阴影处，即决定生产出售高质量、低价格的200升电冰箱，这种产品目前是市场空白。

【背景材料】ABC电冰箱生产商根据其产品规格（分别为200升、500升、1000升三种）和主要顾客群体（假设为消费者、托儿所、餐馆）进行了市场细分（如图3-5所示）后，决定进入“消费者用200升电冰箱市场”，即选择该市场为其目标市场。图3-6所示产品定位图中，

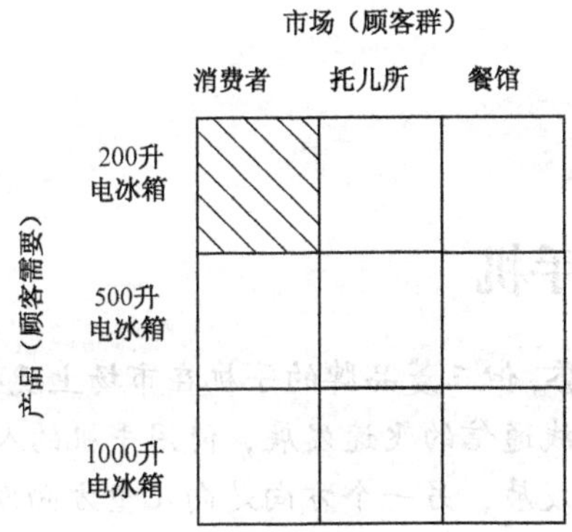

图3-5　产品/市场矩阵图

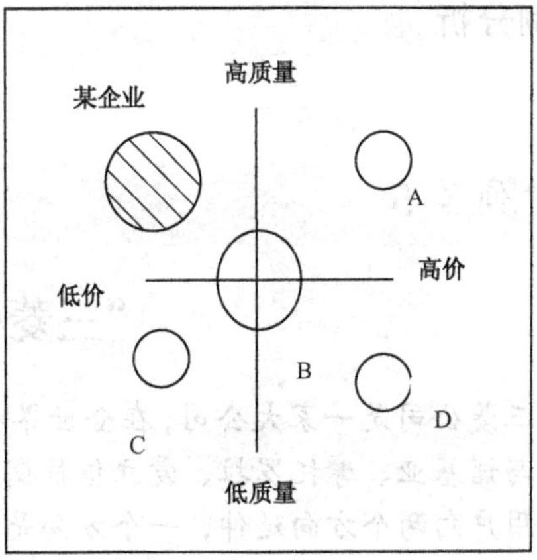

图3-6　产品定位图

A、B、C、D 四个圆圈代表目标市场上的四个竞争者，圆圈面积大小表示四个竞争者的销售额大小。竞争者 A 生产销售高质量、高价格的 200 升电冰箱，竞争者 B 生产销售中等质量、中等价格的 200 升电冰箱，竞争者 C 生产销售低质量、低价格的 200 升电冰箱，竞争者 D 生产销售低质量、高价格的 200 升电冰箱。

【训练任务】各小组分别说明其定位选择的商业逻辑。

项目学习评价

一、选择题

1. 同一细分市场的顾客需求具有（　　）。
   A. 绝对的共同性　　B. 较多的共同性
   C. 较少的共同性　　D. 较多的差异性
2. （　　）差异的存在是市场细分的客观依据。
   A. 产品　　B. 价格　　C. 需求偏好　　D. 细分
3. 企业资源有限，实力较弱，难以开拓整个市场，宜选择（　　）策略。
   A. 无差异　　B. 差异性　　C. 综合性　　D. 密集性
4. 将事物划分为城镇市场和农村市场，其划分标志是（　　）。
   A. 地理因素　　B. 人口因素　　C. 心理因素　　D. 行为因素
5. 采取无差异性策略的优点是（　　）。
   A. 节约广告费　　B. 成本低
   C. 简化营销工作　　D. 能满足所有消费者

二、判断正误

1. 市场细分的实质是通过产品分类来细分市场。（　　）
2. 市场细分就是把一个大市场划分为若干个小市场的过程。（　　）
3. 无差异策略是用一种市场营销组合满足若干个细分市场的需求。（　　）
4. 密集型策略是用一种市场营销组合满足全部市场的需求。（　　）
5. 市场定位就是决定企业的服务对象。（　　）

三、案例分析

案例 3–5

“三菱小菲”手机

日本三菱公司是一家大公司，在全世界都享有盛誉，但三菱品牌的手机在市场上反响平平，根本无法与诺基亚、摩托罗拉、爱立信抗衡。随着无线通信的飞速发展，使用手机的人越来越多，手机用户向两个方向延伸，一个方向是向老年人发展，另一个方向是向儿童方向发展。三菱公司敏锐地发现，一些女青年为显示个性，希望拥有青年女性专用的手机。于是三菱公司展开深入调查，从一般手机市场细分出女青年手机市场，并决定占领这一目标市场，专门为女青年设计了一款“三菱小菲”手机。其彩色外壳改变了过去黑、白、灰的男性特征，修长的机型、圆润的弯角处处体现了女性的娇柔之美。“三菱小菲”手机一投入市场就立刻赢得女青年的喜爱，成为当时女青年的首选，获得了极大的销售量，提高了三菱手机的市场占有率。接着三菱公司又对该机型进行改进，推出了“三菱小菲+”手机，适应了女学生、女青年爱发短信的要求，使产品销售进一步扩大。随后其他公司也相继推出女性手机，于是女性手机市场正式确立。

问题：（1）三菱公司是以什么标准细分市场的？

（2）三菱公司是以什么为目标市场？采用了哪些目标市场策略？

（3）三菱公司是怎样进行市场定位的？

四、个人学习总结（表 3-5）

表 3-5　个人学习总结

我学到了哪些知识	
我学会了哪些技能	
我哪里学得不够好？ 原因及措施怎样	

模块学习评价（表 3–6）

表 3-6　模块学习评价表

小组：		姓名：	评价总分：		
评价项目		评价依据	优秀 8～10 分	良好 6～8 分	继续努力 0～6 分
自我 评价 20 分	学习态度	遵守纪律；学习主动；积极参与小组活动和讨论；尊重同学和老师；具有较强的团队精神、合作意识；能客观有效地评价同学的学习			
	目标达成	达到学习目标；按要求完成各项学习任务			
	自评合计分				
小组 互评 30 分	其他组员	评价依据	优秀 20～30 分	良好 10～20 分	继续努力 0～10 分
		（1）积极参与小组活动和讨论；具有较强的团队精神、合作意识；服从角色安排 （2）对小组活动贡献大小 （3）知识目标达成情况 （4）技能目标达成情况			
	……				
	小组平均分				

续表

		评价依据	优秀 8～10分	良好 6～8分	继续努力 0～6分
教师评价 50分	学习态度	综合表现			
	个人评价	自评结果			
	小组评价	互评结果			
	小组活动	活动成果			
	测验	测验结果			
	教评合计分				

模块四

电子电器产品的产品策略

模块教学目标

学习目标	理解并掌握产品整体概念和产品组合策略、产品生命周期理论，以及新产品开发相关知识、品牌策略和包装策略
技能目标	运用所学知识制订产品组合策略；进行品牌策划和包装策略选择；能够在产品的不同生命周期阶段进行不同的产品策略选择
教学方式	学生自学；教师授导；案例分析；社会实践
参考学时	6 学时

模块基本技能

基本技能 1　制订产品组合策略

活动：案例研讨

活动形式：以小组为单位研讨案例。

活动过程：（1）教师向学生说明本次活动的目的、内容及注意事项。

（2）学生认真预习“基本知识”，研读案例并展开讨论、回答问题。

（3）讨论过程中，教师给予必要的引导。

（4）组长负责记录，小组发言人报告研讨结果。

（5）教师对本次活动的开展情况进行评价；对存在争议的一些问题加以澄清；对表现好的小组和个人予以表扬或奖励，尤其要鼓励学生的创造性思维。

活动成果：小组研讨记录表（见表 4-1）。

表 4-1　______小组研讨记录表

研 讨 问 题	研 讨 结 果
（1）海尔 08 奥运风空调有什么特点	
（2）除了提供高品质产品外，海尔为什么还为消费者提供“奥运标准”的服务方案	

案例 4-1

海尔空调：产品加服务打造“奥运标准”

2007 年 10 月 18 日，距离北京奥运会召开还有 295 天时间，作为空调业唯一奥运会赞助商的海尔启动了 2008 新战略，在主流经销商中开展“海尔奥运空调锦标赛”，通过打造“奥运标准”的产品和服务，实现 2008 年消费者、经销商及企业的三赢。

据了解，“海尔奥运空调锦标赛”在华北、华东、华南、东北、中南、西南六大区域主流渠道开展，目的是为了与经销商一起为广大消费者提供达到“奥运标准”的海尔的产品和服务，让国人切身体会到奥运级的待遇和享受。

“今年制冷年刚开局，我们就锁定了高差异化的 08 奥运风空调。这款产品刚上市就吸引了非常多的消费者，再加上我们的大力推广宣传，销量肯定很好。”一位武汉当地的经销商非常有信心。

据悉，这款被众多经销商联合主推的奥运产品，凝聚了中、日、韩三国顶级设计师的智慧，“自动清扫过滤网”是这款空调最大的亮点。这项创新技术将科技、环保融入人性化，可自动把握清扫时机，确保过滤网时刻清洁、整机风路时时畅通。对于不会清扫或觉得人工清扫太麻烦的消费者，这款奥运空调独特的优势会带来极大的惊喜。不久，首批限量版海尔 08 奥运风空调上市，随机赠送极富珍藏价值的奥运邮折，更是让产品蕴涵的奥运价值理念再度升级，甚至出现了预付全款订购的场面。

除了提供高品质产品外，海尔还为消费者提供“奥运标准”的服务方案。海尔空调将以优势技术、优势人员的统一调度为基础，进一步提高服务效率，以绿色、环保、省时的模式服务大众，使用户真正享受到奥运级服务标准。

基本知识

制订合适的产品策略是营销组合的第一要务。如何认识和理解产品的概念则直接影响到企业采取什么样的产品策略。对于消费者来说，所购买的不是产品本身，而是产品所能提供的各种效用和利益，这就带动了营销界对产品整体概念的研究。

一、产品的整体概念

产品不仅是指能够提供某种用途的物质实体及其品质，如冰箱、洗衣机及其质量、款式、特色、品牌和包装等，还包括能给顾客带来附加利益或心理上的满足和信任感的无形服务，如售后服务、质量保证、产品形象、销售者声誉等，这就是“产品整体概念”。即一切能满足消费者某种利益和欲望的物质产品和非物质形态的服务均为产品。

对产品整体概念的认识长期以来停留在三个层次上，即核心产品、形式产品和延伸产品。营销学家科特勒将其扩展为五个层次，如图 4-1 所示。

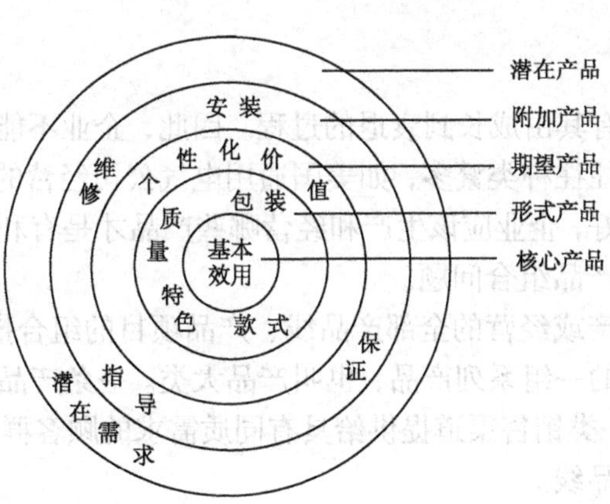

图 4-1 产品整体构成

1. 核心产品

核心产品是指产品向顾客提供的基本利益和效用，是顾客真正要买的东西，所以在产品整体概念中也是最基本、最主要的部分。消费者购买某种产品，并不是为了占有或获得产品本身，而是为了获得能满足某种需要的效用或利益。

例如，电视机是用于观看、娱乐；相机是用于拍照；洗衣机是用于洗涤衣物等。因此，企业在开发产品、宣传产品时应明确地确定产品能提供的利益，产品才具有吸引力。

2. 形式产品

形式产品是指核心产品所呈现的实体形态或外在表现形式，如产品的款式、色彩、质量水平、外观特色、品牌、包装等。产品的基本效用必须通过某些具体的形式才能得以实现。例如，“代替手工洗涤衣物”的核心利益必须由水槽搅拌装置、驱动装置等组合来加以实现。市场营销者应首先着眼于顾客购买产品时所追求的利益，以求更完美地满足顾客需要，从这一点出发再去寻求利益得以实现的形式，进行产品设计。

3. 期望产品

期望产品是指消费者所期望的产品的个性化价值。例如，全自动洗衣机的期望产品是更方便、更节水、更省电。

4. 附加产品

附加产品是指顾客购买产品时所获得的附加利益与服务，如大型家电的送货、安装、质量保证、售后保修服务等。美国学者西奥多·莱维特曾经指出：“新的竞争不是发生在各个公司的工厂生产什么产品，而是发生在其产品能提供何种附加利益（如包装、服务、广告、顾客咨询、融资、送货、仓储以及具有其他价值的形式）。”海尔能在激烈的市场竞争中保持不败，产品不仅风靡全国而且热销海外，靠的就是热情周到的售后服务。海尔强调的“五星级服务”标准，用最优秀的技术人才和最优质的技术服务，向市场提供最佳的附加产品。

5. 潜在产品

潜在产品是指与现有产品相关的、最终可能会实现的全部附加部分和将来会转换的部分，即能满足消费者的潜在需求，尚未被消费者意识到，或已经被意识到但尚未被消费者重视或消费者不敢奢望的一些产品，如电视机可发展为计算机终端等。

产品整体概念充分体现了以顾客为中心的营销理念，有利于营销者充分认识和理解产品的各个层次，通过不断创新，获取差异化的优势，赢得消费者青睐。

二、产品组合的概念

产品就像人一样，都有其由成长到衰退的过程。因此，企业不能仅仅经营单一的产品。世界上很多企业经营的产品往往种类繁多，如美国通用电气公司经营的产品多达25万种。当然，并不是经营的产品越多越好，企业应该生产和经营哪些产品才是有利的？这些产品之间应该有些什么配合关系？这就是产品组合问题。

产品组合是指企业生产或经营的全部产品线、产品项目的组合搭配方式。

产品线是指密切相关的一组系列产品，也叫产品大类。一条产品线上的产品在功能上具有相似性、替代性，通过同一类销售渠道提供给具有同质需求的顾客群。例如，家电企业的电视、空调、洗衣机、冰箱等产品线。

产品项目是指因性能、规格、商标、款式等不同而区别于企业其他产品的特定产品单位，即企业产品目录上的每一个产品。

产品组合包括四个维度：广度、长度、深度和关联度。

（1）产品组合的广度。产品组合的广度是指企业所拥有的产品线数目的多少。例如，电视企业拥有34英寸电视系列、29英寸电视系列、25英寸电视系列，则其广度为3。

（2）产品组合的长度。产品组合的长度是指企业拥有的产品项目总数，即全部产品线中的产品项目数相加。例如，某家电企业生产的空调有8个项目，冰箱有6个项目，洗衣机有10个项目，那么该企业产品组合长度是24。

（3）产品组合的深度。产品组合的深度是指产品线中每个品种的种类、规格有多少，表示某类产品开发的深度。例如，空调产品线上可以有单冷空调、冷暖空调、柜式空调、壁挂式空调4种不同用途和不同形式的产品，又有1.5匹、2匹、3匹等不同规格的产品，那么空调产品线的深度就是12（4×3）。

（4）产品组合的关联度。产品组合的关联度是指各条产品线的产品在最终用途、生产条件和销售渠道等方面的相关程度。例如，某家用电器公司拥有电视机、VCD影碟机、DVD影碟机等多条产品线，这一产品组合就有较强的相关性。相反，实行多角化经营的企业，其产品组合的相关性就小。研究产品组合的广度、长度、深度、相关度，有助于企业选择合适的产品组合策略，进行产品组合决策。

三、产品组合策略

企业可根据自身情况、企业目标和市场行情等因素对产品组合的宽度、深度和相关性不断进行优化和调整，具体可以采用如下几种产品组合策略。

（1）扩大产品组合策略。扩大产品组合策略旨在开拓产品组合的广度和加强产品组合的深度，以满足不同偏好消费者的多方面需求，提高产品的市场占有率。例如，格兰仕继微波炉成功后为了扩大经营范围，又投资20亿元进军空调业、冰箱制冷业；海尔洗衣机在2001年一次性推出18款最新型的洗衣机产品，在原有的产品项目基础上增加了新的产品项目。

（2）缩减产品组合策略。缩减产品组合策略旨在削减现有的产品线或产品项目，以集中企业资源和技术力量改进保留产品的品质，促进企业向市场的纵深发展。

（3）产品线延伸策略。产品线延伸策略旨在全部或部分地改变原有的产品的市场定位，具体分为如下几种。

①向上延伸。向上延伸是在原有的产品线的基础上增加高档产品项目的策略。实施这种策

略能为企业带来丰厚的利润，有利于促进企业提高生产技术水平和管理水平。但是也有一定风险，因为要改变顾客心目中企业原有的廉价产品形象并不容易，一旦新产品打不开销路，还会影响原有产品的市场声誉。

②向下延伸。向下延伸是在高档产品线中增加低档产品项目的策略。实施这种策略能吸引购买力较低的顾客购买此产品线中的廉价产品，以扩大市场占有率。但是实行这一策略也有风险，如果不采取相应的配套营销组合策略，可能会破坏企业之前树立的高档产品形象。

③双向延伸。企业在原有中档产品占领市场的基础上，技术力量和营销能力已具备向高档产品发展的条件，同时又想占领更多的市场，就可向产品线的上、下两个方面延伸。

思考题

1. 产品整体概念将产品分为哪 5 个层次？
2. 什么是产品组合的广度、长度、深度和关联度？

知识拓展

"4C"营销理论

随着市场竞争日趋激烈，媒介传播速度越来越快，"4P"理论逐渐受到挑战。1990 年，美国学者罗伯特·劳特朋教授提出了与传统营销的"4P"相对应的"4C"营销理论。

"4C"分别指代"Customer（顾客）"、"Cost（成本）"、"Convenience（便利）"和"Communication（沟通）"。

"Customer（顾客）"主要指顾客的需求。企业必须首先了解和研究顾客，根据顾客的需求来提供产品。同时，企业提供的不仅是产品和服务，更重要的是由此产生的客户价值。

"Cost（成本）"不单是指企业的生产成本，或者说"4P"中的"Price（价格）"，它还包括顾客的购买成本，同时也意味着产品定价的理想情况，应该是既低于顾客的心理价格，也能够让企业有所赢利。此外，这中间的顾客购买成本不仅包括其货币支出，还包括其为此耗费的时间、体力和精力消耗，以及购买风险等。

"Convenience（便利）"是指顾客在购买某一商品时，除耗费一定的资金外，还要耗费一定的时间、精力和体力，这些构成了顾客总成本。所以，顾客总成本包括货币成本、时间成本、精神成本和体力成本等。由于顾客在购买商品时，总希望把有关成本包括货币、时间、精神和体力等降到最低程度，以使自己得到最大限度的满足，所以零售企业必须考虑顾客为满足需求而愿意支付的"顾客总成本"。努力降低顾客购买的总成本，如降低商品进价成本和市场营销费用从而降低商品价格，以减少顾客的货币成本；努力提高工作效率，尽可能减少顾客的时间支出，节约顾客的购买时间；通过多种渠道向顾客提供详尽的信息、为顾客提供良好的售后服务，减少顾客精神和体力的耗费。

"Communication（沟通）"则被用于取代"4P"中对应的"Promotion（促销）"。"4C"营销理论认为，企业应通过同顾客进行积极有效的双向沟通，建立基于共同利益的新型企业/顾客关系。这不再是企业单向的促销和劝导顾客，而是在双方的沟通中找到能同时实现各自目标的通途。

基本技能 2 熟悉产品市场生命周期基本理论

活动：案例研讨

活动形式：以小组为单位研讨案例。

活动过程：（1）教师向学生说明本次活动的目的、内容及注意事项。

（2）学生认真预习“基本知识”，研读案例并展开讨论、回答问题。

（3）讨论过程中，教师给予必要的引导。

（4）组长负责记录，小组发言人报告研讨结果。

（5）教师对本次活动的开展情况进行评价；对存在争议的一些问题加以澄清；对表现好的小组和个人予以表扬或奖励，尤其要鼓励学生的创造性思维。

活动成果：小组研讨记录表（见表 4-2）。

表 4-2　　小组研讨记录表

研 讨 问 题	研 讨 结 果
（1）寻呼机的市场生命周期经历了哪几个阶段	
（2）寻呼机被市场淘汰的原因是什么	

案例 4-2

新技术革了老产业的命——寻呼业的前世今生

在拍照手机、音乐手机、智能手机已经“泛滥”的今天，当年“呼机一响，黄金万两”的说法更像是一个传说。

寻呼机又名 BP 机、传呼机、呼机，是接收寻呼台无线呼叫信号的个人信息终端。由于不具备发射功能，所以寻呼机是单向的接收器。寻呼机和无线寻呼网络于 20 世纪 80 年代初在我国出现，经过十多年的发展，于 20 世纪 90 年代末期达到了顶峰。1998 年，全国寻呼机用户突破 6546 万，位列世界第一。

1995 年、1996 年的寻呼机市场最火，卖一台汉显寻呼机，利润有二三百元，数字寻呼机的利润也有 90 多元。摩托罗拉寻呼机占尽先机，几乎垄断了整个寻呼机市场。机身竖向、文字单排置顶的摩托罗拉 BRAVO 数字寻呼机造型经典，市场价在 1000 元左右，比现在市场上的小灵通还贵。4 位号的数字机传呼内容主要是回电话信息，有一些固定代码，如开会、吃饭、不回家等。市场上最高端的寻呼机是摩托罗拉精英王，3000 多元，双排汉显机。后来，松下、波导、NEC 等品牌纷纷进军寻呼业，生产厂家多了，市场竞争更加激烈，寻呼机的价格一路狂跌，经销商的利润越来越小。

中国通信业发展迅速。2000 年左右，手机、小灵通开始占领市场，寻呼机销量越来越小。2002 年，寻呼机开始滞销；2003 年，寻呼业的冬天终于到了。

2007年3月中国联通公司表示，现已基本完成北京、天津、河北、山西等三十省（自治区、直辖市）范围内在网用户的清理和转网等善后处理工作。

中国联通的这一举动，意味着昔日拥有世界上最大、最完善的寻呼网络和用户群体的联通正式退出寻呼业，曾经风光一时的寻呼业即将寿终正寝。

基本知识

一、产品生命周期理论

经过长期的市场实践人们逐渐认识到，一种产品在市场上的销售情况和获利能力并不是固定不变的，而是随着时间的推移经历诞生、成长、成熟和衰老的过程。

产品生命周期是指从新产品投放市场开始，在市场上由弱到强又由盛到衰直至被市场淘汰为止所经历的全部时间。产品生命周期是市场营销理论体系中一个非常重要的概念。它是企业制订市场营销策略的基础。

典型的产品生命周期一般可分为四个阶段，即引入期、成长期、成熟期和衰退期。产品生命周期内销售量、成本和利润的变化规律如图4-2所示。

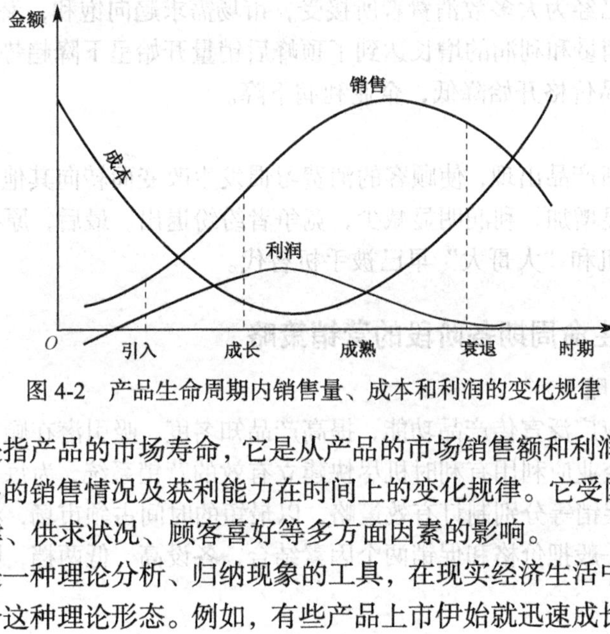

图4-2 产品生命周期内销售量、成本和利润的变化规律

产品生命周期是指产品的市场寿命，它是从产品的市场销售额和利润的变化来进行分析判断的，反映的是产品的销售情况及获利能力在时间上的变化规律。它受国民经济、科学技术、市场竞争、政治法律、供求状况、顾客喜好等多方面因素的影响。

产品生命周期是一种理论分析、归纳现象的工具，在现实经济生活中，并不是所有产品的生命历程都完全符合这种理论形态。例如，有些产品上市伊始就迅速成长，跳过引入期直接进入成长期；而另一些产品上市之后持续缓慢增长，由引入期直接进入成熟期；还有些产品经过成熟期以后，不是进入衰退期，而是再次进入迅速成长期，等等。

需要注意的是，产品生命周期中的“产品”是一个泛指的概念，具体包括产品的种类、品种和具体品牌，三者的生命周期大不相同。产品种类的生命周期最长，其次为产品品种，周期最短的是具体品牌的产品。例如，空调是一种产品种类，空调中的柜机是其中的一个品种，而“××牌××型号柜机”则是具体品牌的产品。三者比较，空调的生命周期最长，“××牌××型号柜机”生命周期最短。在实际经营中，应用产品生命周期理论分析产品种类的情况较少，而更多的是分析产品品种和具体品牌。

二、电子电器产品生命周期各阶段的市场特点

电子电器产品因其自身的产品特性和市场特点，在其生命周期的不同阶段，销售量、利润、成本、消费者特征和竞争状况等方面所表现出的市场特点是有所不同的。

1. 引入期

新产品初上市，知名度低，此时顾客对产品还不了解，只有少数追求新奇的顾客购买；销售量很小，为了扩展销路，需要大量的促销费用对产品进行宣传；由于技术方面的原因，产品不能大批量生产，所以单位产品成本高；销售额增长缓慢，企业不但得不到利润，反而可能亏损；产品也有待进一步完善；竞争者很少，甚至没有。例如，海尔公司 2003 年推出首台不用洗衣粉的“环保双动力”洗衣机，在初上市时就具有上述特点。

2. 成长期

产品逐渐被消费者了解和接受，大量的新顾客开始购买，市场逐步扩大；产品大批量生产，单位产品生产成本降低；销售量迅速上升，利润也随之上升；竞争者看到有利可图，纷纷进入市场参与竞争，使同类产品供给量增加，价格随之下降。例如，DVD 播放机、智能手机、数码相机等很多电子产品在成长期都面临上述问题：价格下降、竞争加剧等。

3. 成熟期

在成熟期，产品已经为大多数消费者所接受，市场需求趋向饱和，潜在的顾客已经很少；单位成本降到最低；销量和利润的增长达到了顶峰后销量开始呈下降趋势；由于竞争激烈，促销费用开始增加，产品价格开始降低，企业利润下降。

4. 衰退期

由于需求饱和或新产品出现，使顾客的消费习惯发生改变而转向其他产品，从而使销量明显下降，促销成本明显增加，利润明显减少，竞争者纷纷退出。最后，原有产品被新开发的产品替代。例如，传呼机和“大哥大”早已被手机替代。

三、电子电器产品生命周期各阶段的营销策略

1. 引入期营销策略

在此阶段，企业应广泛宣传产品功能，提高产品知名度，吸引潜在顾客的注意和试用。此阶段市场竞争者少，企业应利用有利时机尽快建立有效的营销系统，为每一个营销组合变量如产品、价格、渠道、促销等分别制订有效策略，以最短的时间占领市场，将新产品快速推进到成长期。在引入期，一般把价格和促销两个因素结合，各设高、低两档，则有四种可供选择的策略，如图 4-3 所示。

		促销费用	
		高	低
价格水平	高	快速—掠取策略	缓慢—掠取策略
	低	快速—渗透策略	缓慢—渗透策略

如图 4-3　引入期可供选择的市场策略

（1）快速—掠取策略。企业在产品投放阶段将其价格定得很高，同时配以大量促销费用进行广告宣传等活动，以树立“优质优价”的产品形象，迅速提高产品知名度，快速打开市场销售局面。这种策略适用于市场上无替代品或该产品明显优于同类产品，且产品市场需求大的情形。

（2）缓慢—掠取策略。企业在产品投放阶段将其价格定得很高，为获取较多利润而不愿意花费较多的广告宣传等促销费用时所采用的策略。使用这种策略必须具备以下条件：市场竞争不激烈，产品具有独创的特点，消费者对此产品的需求因为缺乏弹性而将其视为必需品，无较大的选择性并且大多数消费者已熟悉该新产品，消费者愿意付高价购买。

（3）快速—渗透策略。企业以低价格和高促销费用推出新产品，迅速占领市场，随着销售量的扩大，使生产或进货单位成本降低，获取规模效益。运用这种策略，必须具备以下条件：市场规模较大，潜在竞争对手较多，企业也有能力降低产品单位成本。

（4）缓慢—渗透策略。企业以低价和少量促销支出推出新产品。低价可扩大销售，少量促销支出可降低营销成本、增加利润。这种策略使用的条件是：市场规模很大并熟悉该产品；市场对价格很敏感，存在某些潜在的竞争者，但威胁不是很大。

2. 成长期营销策略

产品经过市场考验进入成长期。产品逐渐被消费者接受，销量增长，利润较大，但市场竞争程度增加。此阶段市场营销的目的主要是扩大市场占有率，掌握市场竞争主动权，设法使产品的销售和利润进一步增长。具体策略包括如下几种。

（1）产品改进策略：对产品的质量、款式、性能、包装进行相应的改进，以继续增强产品市场竞争力。

（2）开拓新市场策略：加强市场调查，不断拓展新市场，增设销售机构和销售网点，适应和满足广大客户的需要，促使市场份额的再度提高。

（3）塑造品牌策略：广告宣传的重点应从建立产品知名度转向建立产品新形象，采用说服性广告，着重宣传产品的质量、性能、与同类产品相比的优势，同时加强售后服务，增强顾客购买信心。

（4）适时降价策略：结合生产成本和市场价格的变动趋势，分析竞争者的价格策略，在适当时机降低产品价格，以吸引对价格敏感的顾客，并抑制竞争。

3. 成熟期营销策略

产品进入成熟期的标志是销售量增长速度渐缓并达到顶峰，市场趋于稳定。企业应千方百计地维持现有的市场地位并设法将此阶段延长。具体有三种基本策略可供选择。

（1）市场改革策略：即开拓新市场，寻找新用户。通过开发产品的新用途来寻求新的市场；通过刺激现有顾客来增加使用频率；通过重新为产品定位来寻求新的买主，提高产品销售量。

（2）产品改革策略：通过改进产品品质、特性、款式和服务来促进消费者的购买。

（3）市场营销组合改革策略：通过改变定价、销售渠道及促销方式来扩大销售。例如，采用降价、增加销售网点、调整广告媒体等措施。

4. 衰退期营销策略

产品进入衰退期，销售量下降，利润下降甚至亏损，促销手段开始失效。对大多数企业来说应该当机立断，弃旧图新，及时实现产品的更新换代。此时的营销策略包括如下几种。

（1）集中策略：缩小产品线，缩小经营规模，将人、财、物相对集中在具有较大优势的细分市场上，从该细分市场获取较多的利润。

（2）收割策略：虽然产品的市场销售率和市场占有率都很低，但市场上仍有部分消费者对此产品有需求。此时企业应大力降低销售费用，减少销售人员，增加服务，较好地抑制市场对产品需求的大幅度滑坡现象，从而保证延期收益，同时开始考虑放弃这一产品。

（3）放弃策略：如果产品无法为企业带来收益，就要及时推出新产品，替代老产品，有计划地减少、转产，或将产品转让给别的企业。如果决定放弃某种主产品而退出市场，也必须采取积极措施，慎重做好售后工作，如合理选择放弃的时间和保留一部分维修的零件等。

四、新产品开发策略

产品生命周期理论为我们提供了一个重要的启示：在当代科学技术水平迅速发展、消费需求变化加快、市场竞争加剧的情况下，企业得以生存和成长的关键就在于不断地创造新产品和改进旧产品。

新产品开发是指从研究选择适应市场需要的产品开始到产品设计、工艺制造设计，直到投入正常生产的一系列决策过程。新产品开发是企业生存和发展的核心战略之一。

1. 新产品开发的分类

（1）按新产品创新程序分类。

①全新新产品：是指利用全新的技术和原理生产出来的产品。

②改进新产品：是指在原有产品的技术和原理的基础上，采用相应的改进技术，使外观、性能有一定进步的新产品。

③换代新产品：采用新技术、新结构、新方法或新材料在原有技术基础上有较大突破的新产品。

（2）按新产品所在地的特征分类。

①地区或企业新产品：是指在国内其他地区或企业已经生产但本地区或本企业初次生产和销售的产品。

②国内新产品：是指在国外已经试制成功但国内尚属首次生产和销售的产品。例如，彩色电视机首次在国内生产下线，就属于国内新产品。

③国际新产品：是指在世界范围内首次研制成功并投入生产和销售的产品。

（3）按新产品的开发方式分类。

①技术引进新产品：是指直接引进市场上已有的成熟技术制造的产品，这样可以避开部分企业自身开发能力不足的弱点。

②独立开发新产品：是指从用户所需要的产品功能出发，探索能够满足功能需求的原理和结构，结合新技术、新材料的研究独立开发制造的产品。

③混合开发的新产品：是指在新产品的开发过程中，既有直接引进的部分，又有独立开发的部分，将两者有机结合在一起而制造出的新产品。

2. 新产品开发的策略

新产品的开发是企业产品策略的重要组成部分。新产品开发的主要策略有如下几种。

（1）领先策略：这种策略就是在激烈的产品竞争中采用新原理、新技术、新结构优先开发出全新产品，从而先入为主，占领市场。这类产品的开发多从属于发明创造范围，采用这种策略，投资数额大，科学研究工作量大，新产品实验时间长，要求开发企业有强大的研发能力和雄厚的资金实力。

（2）超越自我策略：这种策略的着眼点不在于眼前利益而在于长远利益。这种暂时放弃部分眼前利益，最终以更新更优的产品去获取更大利润的经营策略，要求企业有长远的“利润观”，要注意培育潜在市场，培养超越自我的气魄和勇气，敢于用自己的新产品否定自己的旧产品。不仅如此，更需要有强大的技术做后盾。

（3）紧跟策略：采用这类策略的企业往往针对市场上已有的产品进行仿造或进行局部的改进和创新，但基本原理和结构是与已有产品相似的。这种企业跟随既定技术的先驱者，以求用较少的投资得到成熟的定型技术，然后利用其特有的市场或价格方面的优势，在竞争中对早期开发者的商业地位进行侵蚀。很多中小电子电器企业尤其喜欢采用这种策略。

（4）补缺策略：每个企业都不可能完全满足市场的任何需求，所以在市场上总存在着未被满足的需求，为企业留下了一定的发展空间。这就要求企业详细地分析市场上现有产品及消费者的需求，从中发现尚未被占领的市场。

思考题

1. 电子电器产品生命周期的各个阶段应采取什么样的营销策略？
2. 新产品开发的策略有哪些？

知识拓展

产品市场寿命、产品使用寿命和产品经济寿命

产品市场寿命是指产品投入市场，到最终退出市场所经历的时间。

产品使用寿命是指产品实体的消耗磨损，即产品从投入使用到损坏为止所经历的时间。它是具体的、有形的变化，受消费过程中使用的时间、强度、维护保养以及自然力作用的影响。有的产品使用寿命很短，可能是几个月，甚至只有几个星期，如某些食品和一次性消耗品就属于这种情况。而有些产品，如时装，使用寿命较长，但产品市场寿命却很短，可能是几个月，甚至只有几个星期。

产品经济寿命是指产品的经济价值在市场上的变化过程，它是由市场需求状况、科技因素以及人们的消费习惯决定的。

基本技能 3　选择产品商标与品牌策略

活动：案例研讨

活动形式：以小组为单位研讨案例。

活动过程：（1）教师向学生说明本次活动的目的、内容及注意事项。

（2）学生认真预习“基本知识”，研读案例并展开讨论、回答问题。

（3）讨论过程中，教师给予必要的引导。

（4）组长负责记录，小组发言人报告研讨结果。

（5）教师对本次活动的开展情况进行评价；对存在争议的一些问题加以澄清；对表现好的小组和个人予以表扬或奖励，尤其要鼓励学生的创造性思维。

活动成果：小组研讨记录表（见表4-3）。

表4-3 ______小组研讨记录表

研讨问题	研讨结果
（1）你认为商标抢注者动机何在	
（2）一个普通商标如何成长为一个名牌商标	

案例4–3

商标抢注，商机还是炒作?

近几年，商标抢注成了策划人、企业非常推崇的事件营销模式，究竟是哗众取宠还是独辟蹊径？试看以下几则抢注案例。

1. “胡润百富榜”西服商标

“胡润百富榜”是给华人富豪排位的榜单，和西服风马牛不相及，但正是这种错位的安排，新闻性更强。商家免费给富豪做“胡润百富榜”西服的说法，恰恰能自圆其说，不论胡润是否表态，抢注者都是赢家。

2. “脑理事”补脑保健品商标

“劳力士”在中国可谓手表行业的奢侈品，商家借用谐音将其注册成“脑理事”，同时取意于“首脑理事会”，将其定位在补脑保健品，而理事的通常是老板、经理人、高级白领等高端人群，该品牌定位高端是自然而又水到渠成的事。

3. “星光大道”地板商标

《星光大道》是一个家喻户晓的电视栏目，星光大道的意义和地板有很好的关联性。能走上星光大道是很多人的梦想，让每个人都能走上星光大道，“星光大道”地板也就成为品质的象征。

4. “微软”卫生巾商标

“微软”是全球著名的大企业，知名度影响力巨大，不论把它抢注成什么商标都会有轰动效应，更何况名称也与卫生巾的形象相符。

5. “黄金周”旅行包商标

现在，“黄金周”几乎成了旅游休闲的代名词，作为旅行包商标就显得贴切而不牵强。

基本知识

一、产品的商标策略

商标是产品的文字名称、图案记号，或两者相结合的一种设计。根据商标法的规定，向有关部门注册登记后，经批准享有其专用权的标志。商标属于法律范畴，分为注册商标和非注册商标。商标一经注册，商标所有权人在一定期限内享有商标专用权，受法律保护。

商标策略是指是企业为实现、实施商标战略，根据商品特点、市场状况、企业自身条件而制订的商标使用和管理方法。商标策略是企业营销策略的重要组成部分。

1. 商标的特征

（1）合法性。这是指商标的设计与使用要符合法律的有关要求与规定。例如，法律规定禁止将我国或外国的国旗、军旗等标志作为商标图案。厂商及商标设计者不应采用这些图案作为商标。

（2）新颖性。商标设计应具有独特的构思，新商标与原有商标相比较应有明显的区别与差异。新颖性是体现商标说明商品来源这一本质特征的必要条件。

（3）表现性。商标必须通过一定的形式才能得到表现。电子电器企业一般使用实体商标。实体商标包括平面商标与立体商标两种。平面商标即商品的平面区别性商标，在数量上居于首位。立体商标是以一定的立体形状作为商品的标记。例如，美国的"可口可乐"公司将可口可乐瓶形作为商标注册。

2. 商标策略

企业在经营过程中可以根据需要采用如下商标策略。

（1）使用商标与不使用商标策略。在市场上，我们所见到的商品大部分都有商标，这是因为使用商标无论是对企业还是对消费者都有很多好处，但是这并不意味着所有的商品都必须使用商标。商标的使用是以一定的费用为代价的，当某些商品受特殊因素的影响不需要或无明显效果时，也可以不使用商标。选择不使用商标的策略，主要有如下三种情况。

第一，从商品本身的性质来看，有些商品不可能在生产过程中形成一定的特性而与其他商品相区别，消费者在选购时也没有识别商品来源的要求，如蔬菜、水果和电力等，可不使用商标。

第二，从商品经营的特点看，有些商品属于国家计划品种，由国家统一经营，如特殊钢材、飞机、大型设备等，可不使用商标，但需要附有质量标准、产品规格、厂家名称、地址等情况说明，以对商品质量负责。

第三，从消费者习惯来看，人们长期习惯于无商标商品，像食盐、糖、熏肉等，可采用无商标策略。现实生活中，市场上流通的商品大部分都有商标，无商标的商品比重很小，并且随着我国社会主义市场经济体制的建立还有继续缩小的趋势。像上述的食盐、糖等过去散装销售的商品目前在市场上都采用使用商标策略。这是由于一些企业在营销实践中逐步感到，仅用厂名等代表商品的质量和信誉有很大的局限性，不利于竞争能力的发挥。目前，在我国商标的使用越来越广泛，市场上的商品几乎无一例外地使用商标。甚至蔬菜、水果等这些历史上从未使用过商标的商品，也通过塑料袋等特别包装贴上商标。

（2）统一商标与个别商标策略。统一商标策略是指企业生产经营的商品均使用同一商标。例如，青岛海尔集团的家电类产品，用的都是"海尔"商标。实行统一商标策略在推广新商品时，可节省商标设计费、注册费、续展费等有关费用；一次性广告宣传，能使所有的商品受惠；若老商品在消费者中具有较高的信誉，则可带动新商品很快打开销路。采用统一商标策略，其商品必须是同类或类似，且档次基本一致。否则，不宜使用。

个别商标策略是指企业根据商品的不同情况而采用不同的商标。例如，不同品种、不同档次的商品或者是新开发的商品使用不同的商标。

使用个别商标策略，可使企业的整体声誉不受个别商品声誉降低的影响；分散商标使用过程中对企业的风险威胁；有利于提高生产经营的灵活性。

电子电器类产品使用统一商标策略的比较普遍。但是随着产品种类的增多，很多企业在统一商标之下会设计一些辅助商标，以示区别。

（3）单一商标与多种商标策略。单一商标策略就是企业的所有商品只使用一种商标。它的好处是成本费用低，便于管理。

多种商标策略就是同一种商品使用两种以上的商标。企业采用多种商标策略的目的在于两种商标彼此比较，自我构成一种竞争态势，以吸引消费者注意。例如，宝洁公司在同一类商品洗发水上同时使用海飞丝、飘柔、潘婷等多种商标，这些商标各自分别管理，相互竞争。

（4）保留与更换商标策略。一般来说只要商标在市场上还有一定声誉，还能使商品销售获得满意的经济效益，就应保留继续使用，采用保留商标策略。

当某个商标由于管理上的原因，或由于消费者爱好转移等原因在消费者心目中形象不佳、声誉受损，商品销路受到严重影响时，可考虑采用更换商标策略。

（5）商标注册与不注册策略。对于一个企业来说，是采取注册商标策略，还是采取不注册商标策略，主要考虑企业规模和商品特点两个因素。

第一，从企业规模来看。因为规模较大的企业生产能力强，设备技术力量雄厚，经营管理组织系统相对健全，能够稳定地生产产品，为提高产品的竞争能力，一般来说应采取注册商标策略。反之，则采用不注册商标策略。

第二，从商品的特点来看。对于较为稳定地生产一种或几种商品，或者商品销货范围较广的企业，应采用注册商标策略；而对于生产一次性商品、临时性商品、季节性商品的厂家，或者生产销售范围较窄的民族特色商品的厂家，则宜采用不注册商标策略。

二、品牌策略

品牌即产品（品类）铭牌，用于识别产品（品类）或是服务的标识、形象等，主要表现为和其他竞争者的产品或劳务相区分的名称、术语、象征、记号或者设计及其组合等。

品牌是一种无形资产，它能够为企业和顾客提供超越产品或服务本身利益之外的价值；同时，品牌资产又是与某一特定的品牌紧密联系的，如果所使用的品牌文字、图形等发生改变，附属于品牌之上的财产将会部分或全部丧失。

品牌策略是一系列能够产生品牌积累的企业管理与市场营销方法，主要有如下几种。

1. 品牌化策略

品牌化决策是指企业决定是否给产品起名字、设计标志的活动。历史上，许多产品不用品牌。今天，品牌的商业作用为企业特别看重，品牌化迅猛发展，已经很少有产品不使用品牌了。像水果、蔬菜、大米和肉制品等过去从不使用品牌的商品，现在也被放在有特色的包装袋内，冠以品牌出售，这样做的目的自然是获得品牌化的好处。

使用品牌对企业有如下好处：有利于订单处理和对产品的跟踪；保护产品的某些独特特征不被竞争者模仿；为吸引忠诚顾客提供了机会；有助于市场细分；有助于树立企业形象。

尽管品牌化是商品市场发展的大趋向，但对于单个企业而言，是否要使用品牌还必须考虑产品的实际情况，因为在获得品牌带来的上述好处的同时，建立、维持、保护品牌也要付出巨大成本，如包装费、广告费、标签费和法律保护费等。所以在欧美的一些超市中又出现了一种无品牌化的现象，如细条面、卫生纸等一些包装简单、价格低廉的基本生活用品，这使得企业可以降低在包装和广告上的开支，以获得价格优势。

电子电器类产品因为技术服务要求较高，消费者普遍需要提供良好的售后服务，所以应采用品牌化策略。

2. 品牌归属策略

品牌使用者决策是指企业决定使用本企业（制造商）的品牌，还是使用经销商的品牌，或两种品牌同时兼用。

一般情况下，品牌是制造商的产品标记，制造商决定产品的设计、质量、特色等。享有盛誉的制造商还将其商标租借给其他中小制造商，收取一定的特许使用费。近年来，经销商的品牌日益增多。有些著名商家（如美国的沃尔玛）经销的90%商品都用自己的品牌。

在现代市场经济条件下，制造商品牌和经销商品牌之间经常展开激烈的竞争，也就是所谓品牌战。一般来说，制造商品牌和经销商品牌之间的竞争，本质上是制造商与经销商之间实力的较量。在制造商具有良好的市场声誉、拥有较大市场份额的条件下，应多使用制造商品牌。相反，当经销商品牌在某一市场领域中拥有良好的品牌信誉及庞大、完善的销售体系时，利用经销商品牌也是有利的。因此进行品牌使用者决策时，要结合具体情况，充分考虑制造商与经销商的实力对比，以求客观地做出决策。电子电器类产品一般使用制造商品牌，选择有信誉有实力的经销商进行经销，如国美电器内销售的不是国美牌家电而是各种名牌家电。

3. 品牌统分策略

品牌统分决策是指企业决定所有的产品使用一个或几个品牌，还是不同产品分别使用不同的品牌。在这个问题上，大致有以下四种决策模式。

（1）个别品牌名称：即企业决定每个产品使用不同的品牌。采用个别品牌名称，为每种产品寻求不同的市场定位，有利于增加销售额和对抗竞争对手，还可以分散风险，使企业的整个声誉不致因某种产品表现不佳而受到影响。例如，宝洁公司的洗衣粉使用“汰渍”，肥皂使用“舒肤佳”等。

（2）对所有产品使用共同的家族品牌名称：即企业的所有产品都使用同一种品牌。对于那些享有高声誉的著名企业，全部产品采用统一品牌名称策略可以充分利用其名牌效应，使企业所有产品畅销。同时企业宣传介绍新产品的费用开支也相对较低，有利于新产品进入市场。例如，美国通用电气公司的所有产品都用“GE”作为品牌名称。

（3）各大类产品使用不同的家族品牌名称：企业使用这种策略，一般是为了区分不同大类的产品，一个产品大类下的产品再使用共同的家族品牌，以便在不同大类产品领域中树立各自的品牌形象。

（4）个别品牌名称与企业名称并用：即企业决定其不同类别的产品分别采取不同的品牌名称，且在品牌名称之前都加上企业的名称。企业多把这种策略用于新产品的开发。在新产品的品牌名称上加上企业名称，可以使新产品享受企业的声誉，而采用不同的品牌名称，又可使各种新产品显示出不同的特色。例如，海尔集团就推出了“探路者”电视，“大力神”冷柜，“大王子”、“小王子”和“小小神童”洗衣机。

4. 品牌延伸策略

品牌延伸是指将一个现有的品牌名称使用到一个新类别的产品上。品牌延伸并非只借用表面上的品牌名称，而是对整个品牌资产的策略性使用。

随着全球经济一体化进程的加速，市场竞争更加激烈，在产品质量、功能等方面强调差异化越来越难实现。品牌资源的独占性使得品牌成为厂商之间竞争力较量的一个重要筹码。于是，品牌延伸策略成了很多企业的首选。品牌延伸是实现品牌无形资产转移、发展的有效途径。品牌也受到生命周期的约束，存在导入期、成长期、成熟期和衰退期。品牌作为无形资产是企业的战略性资源，如何充分发挥企业的品牌资源潜能并延续其生命周期便成为企业的一项重大的战略决策。品牌延伸一方面在新产品上实现了品牌资产的转移，另一方面又以新产品形象延续了品牌寿命，因而成为企业的现实选择。

5. 多品牌策略

多品牌策略是指企业同时经营两种或两种以上相互竞争的品牌。这种策略是由宝洁公司首创的。宝洁公司认为，单一品牌并非万全之策。因为一种品牌树立之后，容易在消费者当中形成固定的印象，不利于产品的延伸，尤其是像宝洁这种横跨多种行业、拥有多种产品的企业。

6. 品牌重新定位策略

品牌重新定位策略是指一种品牌在市场上最初的定位也许是适宜的、成功的，但是到后来企业可能不得不对之重新定位。原因是多方面的，如竞争者可能继企业品牌之后推出他的品牌，并削减企业的市场份额；顾客偏好也会转移，使对企业品牌的需求减少；或者公司决定进入新的细分市场。

思考题

1. 在企业经营过程中常用的品牌策略？
2. 品牌和商标有什么区别？

知识拓展

商标的功能

商标之所以被企业广泛采用，并成为竞争的重要手段，是由它的内在功能所决定的，商标一般具有如下功能。

1. 便于消费者选购商品

随着社会生产力水平的提高和科学技术的进步，市场上商品不仅种类日益增加，而且花色品种越来越复杂。琳琅满目的商品一方面为更好地满足消费者需要提供了可能，另一方面在客观上也带来了选购上的困难。怎样才能很快地在众多类似的商品中寻找到所需要的商品呢？商标在此起到了导购作用。商标是商品的脸谱，消费者凭借商标可以区别商品的不同来源和品质，准确地识别与挑选商品，这是商标最本质的、最重要的功能。

2. 表明商品的特征

商标是一个综合概念，它包含着许多影响消费者对商品的情绪和感觉的因素。

第一，商标能够说明商品的质量。对于同一种商品，商品生产者或经营者可以运用不同商标代表不同等级的商品质量，因而赋予了商标说明商品质量的功能。例如，一提到“海尔”家电，消费者马上联想到优质的产品和五星级的服务。因此，商标的这一功能，可以明确企业的责任，监督商品质量，同时帮助消费者正确选购商品。

第二，商标代表一种商品的历史和文化。例如，人们提到“同仁堂”，就会联想到它 100 多年的历史，是中药行业著名的老字号，而对于一个新的中药商标则往往会充满怀疑。商标背后是历史和文化的积淀。

第三，商标代表商品的价格。名牌商品价格高，非名牌商品价格低，这是人们头脑中印象最深的市场现象。由于商标能够给消费者提供较为稳定的价格印象，所以消费者可以根据商标判断商品的定价是否合理，并据此做出购买与否的决策。

第四，商标代表商品的内在特性。例如，南京洗衣粉厂生产的“美佳”洗衣粉，其特点是含有酶的成分，因而它对洗清有机物污渍有特殊的效果，这是“美佳”洗衣粉与其他洗衣粉的个性差别，“美佳”商标就代表着这种商品的内在特性。

3. 装饰美化商品

商标是工艺美术作品，一般由精美的图案、流畅的线条构成，五彩缤纷、各具特色，可以对商品起到很好的装饰作用。一个好的商标设计，可以增强商品的美感，给人以赏心悦目的感受，从而提高商品身价，扩大商品销路。

4. 宣传促销商品

在市场营销过程中，企业可以通过商标独特的名称、优美的图案、鲜明的色彩、生动的形象来表明商品，吸引顾客，刺激购买。例如，在商店广告宣传中，大部分是以宣传商标、突出商标为内容的。这是因为商标有着特定的文字、图案和色彩，能够在人们心目中留下深刻的印象，有利于迅速打开商品销路；由于商标代表着商品的质量与企业信誉，宣传商标容易获得消费者的信任，增加消费者购买的安全感。尤其是使用注册商标的商品，因为受到国家法律保护，又达到一定质量标准，能很快为消费者接受与承认。

5. 维护生产经营者的利益

一些优质名牌商品，由于深受广大消费者欢迎，具有较强的竞争力，往往容易被不法厂商所仿制，鱼目混珠，以假乱真。由于商标注册后，受法律保护，具有排他性，可以有效地防止这种现象的发生，保护企业的正当权益不受侵害。

基本技能 4 选择产品包装策略

活动：案例研讨

活动形式：以小组为单位研讨案例。

活动过程：（1）教师向学生说明本次活动的目的、内容及注意事项。

（2）学生认真预习“基本知识”，研读案例并展开讨论、回答问题。

（3）讨论过程中，教师给予必要的引导。

（4）组长负责记录，小组发言人报告研讨结果。

（5）教师对本次活动的开展情况进行评价；对存在争议的一些问题加以澄清；对表现好的小组和个人予以表扬或奖励，尤其要鼓励学生的创造性思维。

活动成果：小组研讨记录表（见表 4-4）。

表 4-4 ______小组研讨记录表

研 讨 问 题	研 讨 结 果
（1）该公司的产品在第 11 年到第 13 年出现了怎样的情况？这种情况说明了什么	
（2）产品的市场寿命是有限的，企业如果想持续经营下去应该怎么办呢	

案例 4-4

将脑袋打开 1mm

美国有一家生产牙膏的公司，产品优良，包装精美，深受广大消费者的喜爱，每年营业额蒸蒸日上。

记录显示，前 10 年每年的营业增长率为 10%～20%，这令董事会雀跃万分。不过，业绩进入第 11 年、第 12 年及第 13 年时，则停滞不前，每个月维持同样的数字。董事会对这 3 年业绩表现感到不满，便召开全国经理级高层会议，以商讨对策。

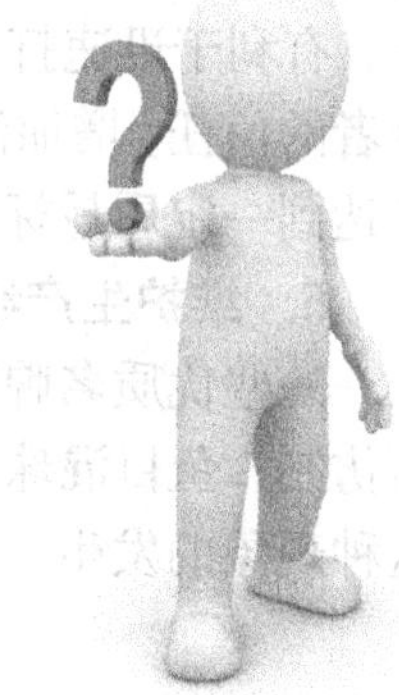

会议中，有名年轻经理站起来，对董事部说："我手中有张纸，纸里有个建议，若您要采用我的建议，必须另付我 5 万元！"

总裁听了很生气说："我每个月都支付你薪水，另有红包、奖励。现在叫你来开会讨论，你还要另外要求 5 万元，是否过分？"

"总裁先生，请别误会。若我的建议行不通，您可以将它丢弃，一分钱也不必付。"年轻的经理解释说。

"好!"总裁接过那张纸后，阅毕，马上签了一张 5 万元支票给那位年轻经理。

那张纸上只写了一句话："将现有的牙膏开口扩大 1mm。"

总裁马上下令更换新的包装。

试想，每天早上，每个消费者多用 1mm 的牙膏，每天牙膏的消费量将多出多少倍呢？ 这个决定，使该公司第 14 年的营业额增加了 32%。

一个小小的改变，往往会获得意料不到的效果。

基本知识

一、包装的含义

进入市场的大部分商品都必须进行包装。有一些包装是闻名于世的，如"可口可乐"的瓶子。许多营销人员把包装（Packaging）称为第 5 个"P"，前面 4 个"P"分别为价格（Price）、产品（Product）、地点（Place）和促销（Promotion）。

包装是指为在流通过程中保护产品、方便储运、促进销售，按一定技术方法而采用的容器、材料及辅助物等的总体名称。它也指为了达到上述目的而采用容器、材料和辅助物的过程中施加一定技术方法等的操作活动。

按照包装的功能可以将包装分为如下几种。

（1）周转包装：介于器具和运输包装之间的一类容器，实质上是一类反复使用的转运器具。

（2）运输包装：以保护物品安全流通、方便储运为主要功能目的的包装。

（3）销售包装：直接进入商店陈列销售，与产品一起到达消费者手中。

（4）礼品包装：以馈赠亲友礼物表达情意为主要目的配备的实用礼品包装。

（5）集装化包装：也称为集合包装，是适应现代机械自动化装运，将若干包装件或物品集中装在一起形成一个大型搬运单位的巨型包装。

二、包装的意义

目前，包装已成为强有力的营销手段。设计良好的包装能为消费者创造方便价值，为生产者创造促销价值。包装具有多方面的意义。

（1）保护商品，便于储运。产品包装最基本的功能便是保护商品，便于储运。有效的产品包装可以起到防潮、防热、防冷、防挥发、防污染、保鲜、防易碎、防变形等系列保护产品的作用。因此，在产品包装时，要注意对产品包装材料的选择以及包装的技术控制。

（2）包装能促进销售。好的包装能吸引注意力，说明产品的特色，给消费者以信心，形成一个有利的总体印象。消费者的财富日益增长意味着消费者愿意为良好包装带来的方便、外观、可靠性和声望等提供额外支付。公司和品牌形象公司已经意识到设计良好的包装的巨大作用，它有助于消费者进行品牌识别。

（3）包装还能提供创新的机会。包装化的创新能够给消费者带来巨大的好处，也给生产者带来了利润。

三、产品包装策略

（1）类似包装策略：企业对其生产的产品采用相同的图案、近似的色彩、相同的包装材料和相同的造型进行包装，便于顾客识别出本企业产品。对于忠实于本企业的顾客，类似包装无疑具有促销的作用，企业还可以因此而节省包装的设计、制作费用。但类似包装策略只适用于质量相同的产品，对于品种差异大、质量水平悬殊的产品则不宜采用。

（2）配套包装策略：按各国消费者的消费习惯，将数种有关联的产品配套包装在一起成套供应，便于消费者购买、使用、和携带，同时还可以扩大产品的销售。在配套产品中如果加进某种新产品，可以使消费者不知不觉地习惯使用新产品，有利于新产品上市和普及。例如，将手机、手机充电器、耳麦包装在一起。

（3）再使用包装策略：是指包装内的产品使用完后，包装物还有其他的用途。例如，各种形状的香水瓶可作为装饰物，精美的食品盒也可被再利用等。这种包装策略可使消费者感到一物多用而引起其购买欲望，而且包装物的重复使用也起到了对产品的广告宣传作用。

（4）附赠包装策略：是指在商品包装物中附赠奖券或实物，或者包装本身可以换取礼品，吸引顾客的惠顾效应，导致重复购买。

（5）改变包装策略：是指改变和放弃原有的产品包装，改用新的包装。由于包装技术、包装材料的不断更新，消费者的偏好不断变化，采用新的包装可以弥补原包装的不足，企业在改变包装的同时必须配合好宣传工作，以避免消费者以为产品质量下降或其他的误解。

知识拓展

产品的包装说明

产品的包装说明是包装的重要组成部分，它在宣传产品功效、争取消费者了解、指导人们正确消费方面具有重大作用。

1. 包装标签

包装标签是指附着或系挂在产品销售包装上的文字、图形、雕刻及印制的说明。标签可以是附着在产品上的简易签条，也可以是精心设计的作为包装的一部分的图案。标签可能仅标有品名，也可能载有许多信息，能用来识别、检验内装产品，同时也可以起到促销作用。

通常，产品标签主要包括：制造者或销售者的名称和地址、产品名称、商标、成分、品质特点、包装内产品数量、使用方法及用量、编号、储藏应注意的事项、质检号、生产日期和有效期等内容。值得提及的是，印有彩色图案或实物照片的标签有明显的促销功效。

2. 包装标志

包装标志是在运输包装的外部印制的图形、文字和数字以及它们的组合。包装标志主要具有运输标志、指示性标志、警告性标志三种。

运输标志通常是由一个简单的几何图形和一些英文字母、数字及简单的文字组成的，其作用在于使货物在装卸、运输、保管过程中容易被有关人员识别，以防错发错运。

指示性标志是根据产品的特性，对一些容易破碎、残损、变质的产品，用醒目的图形和简单的文字做出的标志。指示性标志指示有关人员在装卸、搬运、储存、作业中引起注意，常见的有“此端向上”“易碎”“小心轻放”“由此吊起”等。

警告性标志是指在易燃品、易爆品、腐蚀性物品和放射性物品等危险品的运输包装上印制特殊的文字，以示警告。常见的有“爆炸品”、“易燃品”、“有毒品”等。

营销小故事

模　仿

一个人想做一套家具，就走到树林里砍倒一棵树，并动手把它锯成木板。他锯树的时候，把树干的一头搁在树墩上，自己骑在树干上，还往锯开的缝隙里打了一个楔子，然后再锯，不一会儿又把楔子拔出来，再打进一个新地方。

一只猴子坐在一棵树上看着他干这一切，心想：原来伐木如此简单。这个人干累了，躺下打盹时，猴子爬下来骑到树干上，模仿着人的动作锯起树来，锯起来很轻松。但是，当猴子要拔出楔子时，树干突然合拢，夹住了它的尾巴。

猴子疼得大叫，它极力挣扎，把人给吵醒了，最后被人用绳子捆了起来。

营销启示：日本企业是靠模仿欧美产品起家的，但可贵的是他们在模仿中有创新，这就促成了日本经济 30 年的兴旺。我国许多企业生产的产品也是模仿欧美企业的，但是模仿中没有创新，所以如今电视机、DVD 等许多产品的核心技术不在我们手中，这使得我们在经营中很被动。这就像那只猴子的尾巴，一不小心就会被树夹住。由此可见，模仿固然省心，但创新才能持久。

模块技能训练

一、讨论并回答下列问题

1. 电子电器产品经营企业在经营过程中应该如何制订自己的商标策略？
2. 电子电器产品经营企业应如何开展新产品开发？
3. 有些企业能历经百年而不衰，电子电器企业应如何延长自己的成熟期？

二、案例分析

案例 4–5

表 4-5 海尔集团产品组合

冰箱冷柜	洗衣机	空调	电视	热水器
对开门冰箱（13 种规格） 多门冰箱（2 种） 三门冰箱（38 种） 两门冰箱（61 种） 单门冰箱（2 种） 冰吧酒柜（15 种） 冷柜（92 种）	滚筒洗衣机(68 种） 波轮洗衣机（190 种） 干衣机（2 种）	壁挂式空调(13 种） 柜式空调（11 种）	3D 电视（6 种） LED 电视（45 种） LCD 电视（55 种）	燃气热水器(73 种） 电热水器（138 种） 太阳能热水器（110 种）

（摘编自海尔官网）

问题：分析海尔集团的产品组合的广度、长度、深度及其关联度。

三、技能实训

电子电器类产品新产品开发调查

以小组为单位考察手机、空调、彩电等电子电器类产品新产品开发的主要方向和趋势，讨论分析电子电器类产品新产品开发的影响因素。

活动形式：社会实践。以小组为单位，通过实地调研和查阅资料，调查电子电器类产品新产品开发的主要趋势和发展方向。

活动过程：（1）确定市场调查任务。

（2）制订市场查计划。

（3）执行市场调查计划。

（4）撰写市场调查报告。

（5）活动成果：

①市场调查行动方案；

②简要的市场调查报告。

模块学习测验与总结

一、选择题

1. 企业在考虑营销组合策略时，先要确定生产经营什么产品来满足（　　）的需要。
   A. 消费者　　B. 顾客　　C 社会　　D. 目标市场
2. 每种产品实质上是为满足市场需要而提供的（　　）。
   A. 服务　　B. 质量　　C. 效用　　D. 功能
3. 产品组合的宽度是指产品组合中所拥有（　　）的数目。
   A. 产品项目　　B. 产品线　　C. 产品种类　　D. 产品品牌
4. 产品组合的长度是指（　　）的总数。
   A. 产品项目　　B. 产品品种　　C. 产品规格　　D. 产品品牌
5. 产品组合的（　　）是指一个产品线中所含产品项目的多少。
   A. 宽度　　B. 长度　　C. 关联度　　D. 深度
6. 产品生命周期由（　　）的生命周期决定。
   A. 企业与市场　　B. 需求与技术　　C. 质量与价格　　D. 促销与服务
7. 导入期选择快速—掠取策略是针对目标顾客的（　　）。
   A. 求名心理　　B. 求实心理　　C. 求新心理　　D. 求美心理
8. 成长期营销人员的促销策略主要目标是在消费者心目中建立（　　），争取新的顾客。
   A. 产品外观　　B. 产品质量　　C. 产品信誉　　D. 品牌偏好
9. 处于市场不景气或原料、能源供应紧张时期，（　　）产品线反而能使总利润上升。
   A. 增加　　B. 扩充　　C. 延伸　　D. 缩减
10. 品牌资产是一种特殊的（　　）。
    A. 有形资产　　B. 无形资产　　C. 附加资产　　D. 潜在资产

二、判断题

1. 产品项目是指产品线中不同的品种、规格、品牌、价格的特定产品。（　　）

2. 实行多角化经营的企业，其产品组合中各条产品线在最终用途、生产条件、分配渠道或其他方面相互关联的程度高。（　　）

3. 产品品牌的生命周期比产品种类的生命周期长。（　　）

4. 新产品处于导入期时，竞争形势并不严峻，而企业承担的市场风险却最大。（　　）

5. 品牌资产是一种特殊的资产，在企业实际运营中会有增有减。（　　）

三、案例分析

案例 4–6

产品策略差异与企业兴衰

A 电话设备厂地处上海，1958 年建厂。A 厂自 1960 年研制成功我国第一部纵横制自动电话交换机开始，截止到1991年，累计生产各类交换机达400万线，产品销往全国各地，市场占有率达60%以上。20世纪70年代至80年代末，A厂产品始终供不应求，企业生产经营十分兴旺。B电话设备厂地处河南，由A厂无偿提供全部生产技术，并负责工厂的建设。B厂的地理位置不佳，生产和管理人员素质不高，一定程度上制约了B厂的生产经营发展。在计划经济时期，纵横制自动电话交换机属于稀缺产品，靠着国家指令性计划调拨，B厂尚可维持企业生存。20世纪80年代中期，数字程控交换机技术日趋完善，大量的进口或三资企业制造的数字程控交换机纷纷进入我国通信市场，数字程控交换机已潜在地显示出它将最终取代纵横制自动电话交换机。80年代后期，该行业众多企业销售萎缩，企业经营困难。此时，B厂意识到产品变革的必要性，开始与解放军某通信学院合作开发新一代产品HJD—04数字程控交换机，而A厂纵横制自动电话交换机的市场销量非但没有下降，反而呈不断上升趋势。面对这样的市场形势，A厂的决策层认为："A厂纵横自动电话机牌子老、技术性能可靠，市场销售不会受数字程控交换机的影响，靠着纵横制还能吃上20年。"A厂非但不考虑新产品的开发，还继续扩大纵横制自动电话交换机的生产规模。进入90年代后，在数字程控交换机更为猛烈的市场冲击下，A厂的产品也出现滞销。到了1991年，A厂的交换机基本没有销售订货，工厂当年就跌入了亏损的困境。此时的B厂同样也受到了纵横制自动电话交换机滞销的影响。但是B厂与解放军某通信学院合作开发的国产HJD—04程控交换机于已于1991年正式推入市场，及时地补充了纵横制自动电话交换机的不足，企业非但没有出现亏损，而且效益呈不断上升趋势。

（资料来源：摘编自"产品策略与企业兴衰"，（国际市场）1999.8）

问题：A厂和B厂在20世纪80年代后期产品策略有什么不同？进入90年代以后命运为什么会有如此大的差异？

四、个人学习总结（表4-6）

表4-6　个人学习总结

我学到了哪些知识	
我学会了哪些技能	
我哪里学得不够好？原因及措施怎样	

模块学习评价（表4–7）

表4-7　模块学习评价表

<table>
<tr><td colspan="2">小组：</td><td>姓名：</td><td colspan="3">评价总分：</td></tr>
<tr><td colspan="2">评价项目</td><td>评价依据</td><td>优秀
8～10分</td><td>良好
6～8分</td><td>继续努力
0～6分</td></tr>
<tr><td rowspan="3">自我
评价
20分</td><td>学习态度</td><td>遵守纪律；学习主动；积极参与小组活动和讨论；尊重同学和老师；具有较强的团队精神、合作意识；能客观有效地评价同学的学习</td><td></td><td></td><td></td></tr>
<tr><td>目标达成</td><td>达到学习目标；按要求完成各项学习任务</td><td></td><td></td><td></td></tr>
<tr><td colspan="2">自评合计分</td><td colspan="3"></td></tr>
</table>

续表

小组互评30分	其他组员	评价依据	优秀 20～30分	良好 10～20分	继续努力 0～10分
		（1）积极参与小组活动和讨论；具有较强的团队精神、合作意识；服从角色安排 （2）对小组活动贡献大小 （3）知识目标达成情况 （4）技能目标达成情况			
	……				
	小组平均分				
教师评价50分		评价依据	优秀 8～10分	良好 6～8分	继续努力 0～6分
	学习态度	综合表现			
	个人评价	自评结果			
	小组评价	互评结果			
	小组活动	活动成果			
	测验	测验结果			
	教评合计分				

模块五

电子电器产品的价格策略

模块教学目标

学习目标	了解产品定价的影响因素；掌握需求价格弹性和需求收入弹性；熟练掌握和应用常用的定价方法和定价策略
技能目标	能根据企业的实际情况，应用所学的定价方法给不同的产品制定合理的价格；能应用价格策略配合其他市场营销组合策略
教学方式	学生自主学习；教师授导；案例研讨
参考学时	4 学时

模块基本技能

基本技能 1　制定合适的产品价格

活动：案例研讨

活动形式：以小组为单位研讨案例。

活动过程：（1）教师向学生说明本次活动的目的、内容及注意事项。

（2）学生认真预习“基本知识”，研读案例并展开讨论、回答问题。

（3）讨论过程中，教师给予必要的引导。

（4）组长负责记录，小组发言人报告研讨结果。

（5）教师对本次活动的开展情况进行评价；对存在争议的一些问题加以澄清；对表现好的小组和个人予以表扬或奖励，尤其要鼓励学生的创造性思维。

活动成果：小组研讨记录表（见表 5-1）。

表 5-1　______小组研讨记录表

研 讨 问 题	研 讨 结 果
（1）分析吉列安全剃须刀使用的定价策略	
（2）这种定价策略还可以在哪些产品上使用	

案例 5-1

吉列按刮脸次数卖剃须刀

在 19 世纪末期，美国有关安全剃须刀方面的专利起码有几十个，吉列只不过是其中之一。使用安全剃须刀不像先前的折叠式剃须刀那样易刮伤脸，又可免去光顾理发店的时间和金钱，但是这种看似很有市场的商品却卖不出去，原因是它太贵了。去理发店只要花 10 美分，而最便宜的安全剃须刀却要花 5 美元，这在当时可不是一个小数目，因为这相当于一个高级技工一星期的薪水。

吉列的安全剃须刀并不比其他剃须刀好，而且生产成本也更高，但别人的剃须刀卖不出去，吉列的剃须刀却供不应求，原因就在于吉列实际上赔本把剃须刀的零售价定为 55 美分，批发价 25 美分，这甚至不到其生产成本的 1/5。同时，吉列以 5 美分一个的价格出售刀片，而每个刀片的制造成本不到 1 美分，这实际上是以刀片的赢利来补贴剃须刀的亏损。当然吉列剃须刀只能使用其专利刀片。由于每个刀片可以使用 6～7 次，每刮一次脸所花的钱不足 1 美分，只相当于去理发店花费的 1/10，所以有越来越多的消费者选择使用吉列剃须刀。

吉列的成功在于他采取了一种合适的定价方法，这里面包含着一个简单的道理：消费者购买一种产品或服务并不形成最终的经济行为，而是一个中间行为，消费者用这种行为来“生产”最后的“满足”或“福利”。顾客要购买的并不是剃须刀，而是刮脸，刮脸的最终目的是使他看起来形象更好、更体面，为了达到这个目的，他有去理发店、买折叠式剃须刀或安全剃须刀三种选择，而吉列的定价方法使顾客选择购买吉列剃须刀最为合算。在竞争对手们想方设法降低生产成本时，吉列独辟蹊径，其定价方法反映了消费者购买的真正“价值”，而不是生产商的“成本”，这是吉列成功的最大原因。

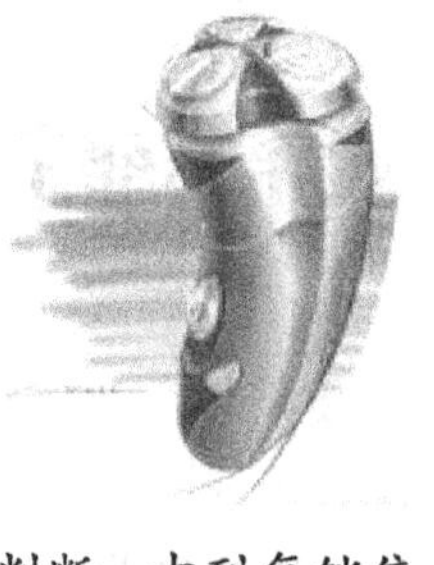

吉列的定价方法成为很多企业模仿的楷模。当然这种做法是需要具备一些条件的：一是亏本的产品与赢利的产品一定要配套。假如消费者买了 55 美分的吉列剃须刀，又可以从别的厂商那里买 1 美分的刀片，那么等待他的结果只有一个——破产。二是对消费者的消费情况一定要有一个准确的判断。吉列每销售一个剃须刀亏本 1 美元，相当 25 个刀片的赢利，所以必须对消费者的平均刮脸次数有一个较准确的估计，假如平均每个消费者每年只用 2～3 个刀片，也就亏定了。三是竞争对手不会或无力进行恶性竞争。假如有人大量收购吉列剃须刀而又不买刀片，吉列也只有破产一条路可走。四是别人的模仿不会对其形成重大威胁。

灵活的定价和销售方法可以使顾客愿意为他们所买的东西付钱，而不是为厂商所生产的东西付钱，不管是吉列的定价方法还是分期付款或租赁，价格的处理安排一定要符合消费者实际购买的事物。

（原载《中外企业文化》，杨育谋，2002 年第 3 期）

基本知识

价格是市场营销组合因素中十分敏感而又难以控制的因素，它直接关系到市场对产品的接受程度，影响着市场需求和企业利润的多少，涉及生产者、经营者、消费者等各方面的利益。

因此定价策略是企业市场营销组合策略中一个极其重要的组成部分。

一、价格的含义

价格是商品价值的货币表现，一般指进行交易时，买方所需要付出的代价或付款。价格是市场营销中最灵活、最易变的因素，也是营销组合中是唯一能产生收入的因素，价格的制定直接影响产品的销量和销售收入，受到企业的普遍重视。

价格策略是指企业通过对顾客需求的估量和成本分析，选择一种能吸引顾客、实现市场营销组合的策略。

二、影响电子电器产品定价的因素

如何为产品制定合理的价格是营销过程中面临的极其重要的课题。影响定价的因素是多方面的，主要包括内部因素和外部因素。

1. 企业内部因素

（1）定价目标。企业不能孤立地看待和制定价格，在定价时应当与企业的总体目标和营销目标保持一致。企业的定价目标可以不止一个，但应主次分明。

①维持企业生存。如果企业面临激烈的市场竞争，或试图改变消费者需求，一般会把维持生存作为定价目标，以确保企业能持续经营，不至于被市场所淘汰。这时可以制定较低的价格，以增强竞争力。

②当期利润最大化。追求当期利润最大化是很多企业热衷的目标，他们会合理估计市场需求和自身的成本，尽可能定高价，以求获得最大可能利润。

③市场占有率最大化。一些企业试图通过定价来取得市场控制地位，即实现市场占有率最大化。企业应制定尽可能低的价格来追求市场占有率。部分企业也可能追求某一特定的市场占有率，如希望将市场占有率从10%提高到20%等。

④质量最优化。追求产品质量的最优化，并制定高价格来补偿高质量对应的高成本。

（2）产品成本。根据价值规律，企业不可能随心所欲地制定价格。某种产品的最高价格取决于市场需求，最低价格则取决于产品的成本费用。从长期来看，产品的价格只有高于成本费用，才能补偿企业生产过程中的耗费，否则企业将难以为继。企业应该通过统计和会计工作，估算产品的成本费用，为制定合理的价格提供一手财务数据。

2. 企业外部因素

（1）市场需求。市场经济体制下，企业的经营成败直接由市场决定，市场需求对企业定价有着重要影响，而需求又反过来受市场价格和消费者收入变动的影响。因为价格与收入等因素而引起的需求的相应的变动率，叫做需求弹性，分为需求的收入弹性、价格弹性和交叉弹性。

①需求的收入弹性。对许多产品来说，消费者的收入是决定需求的一个重要因素。收入弹性用于衡量物品需求量对于收入的敏感程度。需求的收入弹性是指因收入的变动而引起的需求相应的变动率，即表示在一定时期内当消费者的收入变化百分之一时所引起的商品需求量变化的百分比。有些产品需求收入弹性大，如高档电器、进口名车等奢侈品，消费者货币收入的增加将导致该类产品的需求量更大幅度增加。另一些分产品需求收入弹性小，如面粉、食盐等生活必需品对消费者收入变化的反应不大灵敏。消费者收入不管如何变化，他们对这些商品的购买量总是相当稳定的。

奢侈品收入弹性大于 1，即收入增加 1%而需求量增加超过 1%。

必需品的收入弹性小于 1 而大于 0，即需求量增加幅度不会超过收入增加的幅度。

劣质商品（不一定是质量低劣，而是消费层次很低的商品）的收入弹性小于 0，随着人们收入的上升需求量反而会下降。

②需求的价格弹性。需求的价格弹性一般用于衡量需求的数量随商品价格的变动而变动的情况，即表示在一定时期内价格变化百分之一时所引起的商品需求量变化的百分比。通常来说，市场需求与价格呈反方向变动，价格提高，市场需求下降，价格下降，市场需求上升。因此，企业定价时必须了解所经营产品的需求价格弹性，即研究市场需求对价格变动的反应。

企业定价时必须依据需求的价格弹性，即了解市场需求对价格变动的反应。价格变动对需求影响小，这种情况称为需求无弹性；价格变动对需求影响大，则称为需求有弹性。

在以下条件下，需求可能缺乏弹性：

- 代用品很少或没有，没有竞争者；
- 买者对价格不敏感；
- 买者改变购买习惯较慢和寻找较低价格时表现迟缓；
- 买者认为产品质量有所提高，或认为存在通货膨胀等，价格较高是应该的。

如果某产品不具备上述条件，那么产品的需求有弹性。在这种情况下，企业应采取适当降价的策略，以刺激需求、促进销售、增加销售收入。

③需求的交叉弹性。需求的交叉弹性是需求交叉价格弹性的简称，是指一种商品的需求对另一种商品价格变动的反应程度或敏感程度。对于两种商品 X、Y，商品 X 对商品 Y 的交叉弹性就等于商品 X 需求的相对变动与商品 Y 价格的相对变动之比。这是指某种其他物品的价格每变化百分之一，会使该物品的需求量变化百分之几。

需求交叉弹性反映了相对于其他商品价格的变动，消费者对某种商品需求量变动的敏感程度，其弹性系数定义为需求量变动的百分比除以另外商品价格变动的百分比。

（2）市场竞争。在最低价格和最高价格之间，企业的定价工作取决于市场上竞争对手同类产品的价格水平、市场供求关系、竞争策略及市场结构。企业必须研究竞争对手的产品质量和价格，然后根据自身的市场定位确定自己应该制定什么样的价格来参与市场竞争。

三、电子电器产品定价方法

定价方法是指企业在特定的定价目标指导下，根据对成本、需求及竞争等状况的研究，运用价格决策理论，对产品价格进行计算的具体方法。它主要包括成本导向、竞争导向和顾客导向这三种类型。

1．成本导向定价法

成本导向定价法是以产品单位成本为基本依据，再加上预期利润来确定价格的定价法，这是中外企业最常用、最基本的定价方法。成本导向定价法又衍生出了成本加成定价法、目标收益定价法、盈亏平衡定价法等几种具体的定价方法。

（1）成本加成定价法。成本加成定价法是按产品单位成本加上一定比例的利润制定产品价格的方法。大多数企业是按成本利润率来确定所加利润的大小的，即：价格=单位成本+单位成本×成本利润率=单位成本×（1+成本利润率）。成本加成定价法是企业较常用的定价方法。

（2）目标收益定价法。这种方法又称为目标利润定价法或投资收益率定价法。它是在成本的基础上，按照目标收益率的高低计算价格的方法。计算公式为：售价=（总成本+目标利润）/预计销售量。

（3）盈亏平衡定价法。在销量既定的条件下，企业产品的价格必须达到一定的水平才能做到盈亏平衡、收支相抵。既定的销量就称为盈亏平衡点，这种制定价格的方法就称为盈亏平衡定价法。科学地预测销量和已知固定成本、变动成本是盈亏平衡定价的前提。

2. 竞争导向定价法

竞争导向定价法是指在竞争激烈的市场上，企业通过研究竞争对手的生产条件、服务状况、价格水平等因素，依据自身的竞争实力，参考成本和供求状况来确定商品价格。竞争导向定价法主要包括如下几种。

（1）随行就市定价法：是指企业按照行业的平均现行价格水平来定价，以期利用这样的价格来获得平均报酬。采用随行就市定价法，企业就不必去全面了解消费者对不同价差的反应，也不会引起价格波动。

（2）产品差别定价法：是指企业通过不同营销努力，使同种同质的产品在消费者心目中树立起不同的产品形象，进而根据自身特点，选取低于或高于竞争者的价格作为本企业产品价格。因此，产品差别定价法是一种进攻性的定价方法。

（3）密封投标定价法：也称为投标竞争定价法，是指在招标竞标的情况下，企业在对其竞争对手了解的基础上定价。这种价格是企业根据对其竞争对手报价的估计确定的，其目的在于签订合同，所以它的报价应低于竞争对手的报价。其基本原理是：招标者（买方）首先发出招标信息，说明招标内容和具体要求。参加投标的企业（卖方）在规定期间内密封报价来参与竞争。其中，密封价格就是投标者愿意承担的价格。2008 年，海尔中央空调中标北京奥运会主会场“鸟巢”工程、奥运垒球馆等 23 个奥运项目，成为中标奥运场馆最大的品牌，在参与竞标过程中采取的就是密封投标定价法。

3. 顾客导向定价法

根据市场需求状况和消费者对产品的感觉差异来确定价格的方法叫做顾客导向定价法，又称为市场导向定价法、需求导向定价法。需求导向定价法主要包括如下几种。

（1）理解价值定价法。所谓“理解价值”，是指消费者对某种商品价值的主观评判。理解价值定价法是指企业以消费者对商品价值的理解度为定价依据，运用各种营销策略和手段，影响消费者对商品价值的认知，形成对企业有利的价值观念，再根据商品在消费者心目中的价值来制定价格。

（2）需求差异定价法。所谓需求差异定价法，是指产品价格的确定以需求为依据，首先强调适应消费者需求的不同特性，而将成本补偿放在次要的地位。这种定价方法，可以对同一商品在同一市场上制定两个或两个以上的价格，或使不同商品价格之间的差额大于其成本之间的差额。其好处是可以使企业定价最大限度地符合市场需求，促进商品销售，有利于企业获取最佳的经济效益。

（3）逆向定价法。这种定价方法主要不是考虑产品成本，而重点考虑需求状况。根据消费者能够接受的最终销售价格，逆向推算出中间商的批发价和生产企业的出厂价格。逆向定价法的特点是：价格能反映市场需求情况，有利于加强与中间商的良好关系，保证中间商的正常利润，使产品迅速向市场渗透，并可根据市场供求情况及时调整，定价比较灵活。

价格是企业竞争的主要手段之一，企业除了根据不同的定价目标，选择不同的定价方法外，还要根据复杂的市场情况，采用灵活多变的方式确定产品的价格。

思考题

1．影响电子电器产品定价的因素有哪些？

2．顾客定价法的基本内容是什么？

知识拓展

市场结构的四种类型

1．完全竞争

一般来说，如果市场中的买者和卖者规模足够大，并且每个个人（包括买者和卖者）都是价格接受者，而且不能单独影响市场价格时，这样的竞争性状态就称为完全竞争。同时，这样的市场也称为完全竞争市场。

完全竞争的市场必须具备以下条件：

（1）市场上有许多买主和卖主。

（2）他们都只是价格的接收者，竞争地位平等。

（3）生产者提供的产品是同质的（无区别的）。

（4）资源在各行各业之间可以自由流动。

（5）市场信息畅通，卖主和买主对市场信息特别是价格变动信息完全了解。

（6）生产者可以自由地进出这个市场。

完全竞争市场只是一种理论上的假设，现实中并不存在。

2．垄断竞争

垄断竞争是一种介于完全竞争和纯粹垄断之间的市场形式，既有垄断倾向，同时又有竞争成分，所以是一种不完全竞争。垄断竞争市场应具备以下条件：

（1）市场中具有众多的生产者和消费者，

（2）消费者具有明确的偏好，商品和服务是“非同质的”，

（3）自由进入。

进行垄断性竞争的企业在短期具有垄断性质，而在长期则是零利润和生产能力过剩的。

3．寡头竞争

寡头竞争是竞争和垄断的混合物，也是一种不完全竞争。在寡头竞争的条件下，一个行业中只有少数几家大公司（大卖主），他们所生产和销售的某种产品占这种产品的总产量和市场销售总量的绝大部分比重，他们之间的竞争就是寡头竞争。显然，在这种情况下，他们有能力影响和控制市场价格。在寡头竞争的条件下，各个寡头企业是相互依存、相互影响的。各个寡头企业调整价格都会马上影响其他竞争对手的定价政策，所以，任何一个寡头企业做出决策时都必须密切注意其他寡头企业的反应和决策。

4．纯粹垄断

纯粹垄断（或完全垄断）又称为独家垄断，是整个行业的市场供给完全为独家企业所控制的状态，可分为完全政府垄断和完全私人垄断。一般说来，在完全垄断情形下，企业的供给增加，价格下落，需求增加。反之，企业供给减少，价格上升，产品需求减少。供给影响价格，

价格与需求呈反方向变动。

基本技能 2　制定价格策略

活动：案例研讨

活动形式：以小组为单位研讨案例。

活动过程：（1）教师向学生说明本次活动的目的、内容及注意事项。

（2）学生认真预习“基本知识”，研读案例并展开讨论、回答问题。

（3）讨论过程中，教师给予必要的引导。

（4）组长负责记录，小组发言人报告研讨结果。

（5）教师对本次活动的开展情况进行评价；对存在争议的一些问题加以澄清；对表现好的小组和个人予以表扬或奖励，尤其要鼓励学生的创造性思维。

活动成果：小组研讨记录表（见表 5-2）。

表 5-2　______小组研讨记录表

研 讨 问 题	研 讨 结 果
（1）格兰仕采取了怎样的价格策略而获得成功？为什么这种价格策略能取得成功	
（2）你认为格兰仕以大规模和低成本为支撑的“价格战”，能够支撑它的长期持续发展吗？为什么	

案例 5–2

格兰仕微波炉：价格策略的成功

在微波炉市场的发展过程中，格兰仕成功地运用价格因素，经历“三大战役”，在市场中确立起霸主地位。

（1）1996 年 8 月，格兰仕集团在全国范围内打响微波炉的价格战，降价幅度平均达 40%，带动中国微波炉市场从 1995 年的不过 100 万台增至 200 多万台。格兰仕集团以全年产销量 65 万台的规模，确立市场领先者的地位。

（2）1997 年格兰仕抓住时机，发起了微波炉市场的“第二大战役”——阵地巩固战。它采用“买一送一”的促销活动，发动新一轮的让利促销攻势。后来又在全国许多大中城市实施“买一赠三”，甚至“买一赠四”的促销大行动，使得格兰仕的产销规模迅速扩大，格兰仕也因此成为全球最具规模的微波炉生产企业之一。

（3）在取得市场的绝对优势后，格兰仕乘胜追击，发动了微波炉市场的“第三大战——品牌歼灭战。它再度将 12 个品种的微波炉降价 40%，又一次实施“组合大促销”：除了购买微波炉可获得高档豪华电饭煲、电风扇、微波炉饭煲等赠品外，还有 98 世界杯世界顶级球星签名的足球赠品和千万元名牌空调大抽奖。这种以同步组合重拳打向市场、被同行业称为毁灭性的市场营销策略，再度在全国市场引起巨大震动。

目前，格兰仕垄断了国内60%、全球35%的市场份额，成为中国乃至全世界的“微波炉大王”。

基本知识

一、新产品定价策略

1. 有专利保护的新产品的定价可采用撇脂定价法和渗透定价法

（1）撇脂定价法。新产品上市之初，将价格定得较高，尽可能在产品寿命初期，在竞争者研制出相似的产品以前，尽快收回投资，并且取得相当的利润。就像从牛奶中撇取所含的奶油一样，取其精华，称为撇脂定价法。满足以下条件就可以采用撇脂定价法：

①市场上存在一批购买力很强、并且对价格不敏感消费者，消费者的数量足够多。

②暂时没有竞争对手推出同样的产品，本企业的产品具有明显的差别化优势。

③当有竞争对手加入时，本企业有能力转换定价方法，通过提高性价比来提高竞争力。

④本企业的品牌在市场上有传统的影响力。

（2）渗透定价法。在新产品投放市场时，价格定得尽可能低一些，其目的是获得最高销售量和最大市场占有率。

当新产品没有显著特色、竞争激烈、需求弹性较大时宜采用渗透定价法。其优点如下：

①产品能迅速为市场所接受，打开销路，增加产量，使成本随生产发展而下降；

②低价薄利，使竞争者望而却步、减缓竞争，获得一定市场优势。

2. 仿制品的定价

仿制品是企业模仿国内外市场上的畅销产品而生产出的新产品。仿制品面临着产品定位问题，就新产品质量和价格而言，有9种战略可供选择：优质优价；优质中价；优质低价；中质高价；中质中价；中质低价；低质高价；低质中价；低质低价。

二、心理定价策略

心理定价是根据消费者的消费心理定价，有如下几种。

1. 尾数定价

许多商品的价格，宁可定为9.8元或9.9元，而不定为10元，是适应消费者购买心理的一种取舍，尾数定价使消费者产生一种“价廉”的错觉，比定为10元反应积极，促进销售。

2. 声望性定价

这是指企业利用消费者仰慕名牌商品或名店的声望所产生的某种心理来制定商品的价格，故意定高价。这种定价法有两个目的：一是提高产品的形象，以价格说明其地位和品质；二是满足购买者的地位欲望，适应购买者的消费心理。

3. 习惯性定价

某种商品，由于同类产品多，在市场上形成了一种习惯价格，个别生产者难以改变。降价容易引起消费者对品质的怀疑，涨价则可能受到消费者的抵制。

4. 招徕定价

所谓招徕定价，是指零售商利用部分顾客追求廉价的心理，特意将某一种或某几种商品的价格定得较低以吸引顾客进店购物。这是很多零售企业惯用的定价策略，常常通过推出降价商品增加人气，吸引顾客在采购廉价商品的同时也选购其他正常价格的商品。例如，电器经销商经常在报纸等媒体刊登广告，某某款空调售价 1 元，就是采用了招徕定价策略。

三、折扣定价策略

大多数企业通常都会酌情调整其基本价格，以鼓励顾客及早付清货款、大量购买或增加淡季购买。这种价格调整称为价格折扣和折让。价格折扣主要有如下几种类型。

1. 现金折扣

现金折扣是对及时付清账款的购买者的一种价格折扣。例如“3/10，N/25”，表示付款期是 25 天，如果在成交后 10 天内付款，给予 3%的现金折扣。许多行业习惯采用此方法以加速资金周转，减少收账费用和坏账。

2. 数量折扣

数量折扣是企业给那些大量购买某种产品的顾客的一种折扣，以鼓励顾客购买更多的货物。大量购买能使企业降低生产、销售等环节的成本费用。例如，顾客购买某种商品 50 单位以下，每单位 20 元；购买 50 单位以上，每单位 15 元。

3. 职能折扣

职能折扣也叫贸易折扣，是制造商给予中间商的一种额外折扣，使中间商可以获得低于目录价格的价格。

4. 季节折扣

季节折扣是企业鼓励顾客淡季购买的一种减让，使企业的生产和销售一年四季能保持相对稳定。

5. 推广津贴

推广津贴是指为扩大产品销路，生产企业向中间商提供促销津贴。例如，零售商为企业产品刊登广告或设立橱窗，生产企业除负担部分广告费外，还在产品价格上给予一定优惠。

四、歧视定价策略

歧视定价策略又叫差别定价策略。企业往往会根据不同顾客、不同时间和场所来调整产品价格，实行差别定价，即对同一产品或劳务定出两种或多种价格，但这种差别并不反映成本的变化。它主要有以下几种形式。

1. 顾客差别定价

顾客差别定价是指对不同顾客群定不同的价格。例如，同一款手机卖给顾客 A 一个价，卖给顾客 B 一个价。这种价格歧视主要原因在于顾客的需求强度和商品知识有所不同。

2. 产品形式差别定价

产品形式差别定价是指对不同的花色品种、式样定不同的价格。

3. 产品部位差别定价

产品部位差别定价是指即不同的部位定不同的价格。例如，歌星的演唱会门票、体育比赛的门票，位置不同价格就不同。电子电器产品因自身的产品特性，一般不会采取产品部位差别定价策略。

4. 销售时间差别定价

销售时间差别定价是指不同时间定不同的价格。例如，对不同季节、不同时间点的产品和服务分别制定不同的价格。又如，固定电话长途通话费，在一天的不同时间段收费标准有所不同。

五、产品组合定价策略

产品组合定价策略是指对不同组合产品之间的关系和市场表现进行灵活定价的策略。常用的产品组合定价形式有以下几种。

1. 产品线定价

产品线定价是根据购买者对同样产品线不同档次产品的需求，精选设计几种不同档次的产品和价格点。例如，松下公司设计出五种不同的彩色立体声摄像机，简单型的只有 4.6 磅，复杂型的有 12.3 磅，包括自动聚焦、明暗控制、双速移动目标镜头等。产品线上的摄像机依次增加新功能，并依次根据成本差距和市场情况制定一系列有明显差别的价格，以供有不同偏好的顾客进行选择。

2. 任选产品定价

任选产品定价是指在提供主要产品的同时，还附带提供任选品或附件与之搭配。例如，在销售电视时，还可以附带以优惠价格销售 DVD 机等鼓励消费者多购买。

3. 附属产品定价法

附属产品定价法是指以较低价销售主产品吸引顾客，以较高价销售备选和附属产品来增加利润。例如，柯达公司推出一种与柯达胶卷配套使用的专用照相机，价廉物美，销路甚佳，结果带动柯达胶卷销量大大增加，尽管其胶卷价格较其他牌号的胶卷昂贵。

4. 副产品定价法

在许多行业中，在生产主产品的过程中，常常有副产品。如果这些副产品对某些客户群具有相应价值，必须根据其价值定价。副产品的收入多，将使公司更易于为其主要产品制定较低价格，以便在市场上增加竞争力。因此制造商要寻找一个需要这些副产品的市场，并接受任何足以弥补存储和运输副产品成本的价格。

5. 捆绑定价

捆绑定价是指将数种产品组合在一起以低于分别销售时支付总额的价格销售。例如，家庭影院是大屏幕电视、影碟机、音响的捆绑定价；整体厨卫产品等可以进行捆绑制定相对较低总价，以扩大销售。

此外，企业要充分研究市场、顾客、竞争对手等的基本情况，结合自身实际采取上述一种或几种定价策略进行定价工作。

六、地理定价策略

地理定价策略是一种根据商品销售地理位置不同而制定差别价格的策略。

地理定价策略主要形式有如下几种。

1. 产地交货价格

产地交货价格是卖方按出厂价格交货或将货物送到买方指定的某种运输工具上交货的价格。在国际贸易术语中，这种价格称为离岸价格或船上交货价格。交货后的产品所有权归买方所有，运输过程中的一切费用和保险费均由买方承担。产地交货价格对卖方来说较为便利，费用最省，风险最小，但对扩大销售有一定影响。

2. 目的地交货价格

目的地交货价格是由卖方承担从产地到目的地的运费及保险费的价格。在国际贸易术语中，这种价格称为到岸价格或成本加运费和保险费价格。它还可以分为目的地船上交货价格、目的地码头交货价格以及买方指定地点交货价格。目的地交货价格由出厂价格加上产地至目的地的手续费、运费和保险费等构成，虽然手续较烦琐，卖方承担的费用和风险较大，但有利于扩大产品销售。

3. 统一交货价格

统一交货价格也称为送货制价格，即卖方将产品送到买方所在地，不分路途远近，统一制定同样的价格。这种价格类似于到岸价格，其运费按平均运输成本核算，这样可减轻较远地区顾客的价格负担，使买方认为运送产品是一项免费的附加服务，从而乐意购买，有利于扩大市场占有率。同时，能使企业维持一个全国性的广告价格，易于管理。该策略适用于体积小、质量轻、运费低或运费占成本比例较小的产品。

4. 分区运送价格

分区运送价格也称为区域价格，是指卖方根据顾客所在地区距离的远近，将产品覆盖的整个市场分成若干个区域，在每个区域内实行统一价格。这种价格介于产地交货价格和统一交货价格之间。实行这种办法，处于同一价格区域内的顾客就得不到来自卖方的价格优惠；而处于两个价格区域交界地的顾客之间就得承受不同的价格负担。

5. 运费津贴价格

运费津贴价格是指为弥补产地交货价格策略的不足，减轻买方的运杂费、保险费等负担，由卖方补贴其部分或全部运费。该策略有利于减轻边远地区顾客的运费负担，使企业保持市场占有率，并不断开拓新市场。

思考题

1. 企业如何为新产品制定合适的价格？
2. 企业如何为产品组合定价？

知识拓展

企业的价格调整

企业在产品价格确定后，由于环境和市场情况的变化，往往会对价格进行修改和调整。

1. 主动调整价格

（1）降价。企业存在以下情况时须考虑降价：

①生产能力过剩、产量过多，库存积压严重，市场供过于求等，企业需要以降价来刺激市场需求。

②面对竞争者的“价格战”，企业若不降价将会失去顾客或减少市场份额。

③生产成本下降，科技进步，劳动生产率不断提高，生产成本逐步下降，其市场价格也应下降。

（2）提价。提价一般会遭到消费者和经销商反对，但在许多情况下不得不提高价格：

①通货膨胀。物价普通上涨，企业生产成本必然增加，为保证利润，不得不提价。

②产品供不应求。一方面买方之间展开激烈竞争，争夺货源，为企业创造有利条件；另一方面也可以抑制需求过快增长，保持供求平衡。

2. 被动调整价格

在同质产品市场，如果竞争者降价，企业必定随之降价，否则会失去顾客。某一企业提价，其他企业也将随之提价（如果提价对整个行业有利），但如有一个企业不提价，最先提价的企业和其他企业将不得不取消提价。

在异质产品市场，购买者不仅考虑产品价格高低，而且考虑质量、服务、可靠性等因素，因此购买者对较小价格差额无反应或不敏感，则企业对竞争者价格调整的反应有较多自由。

企业在做出反应时，必须先进行调研分析：竞争者调价的目的是什么？调价是暂时的，还是长期的？能否持久？企业面临竞争者调价应权衡得失：是否应做出反应？如何反应？另外还必须分析价格的需求弹性、产品成本和销售量之间的关系等复杂问题。

营销小故事

两辆中巴

家门口有一条汽车线路，是从小巷口开往火车站的。不知道是因为线路短，还是沿途人少的缘故，客运公司仅安排两辆中巴车来回对开。

开101的是一对夫妇，开102的也是一对夫妇。

坐车的大多是一些船民，由于他们长期在水上生活，所以一进城往往是一家老小一起出发。

101路的女主人很少让孩子买票，即使是一对夫妇带几个孩子，她也是熟视无睹似的，只要求船民买两张成人票。有的船民过意不去，执意要给大点的孩子买票，她就笑着对船民的孩子说："下次给带个小河蚌来，好吗？这次让你免费坐车。"

102路的女主人恰恰相反，只要有带孩子的，大一点的要全票，小一点的也得买半票。她总是说，这车是承包的，每月要向客运公司交各种费用，哪个月不交足，马上就干不下去了。

船民们也理解，有几个人就掏几张票的钱，因此，每次也都相安无事。

不过，三个月后，门口的102路中巴就停开了。它应验了102路女主人的话：马上就干不下去了，因为搭乘102路的人很少。

营销启示：忠诚顾客是靠感情培养的，也同样是靠点点滴滴的优惠赢得顾客的忠诚的。当我们固执地执行我们的销售政策的时候，我们放走了多少忠诚顾客呢？要知道，价格策略也是企业营销理念的重要体现。

模块技能训练

一、请讨论并回答下列问题

1．下列商品定价属于哪种定价策略？

（1）到批发市场购洗衣粉，10袋起卖，10袋至20袋每袋5元，21袋至50袋每袋3元。

（2）LV 包 2 万元一个。

（3）网上商城做的 1 元秒杀活动。

（4）宝马 7 系中国 60 周年庆典版 2010 款报价 288 万

（5）某品牌数码相机系列报价：2888 元、5888 元、8888 元。

2. 某款商品公司决定从今天开始要做促销，5 折销售，价格标签还没来得及更换，A 顾客不知道这个信息，售货员以原价将此商品卖给了 A 顾客，B 顾客看到报纸的促销广告过来购买，售货员以 5 折的价格卖给 B 顾客。你认为这属于什么价格策略？售货员这样做合适吗？如果顾客发现了这张登有促销信息的报纸，要求退款，应该怎么办？

二、案例分析

案例 5-3

顾客定价法

自古以来，总是卖主开价，买主还价。能否倒过来，先由买主开价呢？例如，餐馆的饭菜价格，从来都是由店主决定的，顾客只能按菜谱点菜，按价计款。但在美国的匹兹堡市却有一家“米利奥家庭餐馆”，在餐馆的菜单上，只有菜名，没有菜价。顾客根据自己对饭菜的满意程度付款，无论多少，餐馆都无异议，如果顾客不满意，甚至可以分文不付。但事实上，绝大多数顾客都能合理付款，甚至多付款。当然，也有付款少的，甚至有在狼吞虎咽一顿之后，分文不给、扬长而去的。但那毕竟只是极少数。

问题：你认为这种顾客定价法在电子电器类商品上行得通吗？讨论一下顾客定价法的应用对产品、市场、顾客有什么要求？

三、技能实训

以小组为单位到附近商场进行实地调研，看看各类商品都应用了什么样的定价策略和方法，并将其归类填入考察表（表 5-3）。

表 5-3 ______小组实地考察表　　组长：

产品名称	定价策略和定价方法	小组成员

模块学习测验与总结

一、选择题

1．为鼓励顾客购买更多物品，企业给大量购买产品的顾客一种减价称为（　　）。

A．功能折扣　B．数量折扣　C．季节折扣　D．现金折扣

2．如果企业按离岸价格出售产品，那么产品从产地到目的地发生的一切短损都将由（　　）承担。

A．企业　B．顾客　C．承运人　D．保险公司

3．企业利用消费者具有仰慕名牌商品或名店声望所产生的某种心理，对质量不易鉴别的商品的定价最适宜用（　　）法。

A．尾数定价　B．招徕定价　C．声望定价　D．反向定价

4．当产品市场需求富有弹性且生产成本和经营费用随着生产经营经验的增加而下降时，企业便具备了（　　）的可能性。

A．渗透定价　B．撇脂定价　C．尾数定价　D．招徕定价

5．按照单位成本加上一定百分比的加成来制定产品销售价格的定价方法称为（　　）定价法。

A．成本加成　B．目标　C．认知价值　D．诊断

6．投标过程中，投标商对其价格的确定主要是根据（　　）制定的。

A．对竞争者的报价估计　B．企业自身的成本费用

C．市场需求　D．边际成本

7．在商业企业，很多商品的定价都不进位成整数，而保留零头，这种心理定价策略称为（　　）策略。

A．尾数定价　B．招徕定价　C．声望定价　D．习惯定价

8．在（　　）条件下，个别企业无力影响整个市场的产品价格，因而不存在企业制定最优价格的问题。

A．完全竞争　B．寡头竞争　C．垄断竞争　D．不完全竞争

9．某种商品，由于同类产品多，在市场上形成了一种习惯价格，个别生产者难以改变。降价易引起消费者对品质的怀疑，涨价则可能受到消费者的抵制。这种定价策略是（　　）。

A．习惯定价　B．逆向定价　C．产品大类定价　D．分部定价

10．当企业有意愿和同行和平共处并按照行业的平均现行价格水平来定价，以期利用这样的价格来获得平均报酬的定价方法是（　　）。

A．反向定价法　B．投标定价法　C．诊断定价法　D．随行就市定价法

二、判断正误

1．从市场营销的实践看，当市场有足够的购买者，且对商品的需求缺乏弹性时，企业往往能成功地实施撇脂定价。（　　）

2．在市场营销实践中，有实力的企业率先降价往往能给弱小的竞争对手以致命的打击。（　　）

3．产品形式差别定价是指企业对不同型号或形式的产品制定不同的价格，但它们的价格

与成本费用之比却相同。（　　）

4．在产品组合定价策略中，根据补充产品定价原理，制造商经常为主要产品制定较低的价格，而对附属产品制定较高的加成。（　　）

5．面对激烈的竞争，企业为了生存和发展，在任何时候都应始终坚持只降价不提价的原则。（　　）

三、计算题

1．某厂生产某种商品 10000 件，固定总成本 400000 元，变动总成本 600000 元，预期利润率 20%，如果按照成本加成定价法来制定价格，则该商品应定价为多少？

2．某烤箱厂投资 100 万元人民币，期望取得 20%的投资收益率。如果生产烤箱的固定成本为 30 万元，总变动成本为 50 万元，建成投产后预计年销售量 50000 台，则按目标收益定价法确定的烤箱价格是多少？

四、个人学习总结（表 5-4）

表 5-4　个人学习总结

我学到了哪些知识	
我学会了哪些技能	
我哪里学得不够好？ 原因及措施怎样	

模块学习评价（表 5–5）

表 5-5　模块学习评价表

小组：		姓名：	评价总分：		
评价项目		评价依据	优秀 8～10 分	良好 6～8 分	继续努力 0～6 分
自我评价 20 分	学习态度	遵守纪律；学习主动；积极参与小组活动和讨论；尊重同学和老师；具有较强的团队精神、合作意识；能客观有效地评价同学的学习			
	目标达成	达到学习目标；按要求完成各项学习任务			
	自评合计分				
小组互评 30 分	其他组员	评价依据	优秀 20～30 分	良好 10～20 分	继续努力 0～10 分
		（1）积极参与小组活动和讨论；具有较强的团队精神、合作意识；服从角色安排 （2）对小组活动贡献大小 （3）知识目标达成情况 （4）技能目标达成情况			
	……				
	小组平均分				

续表

		评价依据	优秀 8～10分	良好 6～8分	继续努力 0～6分
教师评价50分	学习态度	综合表现			
	个人评价	自评结果			
	小组评价	互评结果			
	小组活动	活动成果			
	测验	测验结果			
	教评合计分				

模块六

电子电器产品的分销渠道策略

模块教学目标

知识目标	掌握分销渠道的概念和类型，掌握批发商和零售商的相关知识，熟悉并掌握电子电器产品连锁经营相关知识
技能目标	能根据产品特性和企业实际情况进行渠道设计和管理
教学方式	理论讲授、案例讨论和分析、小组调研
参考学时	4 学时

模块基本技能

基本技能 1　设计分销渠道

活动：案例研讨

活动形式：以小组为单位研讨案例。

活动过程：（1）教师向学生说明本次活动的目的、内容及注意事项。

（2）学生认真预习“基本知识”，研读案例并展开讨论、回答问题。

（3）讨论过程中，教师给予必要的引导。

（4）组长负责记录，小组发言人报告研讨结果。

（5）教师对本次活动的开展情况进行评价；对存在争议的一些问题加以澄清；对表现好的小组和个人予以表扬或奖励，尤其要鼓励学生的创造性思维。

活动成果：小组研讨记录表（见表 6-1）。

表 6-1　______小组研讨记录表

研 讨 问 题	研 讨 结 果
（1）LG 电子公司选择了怎样的分销渠道	
（2）LG 电子公司如何对渠道商实施有效管理的	

案例 6–1

LG 电子公司的渠道策略

LG 电子公司从 1994 年开始进军中国家电市场，目前其产品包括彩电、空调、洗衣机、微波炉、显示器等种类。LG 电子公司把分销渠道作为一种重要资产来经营，通过把握渠道机会、设计和管理分销渠道，拥有了一个高效率、低成本的销售系统，提高了其产品的知名度、市场占有率和竞争力。

1. 准确进行产品市场定位和选择恰当的分销渠道

LG 将市场定位在那些既对产品性能和质量要求较高，又对价格比较敏感的客户。LG 选择大型商场和家电连锁超市作为主要营销渠道。因为大型商场是我国家电产品销售的主渠道，具有客流量大、信誉度高的特点，便于扩大 LG 品牌的知名度。在一些市场发育程度不很高的地区，LG 则投资建立一定数量的专卖店，为其在当地市场的竞争打下良好的基础。

2. 为渠道商提供全方位的支持和进行有效的管理

在利润分配方面，LG 给予经销商非常大的收益空间，为其建立了非常合理、详细的利润反馈机制。在经营管理方面，LG 为经销商提供全面的支持，包括信息支持、培训支持、服务支持、广告支持等。尤其具有特色的是 LG 充分利用网络对经销商提供支持。为了防止不同销售区域间的窜货发生，LG 实行统一的市场价格，通过与渠道商签订合同来明确双方的权利与义务，用制度来规范渠道商的行为。

3. 细化营销渠道，提高其效率

LG 依据产品的种类和特点对营销渠道进行细化，将其分为 LT 产品、空调与制冷产品、影音设备等营销渠道。这样，每个经销商所需要掌握的产品信息、市场信息范围缩小了，可以有更多的精力向深度方向发展，更好地认识产品、把握市场、了解客户，最终提高销售质量和业绩。

4. 改变营销模式，实行逆向营销

为了避免传统营销模式的弊端，真正做到以消费者为中心，LG 将营销模式由传统的“LG→总代理→二级代理商→…→用户”改变为“用户←零售商←LG+分销商”的逆向模式。采用这种营销模式，LG 加强了对经销商特别是零售商的服务与管理，使渠道更通畅；同时中间环节大大减少，物流速度明显加快，销售成本随之降低，产品的价格也更具竞争力。

基本知识

在现代市场经济条件下，生产者与消费者之间在时间、地点、数量、品种、产品估价和所有权等多方面存在着差异和矛盾。企业生产出来的产品，只有通过一定的市场营销渠道，才能在适当的时间、地点，以适当的价格供应给广大消费者或用户，从而克服生产者与消费者之间的差异和矛盾，满足市场需要，实现企业的市场营销目标。

一、分销渠道的概念及类型

1. 分销与分销渠道

分销策略是市场营销组合策略之一。它同产品策略、促销策略、定价策略一样，也是企业能否成功地将产品打入市场、扩大销售、实现企业经营目标的重要手段。分销渠道策略主要涉及分销渠道及其结构，分销渠道策略的选择与管理，批发商与零售商及实体分配等内容。

分销就是使产品和服务以适当的数量和地域分布来适时地满足目标市场的顾客需要。

分销渠道是指某种货物和劳务从生产者向消费者移动时取得这种货物和劳务的所有权或帮助转移其所有权的所有企业和个人。它主要包括商人中间商、代理中间商，以及处于渠道起点和终点的生产者与消费者。

2. 类型

按流通环节的多少，可将分销渠道划分为直接渠道与间接渠道；间接渠道又分为短渠道与长渠道。

（1）直接渠道与间接渠道其区别在于有无中间商。

直接渠道是指生产企业不通过中间商环节，直接将产品销售给消费者。直接渠道是工业品分销的主要类型。例如，大型设备、专用工具及技术复杂需要提供专门服务的产品，都采用直接分销，消费品中有部分也采用直接分销类型，如海尔家电直营店等。

间接渠道是指生产企业通过中间商环节把产品传送到消费者手中。间接分销渠道是消费品分销的主要类型。

（2）长渠道和短渠道。分销渠道的长短一般是按中间流通环节的多少来划分的，具体包括以下四层。

①零级渠道：制造商—消费者。

②一级渠道：制造商—零售商—消费者。

③二级渠道：制造商—批发商—零售商—消费者，或者是制造商—代理商—零售商—消费者。多见于消费品分销。

④三级渠道：制造商—代理商—批发商—零售商—消费者。

零级渠道最短，三级渠道最长。

（3）宽渠道与窄渠道。渠道宽窄是指渠道的每个环节中使用同类型中间商数目的多少。企业使用的同类中间商多，产品在市场上的分销面广，称为宽渠道。例如一般的日用消费品（口香糖、牙刷、饮料等），由多家批发商经销，又转卖给更多的零售商，能大量接触消费者，大批量地销售产品。企业使用的同类中间商少，分销渠道窄，称为窄渠道，它一般适用于专业性强的产品或贵重耐用消费品，如相机、手机等电子电器产品，一般由一家中间商统包，几家经销。它使生产企业容易控制分销，但市场分销面受到限制。

（4）单渠道和多渠道。当企业全部产品都由自己直接所设门市部销售，或全部交给批发商经销，称为单渠道。多渠道则可能是在本地区采用直接渠道，在外地则采用间接渠道；在有些地区独家经销，在另一些地区多家分销；对消费品市场用长渠道，对生产资料市场则采用短渠道。

二、分销渠道设计

企业在设计其分销渠道时，需要在理想渠道与可用渠道之间进行抉择。一般来讲，新企业在刚刚开始经营时，总是先采取在有限市场上进行销售的策略，以当地市场或某一地区的市场为销售对象。因其资本有限，只得选用现有中间商。而在某一地区市场内，中间商的数目通常是很有限的，所以，到达市场的最佳方式也是可以预知的。问题是如何说服现有可用的中间商来销售自己的产品。

新企业一旦经营成功，它可能会扩展到其他新市场。这家企业可能仍利用现有的中间商销售其产品，虽然它可能在不同地区使用各种不同的分销渠道。在较小市场，它可能直接销售给零售商；而在较大的市场，它需要通过经销商来销售产品。总之，企业的渠道系统必须因时因地灵活变通。

一般来讲，要想设计一个有效的渠道系统，必须确定渠道模式、中间商的类型和密度，规定渠道成员的权利与责任。

1. 确定渠道模式

渠道设计问题的中心环节，是确定到达目标市场的最佳途径。每一个生产者都必须在顾客、产品、中间商、竞争者、企业政策和环境等所形成的限制条件下，确定其渠道模式，即渠道长度：是直接销售还是间接分销？是一层渠道或是多层渠道？是采用传统分销模式还是采用电子商务？

2. 确定中间商数目

这是指决定渠道宽度。对于同一渠道层次的中间商数量的选择，根据企业产品的特点和企业追求的产品展露度，有如下策略可供选用。

（1）密集分销。这是指尽可能选择多个中间商分销，使营销渠道尽可能加宽。消费品中的便利品和工业品中的标准件、通用小工具多采用这种策略，为顾客提供购买上的方便。

（2）独家分销。这是指在一个地区只选定一家中间商或代理商，实行独家经营。选择独家分销，要求企业在同一地区不再授权其他中间商销售本企业的产品；对所选中间商，企业要求其不再经营与之竞争的产品。独家分销是最极端的形式，是最窄的分销渠道，适用于消费品中的特殊品，尤其是一些名牌产品，以及需要提供特殊服务的产品。独家分销可以使生产企业提高对销售渠道的控制力，刺激中间商努力为本企业服务。但这种策略对企业来说风险极大，如果中间商选择不当，则有可能失去这一地区的市场份额。

（3）选择性分销。它介于密集分销和独家分销两种形式之间，即有条件地选择几家中间商进行经营。它的营销渠道比独家分销宽，比密集分销窄，这是企业较普遍使用的一种策略。它适用于各类商品，尤其是消费品中的选购品、特殊品，以及工业品中的标准产品和原材料多采用这种策略。与密集分销策略相比，选择性分销策略可以使生产企业对中间商进行精选，使用效率高的中间商，降低销售成本。另外，这种策略还可使企业增强对营销渠道的控制力。

3. 规定渠道成员的权利和责任

在确定了渠道的长度和宽度之后，企业还要规定与中间商之间的权利和责任，如对不同地区、不同类型的中间商和不同的购买量给予不同的价格折扣，提供质量保证和跌价保证，以促使中间商积极进货。还要规定交货和结算条件，以及规定彼此为对方提供哪些服务，如产方提供零配件，代培技术人员，协助促销；销方提供市场信息和各种业务统计资料。

三、分销渠道管理

企业管理人员在进行渠道设计之后，还必须对个别中间商进行选择、激励与定期评估。

1. 选择渠道成员

企业在招募中间商时，常处于两种极端情况之间：一是企业毫不费力地找到特定的商店并使之加入渠道系统。它之所以能吸引经销商加入渠道系统，可能是因为它很有声望，也可能是因为它的产品能赚钱。二是企业必须费尽心思才能找到期望数量的中间商。企业必须研究中间商如何做购买决策，尤其是在他们制定决策时，对毛利、广告与销售促进、退货保证等重视的程度。

不论企业遇到上述哪种情况，它都要明确选择的条件和标准。这些标准包括：中间商经营时间的长短及其成长记录、地理区位优势、综合服务能力、财务状况及管理水平、促销政策和技术、合作态度、声望等。当中间商是销售代理商时，生产者还要评估其经销的其他产品大类的数量与性质、推销人员的素质与数量。当中间商打算授予某家百货公司独家分销时，生产者要评估商店的位置、未来发展潜力以及经常光顾的顾客类型。

2. 激励渠道成员

企业不仅要选择中间商，还要经常激励中间商使之尽职。

对渠道成员的激励可以分为三个阶段：了解渠道成员的需要、满足他们的需要和提供持续指导。这意味着生产者所采取的激励措施必须恰好满足渠道成员的急需。越是如此，激励效果越明显，反之则低效或无效。制造商对中间商的激励措施主要有如下几种。

（1）开展促销活动。生产者利用广告宣传推广产品，一般很受中间商欢迎，广告宣传费用可由生产者负担，也可要求中间商合理分担。生产者还应经常派人前往一些主要的中间商，协助安排商品陈列，举办产品展览和操作表演，训练推销人员，或根据中间商的推销业绩给予相应奖励。

（2）资金支持。中间商（特别是经销商）一般期望生产企业给予他们资金支持，这可促使他们放手进货，积极推销产品，一般可采取售后付款或先付部分货款待产品出售后再全部付清的方式，以解决中间商资金不足的困难。

（3）协助中间商搞好经营管理，提高营销效果。

（4）提供情报。市场情报是开展市场营销活动的重要依据。企业应将所获得的市场信息及时传递给中间商，使他们心中有数。为此，企业有必要定期或不定期地邀请中间商座谈，共同研究市场动向，制订扩大销售的措施；企业还可将自己的生产状况及生产计划告诉中间商，为中间商合理安排销售提供依据。

（5）与中间商结成长期的伙伴关系。一方面，企业要研究目标市场上产品供应、市场开发、账务要求、技术服务和市场情报等方面的情况，以及企业与中间商各自能从对方得到什么，然后根据实际可能，与中间商共同议定这些情况，制订必要的措施，签订相应的协约，如果中间商能认真执行，企业要考虑再给予一定的补助。另一方面，可在组织方面与中间商进一步加强合作，把生产者和中间商双方的要求结合起来，建立一个有计划的纵向联合销售系统，生产企业可在此系统内设立一个中间商关系计划部，由这个部与中间商共同规划销售目标、存货水平、商品陈列、培训员工计划以及广告宣传计划，其目的是使中间商认识到，作为一个精明的纵向联合销售系统的一员，可以从中获利。

3. 评估渠道成员

生产者除了选择和激励渠道成员外，还必须定期评估他们的绩效，如销售定额完成、平均库存、综合服务能力、双方合作情况等。据此决定是否对现有渠道成员进行调整或奖励。特别是当市场状况发生变化、产品进入生命周期的不同阶段等情况出现时，更应该及时调整分销渠道。

四、批发商

批发是指一切将物品或服务销售给为了转卖或者商业用途而进行购买的活动。批发商主要有如下三种类型。

1. 商人批发商

商人批发商是指自己进货，取得产品所有权后再批发出售的商业企业，也就是人们通常所说的独立批发商。商人批发商是批发商的最主要的类型。

商人批发商按职能和提供的服务是否完全来分类，可分为如下两类。

（1）完全服务批发商。这类批发商执行批发商业的全部职能，他们提供的服务主要有保持存货、雇佣固定的销售人员、提供信贷、送货和协助管理等。他们分为批发商人和工业分销商两种。批发商人主要是向零售商销售，并提供广泛的服务；工业分销商向制造商而不是向零售商销售产品。

（2）有限服务批发商。这类批发商为了减少成本费用，降低批发价格，往往只执行一部分服务。

2. 经纪人和代理商

经纪人和代理商是从事购买或销售或二者兼备的洽商工作，但不取得产品所有权的商业单位。与商人批发商不同的是，他们对其经营的产品没有所有权，所提供的服务比有限服务商人批发商还少，其主要职能在于促成产品的交易，借此赚取佣金作为报酬。与商人批发商相似的是，他们通常专注于某些产品种类或某些顾客群。

经纪人和代理商主要分为如下几种。

（1）产品经纪人。经纪人的主要作用是为买卖双方牵线搭桥，协助他们进行谈判，买卖达成后向雇佣方收取费用。他们并不持有存货，也不参与融资或风险。

（2）制造商代表。制造商代表比其他代理批发商人数更多。他们代表两个或若干个互补的产品线的制造商，分别和每个制造商签订有关定价政策、销售区域、订单处理程序、送货服务和各种保证以及佣金比例等方面的正式书面合同。他们了解每个制造商的产品线，并利用其广泛关系来销售制造商的产品。

（3）销售代理商。销售代理商是在签订合同的基础上，为委托人销售某些特定产品或全部产品的代理商，对价格、条款及其他交易条件可全权处理。这种代理商在纺织、木材、某些金属产品、某些食品、服装等行业中常见。在这些行业中，竞争非常激烈，产品销路对企业的生存至关重要。

（4）采购代理商。采购代理商一般与顾客有长期关系，代他们进行采购，往往负责为其收货、验货、储运，并将物品运交买主。例如服饰市场的常驻采购员，他们为小城市的零售商采购适销的服饰产品。他们消息灵通，可向客户提供有用的市场信息，而且还能以较低的价格买到好的物品。

（5）佣金商。佣金商又称佣金行，是指对产品实体具有控制力并参与产品销售协商的代理商。大多数佣金商从事农产品的代销业务。

3. 制造商及零售商的分店和销售办事处

批发的第三种形式是由买方或卖方自行经营批发业务，而不通过独立的批发商进行。这种批发业务可分为如下两种类型。

（1）销售分店和销售办事处。生产者往往设立自己的销售分店和销售办事处，以改进其存货控制、销售和促销业务。销售分店持有自己的存货，大多数经营木材和自动设备零件等。销售分店不持有存货，在织物制品和针线杂货业最为突出。

（2）采购办事处。许多零售商在大城市设立采购办事处。这些办事处的作用与经纪人或代理商相似，但却是买方组织的一个组成部分。

五、零售商

零售是指所有向最终消费者直接销售产品和服务，用于个人及非商业性用途的活动。任何从事这种销售活动的机构，不论是制造商、批发商还是零售商，也不论这些产品和服务是如何销售（经由个人、邮寄、电话或自动售货机）的或者是在何处（在商店、在街上或在消费者家中）销售的，都属于此范畴。而零售商或者零售商店是指那些销售量主要来自零售的商业企业。

零售商的类型千变万化，新组织形式层出不穷，一般可分为商店零售商和无门市零售商两种类型。无门市零售商分为直复市场营销、直接销售、自动售货和购物服务公司四种形式。

我国《零售业态分类》新标准将零售业分为食杂店、便利店、折扣店、超市、大型超市、仓储会员店、百货店、专业店、专卖店、家居建材店、购物中心、厂家直销中心、电视购物、邮购、网上商店、自动售货亭、直销、电话购物 18 种业态，从目前国际情况来看，最主要的零售商店类型有如下几种。

1. 专用品商店

专用品商店经营的产品线较为狭窄，但产品的式样品种较为齐全。例如，服装店、体育用品商店、家具店、花店和书店均属于专用品商店。

2. 百货商店

百货商店一般销售几条产品线的产品，尤其是服装、家具和家庭用品等，每一条产品线都作为一个独立部门由专门的采购员和营业员管理。此外，还有一些专门销售服装、鞋子、美容化妆品、礼品和皮箱的专用品百货商店。

3. 超级市场

超级市场指规模巨大、成本低廉、薄利多销、自我服务的经营机构，主要经营各种食品、洗涤剂和家庭日常用品等。超级市场的主要竞争对手是方便食品店、折扣食品店和超级商店。

4. 方便商店

方便商店设在居民区附近的小型商店，营业时间长，每周营业七天，销售品种范围有限、周转率高的方便产品。消费者主要利用它们做“填充”式采购，因此其营业价格要高一些。但是，它们满足了消费者一些重要的需求，人们愿意为这些方便产品付高价。

5. 超级商店、联合商店和特级商场

超级商店比传统的超级市场更大，主要销售各种食品和日用品。它们通常提供洗衣、干洗、修鞋、支票付现、代付账单和廉价午餐等项服务。联合商店的面积比超级市场和超级商店更大，呈现一种经营多元化的趋势，主要向医药领域发展。特级商场比联合商店还要大，综合了超级

市场、折扣和仓储零售的经营方针，其花色品种超出了日常用品，包括家具、大型和小型家用器具、服装和其他许多品种。其基本方法是原装产品陈列，尽量减少商店人员搬运，同时向愿意自行搬运大型家用器具和家具的顾客提供折扣。

6. 折扣商店

真正的折扣商店具有下列特点：

（1）商店经常以低价销售产品；

（2）商店突出销售全国性品牌，因此价格低廉并不说明产品的质量低下；

（3）商店在自助式、设备最少的基础上经营；

（4）店址趋向于在租金低的地区，要能吸引较远处的顾客。

折扣零售已经从普通产品发展到专门产品商店，如折扣体育用品商店、折扣电子产品商店和折扣书店。

7. 仓储商店

仓储商店是一种以大批量、低成本、低售价和微利多销的方式经营的连锁式零售企业。仓储商店一般具有以下特点：

（1）以工薪阶层和机关团体为主要服务对象；

（2）价格低廉；

（3）精选正牌畅销产品；

（4）会员制；

（5）低经营成本；

（6）先进的计算机管理系统。

思考题

1．分销渠道的类型有哪几种？

2．如何进行分销渠道管理？

知识拓展

电子商务模式

电子商务模式是指在网络环境中基于一定技术基础的商务运作方式和赢利模式。研究和分析电子商务模式的分类体系，有助于挖掘新的电子商务模式，为电子商务模式创新提供途径，也有助于企业制定特定的电子商务策略和实施步骤。

电子商务模式可以分为如下 6 种类型：

（1）企业与消费者之间的电子商务（B2C）；

（2）企业与企业之间的电子商务（B2B）；

（3）消费者与消费者之间的电子商务（C2C）；

（4）消费者与企业之间的电子商务（C2B）；

（5）企业与政府之间的电子商务（B2G）；

（6）企业、中间监管与消费者之间的电子商务（BMC）。

基本技能2　熟悉电子电器产品连锁经营

活动：案例研讨

活动形式：以小组为单位研讨案例。

活动过程：（1）教师向学生说明本次活动的目的、内容及注意事项。

（2）学生认真预习“基本知识”，研读案例并展开讨论、回答问题。

（3）讨论过程中，教师给予必要的引导。

（4）组长负责记录，小组发言人报告研讨结果。

（5）教师对本次活动的开展情况进行评价；对存在争议的一些问题加以澄清；对表现好的小组和个人予以表扬或奖励，尤其要鼓励学生的创造性思维。

活动成果：小组研讨记录表（见表6-2）。

表6-2 ______小组研讨记录表

研 讨 问 题	研 讨 结 果
（1）同学们查阅一下相关资料，到底什么是窜货	
（2）你认为仅靠对经销商罚款能解决窜货问题吗？诺基亚该怎么办	

案例6-2

深陷“窜货门”，诺基亚渠道现危机

2008年5月21日，部分诺基亚手机“窜货商”率先声讨诺基亚巨额罚款。8月4日，几名拒卖诺基亚的“窜货商”召集北京40余家媒体召开“声讨会”。两个月来，诺基亚“窜货门”事件似乎越演越烈。经销商介绍，诺基亚在中国市场的渠道模式之一是省级直供分销（FD）模式，即以省为区域单位进行铺货。基于各省分销商和诺基亚在协议中承诺的条件不同，诺基亚对各省分销商的支持条件也不同，其中包括供货价格上的差异，很多行业也都有类似的渠道合作模式。这样的价格差就可能造成一些地方经销商不从该省的诺基亚授权代理商处进货，转而从价格更低的其他省的代理商处进货，这就是所谓的“窜货”。但这样一来，省代理商就有可能无法完成合同承诺的销量，造成损失。

一位资深的行业分析师认为：“诺基亚一直采取了相对独立、全球统一布局的方式，这很难满足各国运营商的不同需求。手机与计算机产品不同，价格高、体积小、便于运输，因此对渠道要求也不同。手机销售渠道多元化、扁平化、电子化、虚拟化趋势已经非常明显。与其他销售渠道的灵活性相比销售区域严格限制、销售任务严格管理、以返点为渠道主要收入来源的FD模式运作难度不断加大，终端商很难在不同渠道商的利益之间做好平衡。”

此次事件的影响，“超过了诺基亚的预估”，渠道政策的设计、中国市场的复杂，都需要诺

基亚深刻反思。

基本知识

一、连锁经营的概念和优点

连锁经营是一种商业组织形式和经营制度，是指经营同类商品或服务的若干个企业，以一定的形式组成一个联合体，在整体规划下进行专业化分工，并在分工基础上实施集中化管理，把独立的经营活动组合成整体的规模经营，从而实现规模效益。

连锁经营的特点即6个统一：统一采购、统一配送、统一标识、统一营销策略、统一价格、统一核算。

连锁经营模式的主要优点在于：

（1）授权人只以品牌、经营管理经验等投入，便可达到规模经营的目的，不仅能在短期内得到回报，而且使无形资产迅速提升。

（2）被授权人由于购买的是已获成功的运营系统，可以省去自创业不得不经历的一条“学习曲线”，包括选择赢利点、开市场等必要的摸索过程，降低了经营风险。

（3）被授权人可以拥有自己的公司，掌握自己的收支。被授权人的经营启动成本低于其他经营方式，因此可在较短的时间内收回投入并赢利。被授权人可以在选址、设计、员工培训、市场等方面，得到经验丰富的授权人的帮助和支持，使其运营迅速走向良性循环。

（4）授权人与被授权人之间不是一种竞争关系，有利于共同扩大市场份额。

连锁经营这一经营模式的实质，是企业运用无形资产进行资本运营，实现低风险资本扩张和规模经营的有效方法和途径。这也是连锁经营能得以迅速发展的根本原因所在。

二、连锁经营的形式

连锁经营包括三种形式：直营连锁、特许经营和自由连锁。

1. 特许经营

特许经营就是由拥有技术和管理经验的总部，指导传授加盟店各项经营的技术经验，并收取一定比例的权利金及指导费，这种契约关系就是特许加盟。特许加盟总部必须拥有一套完整有效的运作技术优势，从而转移指导，让加盟店能很快地运作，同时从中获取利益，加盟网络才能日益壮大。因此，经营技术如何传承就是特许经营的关键所在。

2. 直营连锁

直营连锁就是指总公司直接经营的连锁店，即由公司本部直接经营投资管理各个零售点的经营形态，此连锁形态并无加盟店的存在。总部采取纵深似的管理方式，直接下令掌管所有的零售点，零售点也必须完全接受总部的指挥。直接连锁的主要任务是“渠道经营”，是指通过经营渠道的拓展从消费者手中获取利润。因此直营连锁实际上是一种“管理产业”。

3. 自由连锁

自由连锁就是自愿加入连锁体系的商店。这种商店由于是原已存在，而非加盟店那样开店伊始就由连锁总公司辅导创立，所以在名称上有别于加盟店。自愿加盟体系中，商品所有权是属于加盟主所有，而运作技术及商店品牌则归总部持有。所以自愿加盟体系的运作虽维系在各个加盟店对“命运共同体”认同所产生的团结力量上，但同时也兼顾“生命共同体”合作发展的前提，还要保持对加盟店自主性的运作，所以自愿加盟实际可称为“思想的产业”。其意义即着重于二者间的沟通，以达到观念一致为首要合作目标。

三、家电专营连锁企业

家电专营连锁企业一般是指专门经营家电商品零售的企业。一般由四家以上的零售商店组织在一起，同受一个中心组织管理，统筹进货，商店内外装潢、商品种类以及服务方式具有统一风格的经营组织。采取节约销售费用，薄利多销的政策，以便争取顾客占领市场，这是连锁商店的重要特点。

连锁经营主要是总部负责采购、配送，店铺负责销售，并通过企业形象的标准化、经营活动的专业化、管理方式的规范化及管理手段的现代化，使复杂的商业活动在职能分工的基础上变得相对简单，从而实现规模效益。其特征主要反映在如下几个方面。

（1）统一经营管理。同其他的连锁经营一样，家电专营的连锁企业建立有一整套以管理制度、管理标准和管理方法为中心内容的管理系统，形成标准化的管理模式。对各门店统一管理的内容包括人员管理、购销管理、账务管理、库存管理、安全管理等，依靠严格的管理实施统一的规模化经营达到目标效益。各门店按统一的管理标准开展各项工作，强化考核与培训，提高门店的管理及服务水平，各运作步骤协调配合，改变单店操作模式。

（2）统一采购。连锁经营的实质是通过规模经营来达到追求规模效益的目的，作为商品经营，其消费的特殊性使货源的质量显得更为重要。连锁经营的核心内容之一就是对经营商品实行统一采购，企业的各分店根据经营情况向总部的商品配送中心提供本店的进货计划，由总部所辖的配送中心在货源组织上实行集中统一采购，再根据计划和临时需求统一配送到各门店，从批量上降低了分散采购的进货成本，从科学合理安排的进货批次上降低运营成本，集中采购时优选商品和供应商，以确保商品质量。

（3）统一标识。标识是企业的识别系统，包括企业字号、企业标志、色彩运用、表现形式等内容，其作用能使企业之间互相区别，便于消费者识别。由于连锁企业店多面广，统一分店的标志、徽号等企业识别系统，是连锁店最直接、最醒目的表现形式，也是连锁店最基本的统一内容，它有助于消费者辨认和识别连锁店所属的分散在不同地区的各个门店。各分店使用统一的标语、口号、商品陈列方式与风格、员工服饰等。统一的标识系统能树立企业品牌形象，使消费者产生信任感，增强对企业品牌的忠诚度。

（4）统一商品服务。统一商品服务是连锁经营中十分重要的内容，只在进货、配送、管理方面统一，而缺少服务的统一，那么连锁店的品牌作用就无法体现，也就失去了连锁的目的。也就是说，服务的统一除一般意义上的服务外，还包括品牌意义。在经营过程中服务实行比较严格的统一规范和流程，统一服务规范包括服务环境要求、服务人员基本素质、服务工作标准、购物服务规定、服务措施和宣传等内容。员工经统一培训后上岗，执行统一的岗位规范，按统一标准进行奖惩，各分店按照总部统一的服务规范要求，达到统一的服务水平。无论消费者到哪一家分店，都能享受到同样产品服务。

（5）统一配送。配送是连锁经营的集中体现，是统一采购货源的物流表现形式，体现商品经营集约化和企业管理水平。总部的配送中心对各分店销售的商品实行统一配送，并负责商品数量管理和商品质量管理，处理配送与各门店的关系。配送中心通过内部计算机网络管理系统对进货、验收、存储、出库复核、运输、送货等进行职能监控，科学控制库存品种、数量，同时负责商品的退换货处理。统一的商品配送及时有效地保证门店开展优质服务，根据各分店的位置、需要的商品情况合理制订配送路线，节约人工、运输成本以及降低库存等，并保证配送服务水平以及分店的商品供应。

（6）统一价格。连锁店的统一进货和配送为价格的统一创造了条件，各门店对相同商品实行统一的售价，包括各种优惠促销活动都执行统一的价格政策。总部设立专门的物价人员，负责物价管理工作，并把它作为价格统一的重要内容。物价人员对进价审核定价并根据市场情况负责商品调价，同时对各门店价格执行、物价标签明示等情况进行监督检查，贯彻有关物价政策。对于商品调价等价格变动情况实行统一部署，各门店根据要求按规定的时间统一变价。统一的商品价格，有利于连锁管理，同时也便于发挥连锁这种组织形态的竞争优势。

思考题

1．连锁经营有哪几种形式？

2．家电专营连锁企业的特征是什么？

知识拓展

网上商店

网上商店又称“虚拟商店”“网上商场”“电子空间商店”或“电子商场”，是电子零售商业的典型组织形式，是建立在互联网上的商场。

它是开设在互联网上的店面，可以让顾客通过家里的计算机购物、商人可以通过计算机贩卖产品服务，又可以缩减维护实际店面营销成本。只要在浏览器中输入网址，便可以进入虚拟商店。虚拟商店的典型有京东商城、八点优购商城、礼物客、凡客、第九大道等。

营销小故事

三个旅行者

三个旅行者同时住进一家旅馆。早上出门时，一个旅行者带了一把雨伞，一个拿了一根拐杖，第三个则两手空空。

晚上归来时，拿着雨伞的人淋湿了衣服，拿着拐杖的人跌的全身是泥，而空手的人却什么事情都没有。前两个人都很奇怪，问第三个人这是为什么。

第三个旅行者没有回答，而是问那个拿伞的人：“你为什么淋湿而没有摔跤呢？”

“下雨的时候，我很高兴自己有先见之明，撑着雨伞大胆地在雨中走，衣服还是淋湿了不少。在泥泞难行的地方，因为没有拐杖，走起来小心翼翼，就没有摔跤。”

再问拿着拐杖者，他说：“下雨时，没有伞我就拣能躲雨的地方走或者是停下来休息。泥泞难行的地方我便用拐杖拄着放心走，却反而跌了跤。”

空手的旅行者哈哈大笑，说：“下雨时我拣能躲雨的地方走，路不好走时我细心走，所以我没有淋着也没有摔着。你们有凭借的优势，就不够仔细小心，以为有优势就没有问题，所以反而有伞的淋湿了，有拐杖的摔了跤。”

营销启示：在营销过程中，优势是相对的，只有审时度势不断创造竞争优势才能够取胜市场。

模块技能训练

一、请讨论以下电子电器产品所选择的渠道是否合适？为什么？

1. 在大型超市销售笔记本电脑。
2. 在夜市上销售电扇。
3. 在国美商城进行销售商用空调。

二、案例分析

案例 6–3

网购遭遇快递“春运”：5 千米走 4 天不如自取

5 千米的路走了 4 天，两站地用了一个礼拜，伴随着网上购物的迅速发展，投诉快递公司“蜗牛速度”的市民越来越多。记者调查发现，由于目前北京的同城快递业务时效性差，“同城”的意义已名不副实。快递公司对此回应称，年节临近递送礼品的客户量大增，再加上汽油、柴油涨价甚至短缺，多地业务出现爆仓情况，员工满负荷加班仍忙不过来。

“很怀念同城快递业务以前的速度，上午发，下午到。”市民李先生表示，2010 年 12 月 7 日，他在西城区一家公司网购了一款智能手机作为礼物送给朋友。“朋友在王府井上班，12 月 9 日生日，我以为这礼物准能提前送到。”但是，在李先生的反复催促下，礼物才在 10 日晚上 6 点送达朋友手中。“总共 5 千米，快递却走了 4 天。”李先生无奈地说。

问题：快递速度慢如蜗牛的原因在哪里呢？随着网购业务量的攀升，网购公司该如何加强和物流公司的合作？

三、技能实训

以小组为单位利用课余时间到校外进行实地考察，比较某一时间段国美和苏宁的客流量。填写考察表（见表 6-3）。

表 6-3 ______小组实地考察表　　组长：

店铺	记录时间	入店人数	小组成员

模块学习测验与总结

一、选择题（1～5 是单选，6～10 是多选）

1. 向最终消费者直接销售产品或服务，用于个人及非商业性用途的活动属于（　　）。
   A. 零售　　B. 批发
   C. 代理　　D. 直销
2. 分销渠道的每个层次使用同种类型中间商数目的多少，被称为分销渠道的（　　）。
   A. 宽度　　B. 长度
   C. 深度　　D. 关联度
3. 生产消费品中的便利品的企业通常采取（　　）的策略。
   A. 密集分销　　B. 独家分销
   C. 地点效用　　D. 占有效用
4. 当目标顾客人数众多时，生产者倾向于利用（　　）。
   A. 长而宽的渠道　　B. 短渠道
   C. 窄渠道　　D. 直接渠道
5. 非标准化产品或单位价值高的产品一般采取（　　）。
   A. 直销　　B. 广泛分配路线
   C. 密集分销　　D. 自动售货
6. 批发商的主要类型有（　　）。
   A. 商人批发商　　B. 经销商　　C. 经纪人或代理商
   D. 制造商销售办事　　E. 仓储商店
7. 商人批发商按职能和提供的服务是否完全来分类，可分为（　　）。
   A. 完全服务批发商　　B. 有限服务批发商
   C. 代理商　　D. 经纪人　　E. 制造商代表
8. 超级市场的主要竞争对手是（　　）。
   A. 方便食品店　　B. 购物中心　　C. 折扣食品店
   D. 超级商店　　E. 百货店
9. 无门市零售的主要形式是（　　）。
   A. 直复市场营销　　B. 直接销售　　C. 自动售货
   D. 购货服务公司　　E. 传销
10. 连锁经营的主要形式是（　　）。
    A. 直营连锁　　B. 特许经营　　C. 自由连锁　　D. 网上商城

二、判断正误

1. 自己进货并取得产品所有权后再批发出售的商业企业是经纪人或代理商。（　　）
2. 通常所说的独立批发商指的就是制造商办事处。（　　）
3. 真正折扣商店以低价销售产品，所以其经营的产品品质一般不会很高。（　　）
4. 自动售货机能向顾客提供 24 小时服务和无须搬运产品等便利条件。（　　）
5. 新型商店的出现是为了满足顾客对服务项目的各种不同的偏好。（　　）

三、案例分析

案例 6-4

惨烈的家电江湖

回望家电行业发展，给人印象最深的就是“城头变幻大王旗，各领风骚三五年”。家电协会秘书长徐东生说，多年来大家熟知的民族家电品牌八成以上已消失或转行。“20 世纪 80 年代的北京，拥有牡丹彩电、白菊洗衣机和雪花冰箱的家庭肯定会被羡慕。如今这三个品牌都已消失，只能在旧货市场及家电回收处才能找到。”

20 世纪 90 年代，“北有白菊，南有水仙”，两朵中国洗衣机行业的奇葩深受消费者喜爱。不过如今白菊、水仙均已凋谢。

1983 年，牡丹从日本引进了技术领先的生产线并取得了 50%以上的惊人市场占有率。但 20 世纪 90 年代中后期，长虹、TCL、康佳等新兴彩电厂家的轮番价格战把牡丹逼出了市场。

1994 年前，春兰已成为世界空调七强之一，但随后春兰将触角延伸到冰箱、摩托车、卡车、高能电池甚至汽车，从而拉开了中国家电行业“造车”序幕。在经历短暂辉煌后，春兰空调也一蹶不振。

2001 年，TCL 改制完成，取代长虹成为“彩电大王”，2003 年收入达 282.5 亿元，风光一时。2004 年 TCL 国企并购失败，两年后才走出亏损。2010 年外资彩电在中国发动价格战，导致 TCL 彩电业务亏损 8.5 亿元。

1996 年在香港上市的科龙，本来很有希望成为中国家电业巨头。但由于产权改制失败，科龙高层多次震荡，最后被海信收购。而在洗衣机行业名噪一时的小天鹅、在冰箱行业小有名气的容声也最终被美的收购。

家电行业，是一个竞争惨烈的江湖

问题：家电行业为什么竞争如此惨烈？同学们调查一下，在惨烈的市场竞争下，还有哪些品牌能持续生存 20 年以上？

四、个人学习总结（表 6-4）

表 6-4 个人学习总结

我学到了哪些知识	
我学会了哪些技能	
我哪里学得不够好？ 原因及措施怎样	

模块学习评价（表 6-5）

表 6-5　模块学习评价表

<table>
<tr><td colspan="2">小组：</td><td>姓名：</td><td colspan="3">评价总分：</td></tr>
<tr><td colspan="2">评价项目</td><td>评价依据</td><td>优秀
8～10 分</td><td>良好
6～8 分</td><td>继续努力
0～6 分</td></tr>
<tr><td rowspan="3">自我评价
20 分</td><td>学习态度</td><td>遵守纪律；学习主动；积极参与小组活动和讨论；尊重同学和老师；具有较强的团队精神、合作意识；能客观有效地评价同学的学习</td><td></td><td></td><td></td></tr>
<tr><td>目标达成</td><td>达到学习目标；按要求完成各项学习任务</td><td></td><td></td><td></td></tr>
<tr><td colspan="2">自评合计分</td><td colspan="3"></td></tr>
<tr><td rowspan="8">小组互评
30 分</td><td>其他组员</td><td>评价依据</td><td>优秀
20～30 分</td><td>良好
10～20 分</td><td>继续努力
0～10 分</td></tr>
<tr><td></td><td rowspan="6">（1）积极参与小组活动和讨论；具有较强的团队精神、合作意识；服从角色安排
（2）对小组活动贡献大小
（3）知识目标达成情况
（4）技能目标达成情况</td><td></td><td></td><td></td></tr>
<tr><td></td><td></td><td></td><td></td></tr>
<tr><td></td><td></td><td></td><td></td></tr>
<tr><td></td><td></td><td></td><td></td></tr>
<tr><td></td><td></td><td></td><td></td></tr>
<tr><td>……</td><td></td><td></td><td></td></tr>
<tr><td colspan="2">小组平均分</td><td colspan="3"></td></tr>
<tr><td rowspan="7">教师评价
50 分</td><td></td><td>评价依据</td><td>优秀
8～10 分</td><td>良好
6～8 分</td><td>继续努力
0～6 分</td></tr>
<tr><td>学习态度</td><td>综合表现</td><td></td><td></td><td></td></tr>
<tr><td>个人评价</td><td>自评结果</td><td></td><td></td><td></td></tr>
<tr><td>小组评价</td><td>互评结果</td><td></td><td></td><td></td></tr>
<tr><td>小组活动</td><td>活动成果</td><td></td><td></td><td></td></tr>
<tr><td>测验</td><td>测验结果</td><td></td><td></td><td></td></tr>
<tr><td colspan="2">教评合计分</td><td colspan="3"></td></tr>
</table>

>>> 模块七

电子电器产品的沟通与促销策略

模块教学目标

学习目标	理解并掌握广告、人员推销、营业推广和公共关系等电子电器产品促销策略的相关知识
技能目标	能够运用所学知识制订相应的促销策略，促进产品销售，提升企业和产品形象；熟悉人员推销基本业务
教学方式	学生自主学习；教师授导；案例引导和教师指导；采用探究式学习法实施教学
参考学时	6 学时

模块基本技能

基本技能 1 选择促销方式

活动：案例研讨

活动形式：以小组为单位研讨案例。

活动过程：（1）教师向学生说明本次活动的目的、内容及注意事项。

（2）学生认真预习“基本知识”，研读案例并展开讨论、回答问题。

（3）讨论过程中，教师给予必要的引导。

（4）组长负责记录，小组发言人报告研讨结果。

（5）教师对本次活动的开展情况进行评价；对存在争议的一些问题加以澄清；对表现好的小组和个人予以表扬或奖励，尤其要鼓励学生的创造性思维。

活动成果：小组研讨记录表（见表 7-1）。

表 7-1 ______小组研讨记录表

研 讨 问 题	研 讨 结 果
（1）活动中采用了哪些促销方式	
（2）活动传递了哪些促销信息？促销信息是如何传递出去的	
（3）为何免费报销打的车票总价值不高于 30 元	

案例 7-1

××电器商场家电促销活动方案

活动主题：××家电节

活动时间：2011 年 7 月 1 日—8 月 1 日

促销活动：（1）送电费：购空调，送电费。

（2）1+1+1<3：同时购买空调、洗衣机、冰箱的顾客可以享受特别优惠。

（3）送红包：品牌厂家负责人进行现场签售，送出折扣红包（抵值券）。

（4）小小洗衣机促销：购买“小小神童、小小天鹅”小容量洗衣机送洗衣粉。

（5）免费打的买家电：凡在活动期间购买大家电的顾客可以免费报销来回打的车票(总价值不高于 30 元)。

公关活动：设立 10 万元的家电消费基金，凡是出现下列情况，不仅可以免费退货或调换，还可以从基金中获得 100～1000 元不等的赔偿金。

（1）送货到家开箱后出现质量或外观问题；

（2）安装后在××天内出现质量问题；

（3）出现无法维修或维修不到位的情况。

宣传方式：随报纸发行投递宣传单，内容包括促销活动、公关活动。

基本知识

一、促销与促销组合

1. 促销的含义

促销是促进产品销售的简称。从营销的角度看，促销是企业通过人员和非人员的方式，沟通企业与消费者之间的信息，引发、刺激消费者的消费欲望和兴趣，使其产生购买行为的活动。促销具有以下几层含义。

（1）促销的实质。促销的实质是信息沟通。产品促销的过程就是企业与消费者的信息沟通过程。电子电器产品经营企业为了促进销售，需要在企业与中间商和消费者之间建立稳定有效的信息联系，实现有效的信息沟通。

（2）促销的目标。在市场状况瞬息万变、竞争激烈的今天，沟通与促销的作用越来越明显，促销已成为企业营销活动中相当重要的部分。沟通与促销的目标概括起来有如下几个方面。

①传递产品信息。在现代市场经济条件下，一方面，企业经营产品的花色品种繁多；另一方面，市场的需求千变万化。因此，企业必须及时将有关产品信息传递给目标消费者、用户和中间商，引起他们的注意和好感，为企业产品销售的成功创造前提条件。

②激发购买欲望。消费者的购买行为往往要受企业促销宣传等外界因素的影响，具有可诱导性。企业应采取适当的促销方式，力求激发顾客的购买欲望，引发他们的购买行为。

③建立产品形象。在激烈的竞争环境中，企业可以运用促销手段，宣传自己的产品与竞争对手的差别，帮助顾客认识购买本企业产品所获得的特殊利益，在市场上建立本企业产品的独特形象。

④扩大市场份额。一般情况下，一定时期内企业产品的市场份额会出现上下波动，因此，企业可以有选择地开展多种促销活动，使更多顾客了解、熟悉和信任本企业的产品，从而不断扩大市场份额。

2. 促销组合

所谓促销组合，就是企业根据产品的特点和营销目标，综合各种影响因素，对多种促销方式的选择、编配和运用，形成一个整体的促销策略。

企业的促销活动种类繁多，但主要有人员推销、广告、公共关系和营业推广四种方式，这四种方式既可单独使用，又可以组合在一起使用，构成各种促销组合的方式。

由于四种促销方式都有其优、缺点，在促销过程中，企业常常将多种促销方式综合分析比较加以应用，以达到更好的效果，见表 7-2。

表 7-2　四种促销方式优缺点比较分析表

促销方式	优　点	缺　点
人员推销	方式灵活，直接沟通信息，反馈及时，可促成立即购买	费用较大，推销人才难觅
广告宣传	传播面广，形象生动、节省人力，吸引力强	费用较大，难以短期内促成交易
营业推广	吸引力大，容易激发购买欲望，可促使消费者立即采取购买行动	有时会引起消费者的顾虑，降低对产品和企业的信任感
公共关系	影响面大，信任程度高，可提高企业知名度和声誉	花费力量较大，效果难以控制

二、促销的基本策略

促销策略总体上可分为推式策略和拉式策略两类。

1. 推式策略

推式策略也称为人员推销策略，是指企业运用人员推销的方式，把产品推向市场，即从生产企业推向中间商，再由中间商推荐给消费者。实行推式策略要求推销人员针对不同的商品、不同的对象，采取不同的方式方法。该策略花费在现有产品、新开发的产品、现有用户和潜在用户上的力量不是均等的，而是有针对性的。推式策略一般适用于单位价值较高、性能复杂、需要做示范、根据用户需求特点设计、流通环节较少、流通渠道较短、市场比较集中的电子电器产品。

2. 拉式策略

拉式策略也称为非人员推销策略，是指企业运用非人员推销方式把顾客吸引过来，使其对本企业的产品产生需求，以扩大销售。对单位价值较低、流通环节较多、流通渠道较长、市场范围较广、市场需求较大的电子电器产品，常采用拉式策略。

电子电器产品经营企业在进行产品促销过程中，采用怎样的促销策略，要视具体情况而定。一般来说，应当二者兼顾，各有侧重。例如，人员推销需要借助广告宣传，才能诱导更多的潜在消费者；广告宣传最终也需要通过人的推销活动，才能实现销售产品的目的。企业应有计划地将各种促销方式有机地结合起来，适当选择、编配和运用，使之成为一个有机整体，发挥其整体功能。促销组合的结构模式如图 7-1 所示。

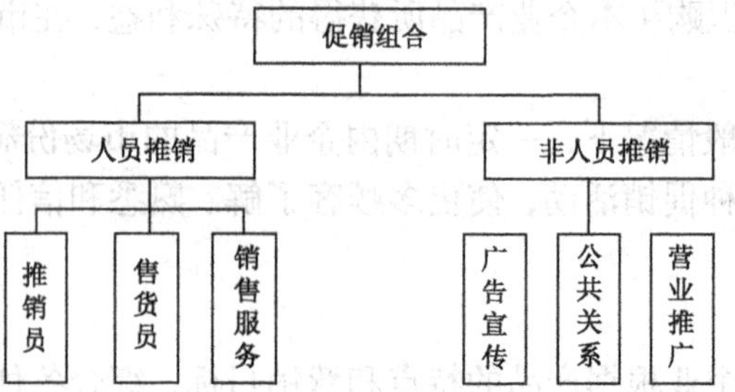

图 7-1　促销组合结构模式

思考题

1．促销的方式有哪几种？

2．促销的基本策略有哪些？

知识拓展

促销的基本步骤

1．确定促销目标

促销目标是目标市场对促销活动所做出的反应。例如，促使消费者获取购物优惠券并进行购物。企业一次的促销活动目标并不一定都是在短期内提高销售量，也可以是通过促销活动积累一定的销售人气，在未来能够实现销售量的提升。例如，企业通过开展新产品试用活动，来达到扩大未来销售量的目的。

2．确定促销信息

促销信息实质上就是企业在与目标市场沟通时用于吸引目标市场所采用的文字和形象设计。企业在与目标市场进行促销沟通时，必须在促销信息中向潜在客户表明充分的购买理由，然后观察消费者对促销信息做出的反应。企业所提供的产品能够给消费者带来的最大益处是促销信息中最关键的内容。因此，企业在确定促销的信息时，要尽量将一些关键的信息传递给消费者，提升消费者对企业促销活动的关注度。

3．选择促销方式

促销信息需要靠有效的促销手段来传达。企业常用的促销手段有广告、人员推销、营业推广和公共关系四种方式。如何选择适合的促销或促销组合方式，前面已有介绍，这里不再重复。

4．确定促销预算

确定促销预算的惯常做法是在估算竞争对手促销预算的基础上来确定自己的促销预算。另一种更为准确的方法是先将企业计划采用的促销方式列出一份清单，暂时不考虑费用问题，然后根据各个项目的收费标准，对清单列出所有促销项目总的预算，并根据实际情况对方案进行调整，直到调整的预算方案对自身的企业而言可以接受为止。

5．确定促销总体方案

当促销总体方案确定下来以后，必须自始至终协调和整合总体方案中所采用的各种不同的促销方式。这一点对实现企业预期的促销目标来说显得非常重要。制订详细的推行计划，是保证促销方案顺利实施的前提。

6. 评估促销绩效

评估促销绩效就是对促销总体方案做出评估和调整。其目的不仅是为了调整那些效果不佳的促销手段，同时也是为了使以后的促销总体方案能够更有效地为实现促销目标服务。

基本技能 2 选择广告和人员推销策略

活动：案例研讨

活动形式：以小组为单位研讨案例。

活动过程：(1) 教师向学生说明本次活动的目的、内容及注意事项。

(2) 学生认真预习“基本知识”，研读案例并展开讨论、回答问题。

(3) 讨论过程中，教师给予必要的引导。

(4) 组长负责记录，小组发言人报告研讨结果。

(5) 教师对本次活动的开展情况进行评价；对存在争议的一些问题加以澄清；对表现好的小组和个人予以表扬或奖励，尤其要鼓励学生的创造性思维。

活动成果：小组研讨记录表（见表 7-3）。

表 7-3 ______小组研讨记录表

研讨问题	研讨结果
(1) 商务通不同时期的广告形象代言人和产品形象相符吗？你认为企业在选择形象代言人时应注意什么问题	
(2) 商务通广告策略的成功之处是什么	

案例 7-2

手机、呼机、商务通，一个都不能少

商务通被业界称为“商业神话”：它上市第一年销售额即突破 7 亿元，跃居行业第一；作为 PDA（个人数字助理，指个人手持式信息处理设备）产品的一种，商务通激活了这个沉寂了近十年的市场。

其实在恒基伟业推出商务通之前，中国市场上已有“快译通”“文曲星”“名人”等品牌，然而市场表现始终不见起色。商务通面世后，运用了轰轰烈烈的广告攻势，培养了 PDA 市场的消费意识，而自己也在这个激活的市场中迅速成长，后来居上。

商务通广告策略的成功，首先在于它的行业通吃策略。在人们对 PDA 到底是什么还很糊涂时，商务通率先打出了“手机、呼机、商务通，一个都不能少”这个概念王牌。这种“先入为主，行业通吃”的策略，对于其他品牌的 PDA 无异于致命一击，因为这种概念游戏引导众

多消费者对商务通进行了无条件的选择。时至今日，还有不少消费者认为“PDA 即商务通，商务通即 PDA”。

接着，商务通广告策略开始有条不紊地进行。1998 年底，商务通产品正式上市时，恒基伟业与中央戏剧学院学生陈好签约，这个面目标致而并不张扬的年轻女孩于是成为商务通第一位形象代言人。陈好在随后的商务通电视广告中，对产品进行了最基本的介绍，如“商务通查电话，只点一下”“这个电脑能手写”，等等。因为当时产品处于导入期，广告的重点是传达信息，培育市场，这个阶段，商务通广告选择了不厌其烦、反复灌输的策略。

“陈好广告篇”收到的效果奇好，启动了 PDA 广阔的市场，不过这时众多的掌上电脑产品也开始搭上了商务通的“顺风车”。面对同类产品的竞争，商务通在第二阶段对广告策略做出了调整，诉求重点不再是产品功能，而是商务通独特的功能。此时恒基伟业签下了第二位形象代言人——李湘，广告语也换为“科技让你更轻松”，明白无误地告诉消费者，科技不仅人性化，还可以使你更方便。

“商务通李湘篇”广告相当不错，给当时沉闷的信息技术市场吹来了一股清新之风。然而此时的市场竞争也日趋激烈，竞争者开始模仿商务通的广告策略，所以恒基伟业开始侧重于给产品树立品牌形象，商务通签了第三位形象大使——濮存昕。濮存昕是国人公认的成功人士的象征，他的形象正符合商务通的要求。“濮存昕广告篇”克服了“李湘广告篇”快乐有余而商味不足的缺点，将目标市场锁定为“商务人士”。商务通的品牌形象就这样很自然地从“李湘的快乐使用时代”进入到“濮存昕的商务实用时代”，商务通的品牌形象得到了提升，真正达到了“手机、呼机、商务通，一个都不能少”的境界。

综观商务通的广告运作轨迹，它每一阶段的广告谋划都配合了产品在不同生命周期的不同特点，告知、说服、诱导各功能层次分明。从形象代言人来看，前后三位形象代言人均适应了商务通不同时期的品牌形象要求；从投放策略看，第一阶段的长篇反复、耐心诉说吹熟了市场，而第二、第三阶段高成本、立体化密集覆盖，打响了品牌，也树立了形象；从投入产出比看，商务通高成本的广告投入，带来了巨额的销售量。2001 年商务通销售额再一次保持第一，占全行业的 44.6%，相当于第二名名人和第三名联想的总和。

（《世界数据报告》2007 年 10 月）

基本知识

一、广告的概念及类型

广告源于拉丁语，有“注意”“诱导”“大喊大叫”和“广而告之”之意。美国广告主协会对广告的定义是：广告是付费的大众传播，其最终目的是传递信息，改变人们对广告商品或事项的态度，诱发其行动而使广告主获得利益。

从广告的概念可以看出，广告是以广大消费者为广告对象的大众传播活动；广告以传播商品或劳务等有关经济信息为内容；广告是通过特定的媒体来实现的，并且广告主要对使用的媒体支付一定的费用；广告的目的是为了促进商品销售，进而获得较好的经济效益。

广告策略是指广告策划者在广告信息传播过程中，为实现广告战略目标所采取的对策和应用的方法、手段。

根据不同的划分标准，广告有不同的分类。

1. 根据广告的内容和目的划分

（1）商品广告。这是针对商品销售开展的大众传播活动。商品广告按其目的不同可分为三种类型：一是开拓性广告，也称为报道性广告，它是以激发顾客对产品的初始需求为目标，主要介绍刚刚进入投入期的产品的用途、性能、质量、价格等有关情况，以促使新产品进入目标市场。二是劝告性广告，又叫竞争性广告，是以激发顾客对产品产生兴趣，增进“选择性需求”为目标，对进入成长期和成熟前期的产品所做的各种传播活动。三是提醒性广告，也叫备忘性广告或提示性广告，是指对已进入成熟后期或衰退期的产品所进行的广告宣传，目的是提醒顾客，使其产生“惯性”需求。

（2）企业广告。企业广告又称为商誉广告，它侧重于宣传、介绍企业名称、企业精神、企业概况（包括发展史、企业实力、服务项目等情况）等有关企业信息，目的是提高企业的声望、名誉和形象。

（3）公益广告。公益广告是用来宣传公益事业或公共道德的广告。它的出现是广告观念的一次革命。公益广告能够实现企业自身目标与社会目标的融合，有利于树立并强化企业形象。公益广告具有广阔的发展前景。

2. 根据广告传播的区域来划分

（1）国际广告。国际广告也称为全球广告，主要指一些大型跨国公司为实施全球营销战略而在各个目标细分市场上发布的广告，其中既有统一发布的战略性广告，也有适合当地市场的区域性广告。

（2）全国性广告。全国性广告是指采用信息传播能覆盖全国的媒体所做的广告，以此激发全国消费者对所广告的产品产生需求。在全国发行的报纸、杂志以及广播、电视等媒体上所做的广告，均属于全国性广告。这种广告要求广告产品是适合全国通用的产品，并且，因其费用较高，也只适合生产规模较大、服务范围较广的大企业，而对实力较弱的小企业实用性较差。

（3）区域性广告。区域性广告采用信息传播只能覆盖一定区域的媒体所做的广告，借以刺激某些特定地区消费者对产品的需求。在省、县报纸、杂志、广播、电视上所做的广告，均属于此类；路牌、霓虹灯上的广告也属于地区性广告。此类广告传播范围小，多适合生产规模小、产品通用性差的企业和产品进行广告宣传。

此外，还有一些分类。例如，按广告的形式划分，可分为文字广告和图画广告；按广告的媒体不同，可分为报纸广告、杂志广告、广播广告、电视广告、因特网广告等。

二、广告媒体种类的选择

广告媒体也称为广告媒介，是广告与广告接受者之间的媒介物质。它是广告宣传必不可少的物质条件。

1. 广告媒体的种类及其特性

广告媒体的种类很多，不同类型的媒体有不同的特性。目前比较常用的广告媒体有如下几种。

（1）报纸。其优越性表现在发行量大、影响广泛、传播迅速、费用较低、便于剪贴存查等。其不足是报纸登载内容庞杂，易分散对广告的注意力；广告时效短，重复性差，只能维持当期的效果。

（2）杂志。其优点是广告宣传对象明确、针对性强，保存期长，发行面广，印刷精美，能较好地反映产品的外观形象。其缺点是发行周期长，灵活性较差，传播不及时；读者较少，传播不广泛。

（3）广播。广播媒体的优越性是传播迅速、及时，制作简单，费用较低，灵活性高，听众广泛。其局限性在于时间短促、转瞬即逝，不便记忆；有声无形，印象不深；不便存查。

（4）电视。电视广告媒体的优点是听视结合，使广告形象、生动、逼真、感染力强，宣传范围广，影响面大，送达率高。其缺点是时间性强，不易存查；制作复杂，费用较高。

以上四种广告媒体是最常用的，被称为四大广告媒体。

（5）因特网。相比于传统媒体，因特网具有速度快、容量大、范围广、可检索、可复制，以及交互性、导航性、丰富性、成本低等优点，发展极为迅速。

此外还有一些其他广告媒体，如橱窗、车船、霓虹灯等。

2. 广告媒体种类的选择

要正确地选择广告媒体，一般要考虑如下影响因素。

（1）产品的特性。广告媒体只有适应产品特性，才能取得较好的广告效果。通常，对高科技产品进行广告宣传，面向专业人员，多选用专业性杂志；而对于大众消费品，则适合选用能直接传播到大众的广告媒体，如报纸、电视等。例如，步步高无绳电话的电视广告小丽篇，就符合无绳电话为大众消费品的特点，采用电视广告，广受好评。

（2）消费者接触媒体的习惯。一般认为，能使广告信息传达到目标市场的媒体是最有效的媒体。企业应该通过市场调研了解目标顾客的媒体习惯。例如，对家用空调器的广告宣传，因其目标顾客是千家万户，宜选电视作为媒体。

（3）媒体的传播范围。媒体传播范围的大小直接影响广告信息传播区域的广窄。在开拓全国市场时，应以全国性发放的报纸、杂志、广播、电视等作为广告媒体；而进军地方市场时，可通过地方性报刊、电台、电视台、霓虹灯等传播信息。

（4）媒体的费用。各广告媒体的收费标准不同，即使同一种媒体，也因为传播范围和影响力的大小而有价格差别。一般电视媒体费用较高，报纸、广播、网络等媒体费用较低。除了考虑媒体绝对费用，在进行媒体比较时也应考虑其相对费用，即考虑广告促销效果。

总之，要根据广告目标的要求，结合各广告媒体的优缺点，综合考虑上述各影响因素，尽可能选择使用效果好、费用低的广告媒体。

三、广告策略的选择及广告效果的测定

1. 广告策略的选择

（1）广告媒体选择策略。

①无差别策略：也称为无选择策略，是指选择所有媒体同时展开立体式广告攻势，即不计时间段、不计成本的地毯式广告。

②差别策略：是指有针对性地选择个别媒体进行广告宣传。

③动态策略：是指根据广告媒体的传播效果和企业目标市场需达到的需求状态灵活地选择广告媒体。

（2）广告定位策略。

①抢先定位策略：是指企业在进行广告定位时，力争使企业的产品品牌第一个进入消费者心目中，抢占市场第一的位置。

②强化定位策略：是指企业成为市场领导者后，还不断加强产品在消费者心目中的地位，以确保第一的位置。

③比附定位策略：是指企业在广告定位时用与竞争对手相比较的方法，设法建立企业产品品牌在消费者心目中的位置。

④逆向定位策略：是指企业在进行广告定位时，寻求远离竞争者的“非同类”构想，使企业产品品牌以一种独特的形象进入消费者的心目中。

⑤补隙定位策略：是指企业在进行广告设计时，根据自己产品的特点，寻找消费者心目中的空隙，力求在产品的大小、价位、功能等方面独树一帜。

（3）广告时间策略。

①集中时间策略：企业集中力量在短期内对目标市场进行突击性的广告攻势。

②均衡时间策略：企业有计划地、反复地对目标市场进行广告宣传的策略。

③季节时间策略：企业对于季节性强的产品，依据销售季节的特点，在销售旺季到来之前开展广告宣传活动的策略。

④节假日时间策略：企业在节假日来临之前或节假日期间加强进行广告宣传的策略。

2. 广告效果的测定

广告效果可分为经济效果和社会效果，还可分为促销效果和沟通效果。在此，按后一种分类测定其效果。

（1）广告促销效果的测定。广告促销效果也称为广告的直接经济效果，它反映广告费用与商品销售量（额）之间的比例关系。广告促销效果的测定是以商品销售量（额）增减幅度作为衡量标准的。测定方法很多，如单位费用促销法，这种方法可以测定单位广告费用促销商品的数量或金额。单位广告费用促销额（量）越大，表明广告效果越好；反之则越差。

影响产品销售的因素很多，广告只是其中因素之一，单纯以销售量（额）的增减来衡量广告效果是不全面的。也就是说，上述测定方法只能作为衡量广告效果的参考。当广告促销效果不理想时，也不应轻易否定广告，而应从其他多方面来考虑分析。

（2）广告沟通效果的测定。广告沟通效果不以销售数量的多少为衡量标准，而主要是以广告对目标市场消费者所引起心理效应的大小为标准，包括对商品信息的注意、兴趣、情绪、记忆、理解、动机等。因此，对广告沟通效果的测定，应主要测定知名度、注意度、理解度、记忆度、视听率、购买动机等项目。测定方法中，常用的有以下几种。

①价值序列法：属于事前测定法，具体做法是邀请若干专家、消费者对事先拟定的几则同一商品的广告进行评价，然后排序，依次排出第一位、第二位、第三位……排在首位的，表明其效果最佳，可选其作为对外传播的广告。

②配对法：也是一种事前测定法，其做法是将针对同一商品设计的不同的两则广告配对，请专家、消费者进行评定，选出其中一例。评定内容包括广告作品的标题、正文、插图、标语、布局等全部内容。

③评分法：此法既适合事前测定，又适合事后测定。其做法是将广告各要素列成表，请专家、消费者逐项评分。得分越高，表明广告自身效果越好。

④访查法：这是一种主要适合事后测定广告效果的方法。其主要做法是通过电话、直接走访等方式征集广告受众对广告的评价意见，借以评价广告优劣。

四、人员推销的形式和特点

人员推销是指通过推销人员深入中间商或消费者进行直接的宣传介绍活动，使中间商或消费者采取购买行为的促销方式。这是最古老的促销方式。在商品经济高度发达的现代社会，人员推销这种古老的形式更焕发了青春，成为现代社会最重要的一种促销形式。

1. 人员推销的基本形式

（1）上门推销。上门推销是最常见的人员推销形式。它是由推销人员携带产品样品、说明书和订单等走访顾客、推销产品。这种推销形式可以针对顾客的需要提供有效的服务，方便顾客。电子电器类产品在接触中间商时，需要进行人员推销。

（2）柜台推销。柜台推销是指企业在适当地点设置固定门市，由营业员接待进入门市的顾客，推销产品。门市的营业员是广义的推销员。柜台推销与上门推销正好相反，它是等客上门式的推销方式。例如，国美电器、迪信通手机连锁等的工作人员就属于柜台推销员。

（3）会议推销。会议推销是指利用各种会议向与会人员宣传和介绍产品，开展推销活动。例如，在订货会、交易会、展览会等会议上推销产品。这种推销形式接触面广、推销集中，可以同时向多个推销对象推销产品，成交额较大，推销效果较好。

2. 人员推销的特点

（1）针对性强。相对于广告来说，能够与顾客面对面直接沟通是人员推销的主要特征。由于是双方直接接触，相互间在态度、气氛、情感等方面都能捕捉和把握，有利于销售人员有针对性地做好沟通工作，解除顾客各种顾虑，引导购买欲望。

（2）销售效果好。人员推销的另一个特点是提供产品实证，销售人员通过展示产品，解答质疑，指导产品使用方法，使目标顾客能当面接触产品，从而确信产品的性能和特点，易于消费者采取实际的购买行为。例如，手机销售人员可以通过让顾客试用手机打电话、拍照片等来展示手机的优点，消费者的切身体会能提高达成交易的概率。

（3）密切买卖双方关系。销售人员与顾客直接打交道，在交往中会逐渐产生信任和理解，加深双方感情，建立起良好的关系，容易培育出忠诚顾客，稳定企业销售业务。

（4）信息传递的双向性。在推销过程中，销售人员一方面把企业信息及时、准确地传递给目标顾客，另一方面把市场信息、顾客（客户）的要求、意见、建议反馈给企业，为企业调整营销方针和政策提供依据。

五、人员推销的工作程序

人员推销是买卖双方互相沟通信息，实现买卖交易的过程。这一过程包括 7 个步骤，如图 7-2 所示。在人员推销的不同阶段，推销人员应根据具体情况运用不同的不同的推销策略。

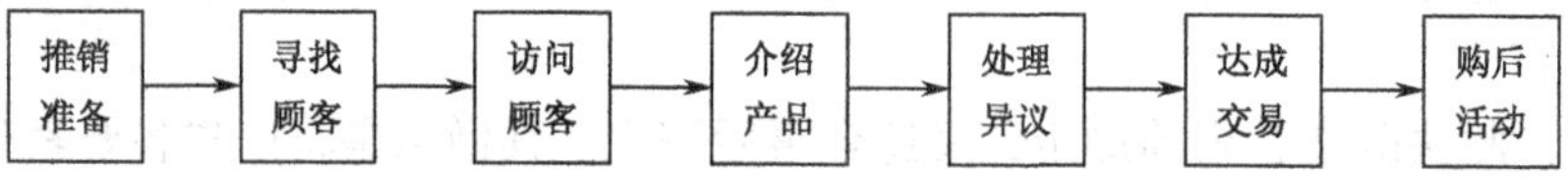

图 7-2　人员推销的步骤

（1）推销准备。为顺利完成销售任务，推销人员必须做好知识和思想两方面的准备工作。知识准备工作主要有 4 个方面，见表 7-4。

表 7-4　推销的知识准备

	名　称	内　容
知识准备	企业知识	企业的历史、规模、组织、人力、财务及销售政策等
	商品知识	商品的构造原理、制造过程、使用方法、保养维护等
	竞争之势	竞争对手在产品、价格、分销渠道和促销等方面的特点
	市场知识	消费者需求、购买模式、购买能力、潜在顾客以及消费者对本企业的态度

推销是一项极具魅力、极富创造性、极有吸引力的工作。但推销也是一项十分艰苦的工作。因此，推销人员必须做好充分的思想准备。

（2）寻找顾客。寻找有一定购买欲望、购买能力及掌握购买决策权、有接近可能性的潜在消费者作为推销对象，是有效促销活动的基础。

（3）访问顾客。

①拟定访问计划：包括向顾客推销何种商品、该商品能满足顾客的何种需求；洽谈内容；产品资料、样品、照片等。

②约会免谈：视情况选择一个约会方法（如电话约会、访问约会），并与顾客约定面谈的时间和地点。

③接近方法：推销人员应该知道初次与客户交往时如何向客户问候，使双方的关系有一个良好的开端，这包括推销人员的仪表、开场白和随后谈论的内容。

（4）介绍产品。推销人员可以按照 AIDA 模式——争取注意（Attention）、引起兴趣（Interest）、激发欲望（Desire）和付诸行动（Action）——向购买者介绍该产品的“故事”。在整个过程中推销人员应以产品性能为依据，着重说明产品对客户所带来的利益。

（5）处理异议。客户在产品介绍过程中，几乎都会表现出抵触情绪，对推销的商品提出异议。这时推销人员要保持镇定，表现出真诚、温和的态度。对意见涉及的问题做出诚恳的、实事求是的解释，以消除顾客的疑虑。

（6）达成交易。排除客户的主要异议后，要抓住时机与顾客达成交易。销售员必须懂得如何从客户那里发现可以达成交易的信号，包括客户的动作、语言、评论和提出的问题。

（7）购后活动。交易达成之后，推销人员还需要进行售后服务与一系列的购后活动，如组织包装、发货、运输和安装调试、操作培训、定期了解产品使用情况等。

六、人员推销的策略选择

在人员推销活动中，一般选用以下三种策略：

1. 试探性策略

试探性策略也称为“刺激—反应”策略。这种策略是在不了解顾客的情况下，推销人员运用刺激性手段引导顾客产生购买行为的策略。推销人员事先设计好能引起顾客兴趣、能刺激顾客购买欲望的推销语言，通过渗透性交谈进行刺激，在交谈中观察顾客的反应；然后根据其反应采取相应的对策，并选用得体的语言，再对顾客进行刺激，进一步观察顾客的反应，以了解顾客的真实需要，诱发购买动机，引导产生购买行为。

2. 针对性策略

针对性策略是指推销人员在基本了解顾客某些情况的前提下，有针对性地对顾客进行宣传、介绍，以引起顾客的兴趣和好感，从而达到成交的目的。因为推销人员常常在事前已根据顾客的有关情况设计好推销语言，这与医生对患者诊断后开处方类似，所以又称针对性策略为“配方—成交”策略。

3. 诱导性策略

诱导性策略是指推销人员运用能激起顾客某种需求的说服方法，诱发引导顾客产生购买行为。这种策略是一种创造性推销策略，它对推销人员要求较高，要求推销人员能因势利导，诱发、唤起顾客的需求；并能不失时机地宣传介绍和推荐所推销的产品，以满足顾客对产品的需求。因此，从这个意义上说，诱导性策略也可称为“诱发—满足”策略。

思考题

1. 选择广告媒体时应考虑哪些因素？
2. 如何评价广告效果？
3. 人员推销策略有哪些？

知识拓展

人员推销技巧

1. 上门推销技巧

（1）找好上门对象。可以通过商业性资料手册或公共广告媒体寻找重要线索，也可以到商场、门市部等商业网点寻找客户名称、地址、电话、产品和商标。

（2）做好上门推销前的准备工作，尤其对企业发展状况和产品、服务的内容材料要十分熟悉、充分了解并牢记，以便推销时有问必答；同时对客户的基本情况和要求应有一定的了解。

（3）掌握“开门”的方法，即要选好上门时间，以免吃“闭门羹”。可以采用电话、传真、电子邮件等手段事先交谈或传送文字资料给对方并预约面谈的时间、地点。也可以采用请熟人引见、名片开道、与对方有关人员交朋友等策略，赢得客户的欢迎。

（4）把握适当的成交时机。应善于体察顾客的情绪，在给客户留下好感和信任时，抓住时机发起“进攻”，争取签约成交。

（5）学会推销的谈话艺术。

2. 洽谈艺术

首先注意自己的仪表和服饰打扮，给客户一个良好的印象；同时，言行举止要文明、懂礼貌、有修养，做到稳重而不呆板、活泼而不轻浮、谦逊而不自卑、直率而不鲁莽、敏捷而不冒失。在开始洽谈时，推销人员应巧妙地把谈话转入正题，做到自然、轻松、适时。可采取以关心、赞誉、请教、炫耀、探讨等方式入题，顺利地提出洽谈的内容，以引起客户的注意和兴趣。在洽谈过程中，推销人员应谦虚谨言，注意让客户多说话，认真倾听，表示关注与兴趣，并做出积极的反应。遇到障碍时，要细心分析，耐心说服，排除疑虑，争取推销成功。在交谈中，语言要客观、全面，既要说明优点所在，也要如实反映缺点，切忌高谈阔论、“王婆卖瓜”，让客户反感或不信任。洽谈成功后，推销人员切忌匆忙离去，这样做会让对方误以为上当受骗了，从而使客户反悔违约。应该用友好的态度和巧妙的方法祝贺客户做了笔好生意，并指导对方做好合约中的重要细节和其他一些注意事项。

3. 排除推销障碍的技巧。

（1）排除客户异议障碍。若发现客户欲言又止，推销人员应主动少说话，直截了当地请对方充分发表意见，以自由问答的方式真诚地与客户交换意见。对于一时难以纠正的偏见，可将话题转移。对恶意的反对意见，可以“装聋扮哑”。

（2）排除价格障碍。当客户认为价格偏高时，应充分介绍和展示产品、服务的特色和价值，使客户感到“一分钱一分货”；如果客户认为价格过低，产生怀疑，应介绍定价低的原因，让客户感到物美价廉。

（3）排除习惯势力障碍。实事求是地介绍客户不熟悉的产品或服务，并将其与他们已熟悉的产品或服务相比较，让客户乐于接受新的消费观念。

基本技能 3 熟悉营业推广与公共关系方式

活动：案例研讨

活动形式：以小组为单位研讨案例。

活动过程：（1）教师向学生说明本次活动的目的、内容及注意事项。

（2）学生认真预习“基本知识”，研读案例并展开讨论、回答问题。

（3）讨论过程中，教师给予必要的引导。

（4）组长负责记录，小组发言人报告研讨结果。

（5）教师对本次活动的开展情况进行评价；对存在争议的一些问题加以澄清；对表现好的小组和个人予以表扬或奖励，尤其要鼓励学生的创造性思维。

活动成果：小组研讨记录表（见表 7-5）。

表 7-5 小组研讨记录表

研讨问题	研讨结果
（1）营业推广活动为什么要限制在一定期限内？这会影响促销效果吗	
（2）商家是逢节必搞促销，如何避免消费者在铺天盖地的促销活动中产生审美疲劳	

案例 7-3

某商场“五一”家电营业推广活动方案

1. 活动主题：激情五月红/购物天天乐
2. 活动时间：2010 年 4 月 28 日—5 月 7 日
3. 活动内容

（1）购满 300 元送 100 元购物券。

（2）劳动就会美/劳模来就送：5 月 1 日凭市级以上劳模证到本商场购物的劳模可获赠精美纪念品一份，到总服务台领取。

（3）层层有活动/柜柜有惊喜：各楼层推出的“层层有活动、柜柜有惊喜”活动，根据各柜实际上报情况。

4. 商场内外看板及美陈

（1）在主门口分别设立 2 块看板，详细公布“五一”期间活动内容。

（2）户外柱子贴“满 300 送 100 抵用券”招贴。

（3）户内悬挂“五一”吊旗告示、POP 及柜台告示等。

（4）气膜拱门条幅。

5. 特别企划：超值特价区

（1）台式灶具，每台仅售 38 元（限 5 台/天）。

（2）名牌 DVD 播放器，每台仅售 68 元（限 2 台/天）。

（3）微波炉，每台仅售 108 元（限 3 台/天）。

（4）名牌彩电，每台仅售 388 元（限 2 台/天）。

（5）名牌冰箱，每台仅售 366 元（限 2 台/天）。

基本知识

一、营业推广的特点和作用

营业推广是一种适合短期推销的促销方法，是企业为鼓励购买、销售商品和劳务而采取的除广告、公关和人员推销之外的能刺激需求、扩大销售的所有企业营销活动的总称。

1. 营业推广的特点

（1）营业推广促销效果显著。一般说来，只要能选择合理的营业推广方式，就会很快收到明显的增销效果，而不像广告和公共关系那样需要一个较长的时期才能见效。因此，营业推广适合在一定时期、一定任务的短期性的促销活动中使用。

（2）营业推广是一种辅助性促销方式。人员推销、广告和公关都是常规性的促销方式，而多数营业推广方式则是非正规性和非经常性的，只能是它们的补充方式。也就是说，使用营业推广方式开展促销活动，虽然能在短期内取得明显的效果，但它一般不能单独使用，而是常常配合其他促销方式使用。营业推广方式的运用能使与其配合的促销方式更好地发挥作用。

（3）营业推广有贬低产品之意。营业推广的一些做法常使顾客认为卖者有急于抛售的意图。若频繁使用或使用不当，往往会引起顾客对产品质量、价格产生怀疑。因此，企业在开展营业推广活动时，要注意选择恰当的方式和时机。

2. 营业推广的作用

（1）迅速达成交易。这是营业推广的首要目的，尤其是在推出新产品或吸引新顾客方面，由于营业推广的刺激比较强，容易吸引顾客的注意力，使顾客在了解产品的基础上采取购买行为，也可能使顾客为追求某些方面的优惠而使用产品。

（2）笼络品牌忠诚者。因为营业推广的很多手段，如销售奖励、赠券等通常都附带价格上的让步，其直接受惠者大多是经常使用本品牌产品的顾客，从而使他们更乐于购买和使用本企业产品，以巩固企业的市场占有率。

（3）实现营销目标。这是企业的最终目的。营业推广实际上是企业让利于购买者，它可以使广告宣传的效果得到有力的增强，破坏消费者对其他企业产品的品牌忠实度，从而达到本企业产品销售的目的。

二、营业推广的方式

1. 面向消费者的营业推广方式

（1）赠送促销：向消费者赠送样品或试用品是介绍新产品最有效的方法，缺点是费用高。样品可以选择在商店或闹市区散发，或在其他产品中附送，也可以公开广告赠送，或入户派送。

（2）折价券：在购买某种商品时，持券可以免付一定金额的钱。折价券可以通过广告或直邮的方式发送。

（3）包装促销：以较优惠的价格提供组合包装和搭配包装的产品。

（4）抽奖促销：顾客购买一定的产品之后可获得抽奖券，凭券进行抽奖获得奖品或奖金，抽奖可以有各种形式。

（5）现场演示：企业派促销员在销售现场演示本企业的产品，向消费者介绍产品的特点、用途和使用方法等。

（6）联合推广：企业与零售商联合促销，将一些能显示企业优势和特征的产品在商场集中陈列，边展销边销售。

（7）参与促销：通过消费者参与各种促销活动，如技能竞赛、知识比赛等活动，能获取企业的奖励。

（8）会议促销：各类展销会、博览会、业务洽谈会期间的各种现场产品介绍、推广和销售活动。

2. 面向中间商的营业推广方式

（1）批发回扣：企业为争取批发商或零售商多购进自己的产品，在某一时期内给经销本企业产品的批发商或零售商加大回扣比例。

（2）推广津贴：企业为促使中间商购进企业产品并帮助企业推销产品，可以支付给中间商一定的推广津贴。

（3）销售竞赛：根据各个中间商销售本企业产品的实绩，分别给优胜者以不同的奖励，如现金奖、实物奖、免费旅游、度假奖等，以起到激励的作用。

（4）扶持零售商：生产商对零售商专柜的装潢予以资助，提供 POP 广告，以强化零售网络，促使销售额增加；可派遣厂方信息员或代培销售人员进行扶持。生产商这样做的目的是提高中间商推销本企业产品的积极性和能力。

3. 面向内部员工的营业推广方式

这种推广方式主要是针对企业内部的销售人员，鼓励他们热情推销产品或处理某些老产品，或促使他们积极开拓新市场。一般可采用方法有：销售竞赛、免费提供人员培训、技术指导等形式。

三、营业推广方案的设计

营业推广方案一般包括以下几个方面的内容。

1. 营业推广规模

最佳营业推广规模要依据费用最低、效率最高的原则来确定。一般来说，一定的最小激励规模足以使销售促进活动开始引起足够的注意；当超过一定水准时，较大的激励规模以递减的形式增加销售反应。

2. 参与对象

企业在选择参与对象时，要尽量限制那些不可能成为长期顾客的人参加。例如，发放以购物凭证为依据的奖券就是鼓励已经购买这些商品的顾客，限制没有买过此商品的人参加。

3. 送达方式

最佳的送达方式是让推广对象来参与，以达到理想的效果。促销信息的传达方式有很多，如赠券的送达方式就有 4 种：附在包装内、邮寄、零售点发放和附在广告媒体上。企业应从费用与效果的关系角度反复权衡最佳的送达方式。

4. 活动期限

活动期限不宜过长或过短。如果期限过短，可能使一些潜在顾客错过机会而无法获得这项利益，达不到预期的效果；如果期限过长，又会导致开支过大和损失刺激购买的力量，并容易使企业产品在顾客心目中降低身价。所以，活动期限应综合考虑产品特点、消费者购买习惯、促销目标、竞争者策略等因素，按照实际需求来定。

5. 时机选择

营业推广时机的选择应根据消费需求时间的特点并结合企业市场营销总体战略来定。日程的安排应注意与生产、分销、促销的时机和日程协调一致。

6. 费用预算

营业推广活动是一项较大的支出，必须事先进行认真的筹划预算。可以采用自下而上的方式，按照全年营业推广的各项活动及相应的成本来预算全年的支出；也可以按照历年习惯来确定各项预算占总预算的比例来确定全年的费用支出。

四、公共关系及其功能

1. 公共关系

公共关系是指企业在经营过程中正确处理企业与社会公众的关系，促进公众对组织的认识、理解及支持，以便树立企业的良好形象，实现组织与公众的共同利益与目标的管理活动。

2. 公共关系的功能

（1）树立企业信誉，建立良好的企业形象。随着社会的发展和进步，公众对企业社会价值的评估标准发生了变化，评价范围由对产品质量和服务扩大到企业生产经营和社会活动的各个方面，这使公众舆论对企业产生更大影响力。争取舆论支持、争取公众信任就成为企业生存发展的重要条件之一。企业良好的形象和声誉是无形的宝贵财富。公共关系的根本目的是通过深入细致、持之以恒的具体工作树立组织的良好形象和信誉，以取得公众理解、支持、信任，从而有利于企业推出新产品，有利于创造"消费信心"，有利于吸引、稳定人才，有利于寻找合作者，有利于协调和社区的关系，有利于政府和管理部门对企业产生信任感，最终促进组织目标的实现。

（2）搜集信息，为企业决策提供科学保证。美国管理学家西蒙说："管理就是决策，而决策的前提正是信息。"企业每时每刻都会遇到大量的问题，市场需要产品质量、产品开发、新技术方向、竞争者动向、潜在危险、企业形象等方方面面的信息，以便管理者能根据这些信息进行正确的决策。因此，现代企业把公共关系信息的获取划入企划之中，成为企业活动不可缺少的组成部分。公共关系部门就是要利用各种渠道和网络搜集与企业发展有关的一切信息，为企业决策科学化提供强有力的保证。搜集信息包括企业战略环境信息、产品声誉信息及企业形象信息等。

（3）协调纠纷，化解企业信任危机。随着生产社会化程度不断提高，任何组织都处于复杂的关系网络之中，而且这种关系处于动态的发展之中。由于企业与公众存在着具体利益的差别，在公共关系中必然会充满各种矛盾。企业在生产经营运行过程中，也难免会有因自身的过失、错误而与消费者发生冲撞的时候。一旦发生，必然导致消费者对企业的不满，使企业面对一个充满敌意和冷漠的舆论环境。如果对这种状况缺乏正确的认识，对问题处理不当，就会产生公共关系纠纷，甚至导致严重的公共信任危机，对企业、对公众、对社会都会带来极大的危害。

事实证明，企业与公众的许多矛盾和摩擦都起源于误解和不了解，缺乏信息交流是造成不了解的根本原因。通过建立良好的公共关系机制，增进企业与公众之间的相互了解，企业就有可能避免与公众的纠纷，并可以通过公关手段将已经发生的信任危机所造成的组织信誉、形象的损失降到最低，进而因势利导，使坏事变为好事。这种功能是广告、人员推销、营业推广无法实现的。

五、公共关系的构成要素

1. 社会组织

公共关系是一种组织活动，而不是个人行为，因此，组织是公共关系活动的主体，是公共关系的实施者、承担者。我们在理解公共关系时，要特别注意这一点，不要把一些个人的行为也说成是公共关系。例如，某公司总裁以个人名义向野生动物基金会捐款，这是个人行为，而不是公共关系；但当他以公司的名义捐这笔款时，便可把这种行为理解为一种旨在提高组织（公司）的知名度和美誉度、扩大组织影响的公共关系行为。

2. 公众

任何组织都有其特定公众，而公共关系便是组织主动与公众建立和维护良好关系的过程。但这并不意味着作为客体和对象的公众是完全被动、随意受摆布的，公众随时都可以表达自己的意志和要求，主动对公关主体的政策和行为做出积极反应，从而对公关主体形成舆论压力和外部动力。因此，组织在计划和实施自己的公关工作时，必须认清自己的公众对象，分析研究公众对象，并根据公众对象的特点及变化趋势来制订和调整公关政策和行动。

3. 传播

公共关系中的传播是指组织传播媒介向公众进行信息或观点的传递和交流。这是一个观念、知识或信息的共享过程，其目的是通过双向的交流和沟通，促进公共关系的主体和客体（组织和公众）之间的了解、共识、好感和合作；其手段主要有人际传播、组织传播和大众传播等形式。

传播和公众、组织一样，都只是公共关系这个大系统中的一个要素，传播只是使组织和公众之间建立关系的一种手段，传播媒介则是实现这种手段的工具。只有这两者有机结合、共同作用，才能产生整体大于部分之和的协同效应，才能使组织的公共关系活动得以顺利开展，使组织得以在公众面前建立和维持良好的公共关系形象。三者的关系可用图 7-3 表示。

图 7-3　现代公共关系三要素关系图

六、公共关系的活动方式

按照公共关系的功能不同，公共关系的活动方式可分为如下 5 种。

（1）宣传性公关：是指运用报纸、杂志、广播、电视等各种传播媒介，采用撰写新闻稿、演讲稿、报告等形式，向社会各界传播企业有关信息，以形成有利的社会舆论，创造良好气氛的活动。这种方式传播面广，推广企业形象效果较好。

（2）征询性公关：这种公关方式主要是通过开办各种咨询业务、制订调查问卷、进行民意测验、设立热线电话、聘请兼职信息人员、举办信息交流会等各种形式，连续不断地努力，逐步形成效果良好的信息网络，再将获取的信息进行分析研究，为经营管理决策提供依据，为社会公众服务。

（3）交际性公关：这种方式是通过语言、文字的沟通，为企业广结良缘，巩固传播效果。可以采用宴会、座谈会、招待会、谈判、专访、慰问、电话、信函等形式。交际性公关具有直接、灵活、亲密、富有人情味等特点，能深化交往层次。

（4）服务性公关：就是通过各种实惠性服务，以行动去获取公众的了解、信任和好评，以实现既有利于促销又有利于树立和维护企业形象与声誉的活动。企业可以以各种方式为公众提供服务，如电子产品的使用指导、消费培训、免费修理等。事实上，只有把服务提到公关这一层面上来，才能真正做好服务工作，也才能真正把公关转化为企业全员行为。

（5）社会性公关：社会性公关是通过赞助文化、教育、体育、卫生等事业，支持社区福利事业，参与国家、社区重大社会活动等形式来塑造企业的社会形象，提高企业的社会知名度和美誉度的活动。这种公关方式公益性强、影响力大，但成本较高。

知识拓展

公共关系活动的策划

1. 确定公共关系活动的目标

企业应根据自己产品的特点以及不同时期的宣传重点来确定企业的公关活动的目标，应与企业的整体目标相一致，并尽可能具体。

2. 选择公共关系活动的宣传媒介

企业应针对不同的宣传目标来选择合适的宣传媒体。媒体的选择要切合实际，避免贪大求高。

3. 拟定公共关系活动方案

企业在组织公关活动时，必须制订周密的活动方案，以确保活动的顺利进行和活动目标的顺利达成。

4. 实施公共关系活动方案

由于公关活动的特点，在实施公关活动方案的过程中，一定要通过新闻媒体进行跟踪报道。由于新闻媒体工作的政策性很强，在与媒体界的有关人员沟通时，要取得他们对企业公关活动的理解和重视，才能确保公关活动获得预期的宣传效果。

5. 评价公共关系的效果

一般来说，企业可根据展露次数、知晓、理解、态度方面的变化以及销售额和利润率的变化等来评价活动的效果。

营销小故事

两个报童的命运

某一地区，有两个报童在卖同一份报纸，两个人是竞争对手。

第一个报童很勤奋，每天沿街叫卖，嗓子也很响亮，可每天卖出的报纸并不很多，而且还有减少的趋势。

第二个报童肯用脑子，除了沿街叫卖，他还每天坚持去一些固定场合，一去就给大家分发报纸，过一会儿再来收钱。地方越跑越熟，报纸卖得也就越来越多，当然也有些损耗。而第一个报童能卖出去的则越来越少，最后不得不另谋生路。

营销启示：

第二个报童的做法大有深意。

首先，在一个固定的地区，对同一份报纸，客户量是有限的。买了我的，就不会买其他人的，我先将报纸发出去，这个拿到报纸的人，是肯定不会去再买别人的报纸的，这等于我先占领了市场。自己发得越多，占领的市场就越大，对手的市场就越小，这对竞争对手的利润和信心都构成了打击。

其次，报纸属于随机性消费品，购买决策过程简单，很少因质量问题而退货。而且价钱不高，看报纸的人也很少会不给钱，今天没有零钱，明天也会给。

第三，即使有人看了报，退报不给钱，也没有什么关系，一则本来每天也会有积压的报纸；二来他已经看过了报纸，肯定不会再买同一份了，还是自己的潜在客户。

模块技能训练

一、请讨论并回答下列问题

1．分析以下活动都属于哪种营业推广方式？

（1）购满 300 元立减 99 元；（2）购物满 78 可参与抽奖；（3）8 月 1 日—5 日，军人凭警官证即可免费办理华润万家贵宾卡一张，并同时赠送 200 积分。

2．下列物品在开展人员推销时侧重点有什么不同？

（1）洗衣机等家电；（2）人寿保险；（3）教育培训；（4）食品等日常生活用品。

二、案例分析

案例 7–4

戴尔妖魔化竞争对手，搬起石头砸自己的脚

2005 年 5 月 1 日，联想正式完成对 IBM 全球 PC 业务的收购，从而以 130 亿美元的年销

售额及1400万台的PC销量成为全球第三大计算机厂商。

5月29日《第一财经日报》获得的一组电子邮件显示，为了争取订单，戴尔公司的销售人员使用了很不光彩的手段。在这组邮件中，一位名叫Chris的戴尔公司的销售人员称："要知道，联想公司是一家中国政府控制的企业，最近刚刚收购了IBM的个人计算机业务。尽管美国政府已经批准了联想的收购，但大家必须明白一点，现在客户们每买IBM一美元的产品，都是直接支持和资助中国政府。"

5月30号《第一财经日报》以《戴尔营销"妖魔化"了谁》为题，第一时间将戴尔伸出幕后黑手之事捅出来，立即成为最引人注目的IT消息，被称为戴尔"邮件门"事件。面对一个民族品牌遭到如此赤裸裸的攻击，中国的消费者对一个跨国公司使出如此卑劣的招数感到既震惊又愤怒。

问题：（1）竞争对手是企业的公众吗？你认为企业在处理和竞争对手的关系时应注意什么？

（2）戴尔公司应该如何处理这次公共危机来缓和同中国消费者之间的关系？

三、技能实训

分析几种电子电器产品的市场特点以及相应的营销策略

活动形式：以小组为单位组织讨论。

活动过程：各小组在组长的带领下展开分析讨论，分析表中所列产品当前的市场特点以及应采取的营销策略。组长负责记录讨论结果（见表7-6）。

表7-6 ______小组研讨记录表

产品 市场特点	家庭中央空调	等离子电视机	手机	MP3	黑白电视机
销售量大吗					
商家利润大吗					
单位成本高吗					
哪类人会买					
竞争者多吗					
生命周期阶段					
相应的营销策略					

模块学习测验与总结

一、选择题

1. 促销的目的是引发刺激消费者产生（　　）。

   A. 购买行为　　B. 购买兴趣　　C. 购买决定　　D. 购买倾向

2. 对于单位价值高、性能复杂、需要做示范的产品，通常采用（　　）策略。

A. 广告　　B. 公共关系　　C. 推式　　D. 拉式

3. 公共关系是一项（　　）的促销方式。

A. 一次性　　B. 偶然　　C. 短期　　D. 长期

4. 营业推广是一种（　　）的促销方式。

A. 常规性　　B. 辅助性　　C. 经常性　　D. 连续性

5. 人员推销的缺点主要表现在（　　）。

A. 成本低、顾客量大　　B. 成本高，顾客量大

C. 成本低、顾客有限　　D. 成本高，顾客有限

6. 企业广告又称为（　　）。

A. 商品广告　　B. 商誉广告　　C. 广告主广告　　D. 媒介广告

7. 收集推销人员的资料是考评推销人员的（　　）。

A. 核心工作　　B. 中心工作　　C. 最重要工作　　D. 基础性工作

8. 公关活动的主体是（　　）。

A. 一定的组织　　B. 顾客　　C. 政府官员　　D. 推销员

9. 一般日常生活用品，适合选择（　　）媒介做广告。

A. 人员　　B. 专业杂志　　C. 电视　　D. 公共关系

10. 在广告沟通效果的测定中，价值序列法是一种（　　）。

A. 事前测定法　　B. 事中测定法　　C. 事后测定法　　D. 事外测定法

二、判断正误

1. 人员促销也称为直接促销，主要适合消费者数量多、比较分散的情况进行促销。（　　）

2. 企业在其促销活动中，在方式的选用上只能在人员促销和非人员促销中选择其中一种加以应用。（　　）

3. 由于人员推销是一个推进商品交换的过程，所以买卖双方建立友谊、密切关系是公共关系而不是推销活动要考虑的内容。（　　）

4. 对单位价值较低、流通环节较多、流通渠道较长、市场需求较大的产品常采用拉式策略。（　　）

5. “刺激—反应”策略是在不了解顾客的情况下，推销者运用刺激手段引发顾客产生购买行为的策略。（　　）

三、案例分析

案例 7–5

“绿色营销”——格兰仕绿色回收废旧家电

2006 年 7 月 5 日，格兰仕在北京推出“绿色回收废旧家电——光波升级 以旧换新”活动，消费者手中任何品牌的废旧家电，均可折换 30～100 元，用做购买格兰仕部分型号微波炉和小

家电的优惠。同时，格兰仕联合专业环保公司对回收的废旧小家电进行环保处理，为绿色奥运做出自己的贡献。活动推出后，北京市场连续 3 日单日销售突破 1000 台，高端光波炉的销售同比增长 69.6%。北京电视台、北京晚报、北京青年报、中国青年报、京华时报、北京娱乐信报、中国经营报等媒体都对活动进行了追踪报道。随后活动向山东、福建、辽宁、云南、吉林、重庆等 10 多个城市蔓延。格兰仕“绿色回收废旧家电”的活动成为 2006 年淡季小家电市场一道靓丽的风景。

思考与讨论：将一个普通的企业小策划运作成为行业关注的大事件，格兰仕促销策略的成功之道在哪里？

四、个人学习总结（表 7-7）

表 7-7　个人学习总结

我学到了哪些知识	
我学会了哪些技能	
我哪里学得不够好？ 原因及措施怎样	

模块学习评价（表 7-8）

表 7-8　模块学习评价表

<table>
<tr><td colspan="3">小组：</td><td>姓名：</td><td colspan="3">评价总分：</td></tr>
<tr><td colspan="2">评价项目</td><td colspan="2">评价依据</td><td>优秀
8～10 分</td><td>良好
6～8 分</td><td>继续努力
0～6 分</td></tr>
<tr><td rowspan="3">自我评价
20 分</td><td>学习态度</td><td colspan="2">遵守纪律；学习主动；积极参与小组活动和讨论；尊重同学和老师；具有较强的团队精神、合作意识；能客观有效地评价同学的学习</td><td></td><td></td><td></td></tr>
<tr><td>目标达成</td><td colspan="2">达到学习目标；按要求完成各项学习任务</td><td></td><td></td><td></td></tr>
<tr><td colspan="6">自评合计分</td></tr>
<tr><td rowspan="9">小组互评
30 分</td><td>其他组员</td><td colspan="2">评价依据</td><td>优秀
20～30 分</td><td>良好
10～20 分</td><td>继续努力
0～10 分</td></tr>
<tr><td></td><td colspan="2" rowspan="7">（1）积极参与小组活动和讨论；具有较强的团队精神、合作意识；服从角色安排
（2）对小组活动贡献大小
（3）知识目标达成情况
（4）技能目标达成情况</td><td></td><td></td><td></td></tr>
<tr><td></td><td></td><td></td><td></td></tr>
<tr><td></td><td></td><td></td><td></td></tr>
<tr><td></td><td></td><td></td><td></td></tr>
<tr><td></td><td></td><td></td><td></td></tr>
<tr><td></td><td></td><td></td><td></td></tr>
<tr><td>……</td><td></td><td></td><td></td></tr>
<tr><td colspan="6">小组平均分</td></tr>
<tr><td rowspan="7">教师评价 50 分</td><td></td><td colspan="2">评价依据</td><td>优秀
8～10 分</td><td>良好
6～8 分</td><td>继续努力
0～6 分</td></tr>
<tr><td>学习态度</td><td colspan="2">综合表现</td><td></td><td></td><td></td></tr>
<tr><td>个人评价</td><td colspan="2">自评结果</td><td></td><td></td><td></td></tr>
<tr><td>小组评价</td><td colspan="2">互评结果</td><td></td><td></td><td></td></tr>
<tr><td>小组活动</td><td colspan="2">活动成果</td><td></td><td></td><td></td></tr>
<tr><td>测验</td><td colspan="2">测验结果</td><td></td><td></td><td></td></tr>
<tr><td colspan="6">教评合计分</td></tr>
</table>

›››模块八

电子电器产品采购实务

教学目标

知识目标	了解电子电器产品采购的基本原则、方式和工作职责；熟悉电子电器产品采购的基本业务内容
技能目标	能够正确运用采购策略和谈判技巧；具备采购员基本工作能力
教学方式	学生自主学习、合作学习；教师授导；案例分析；听报告
参考学时	4学时

模块基本技能

基本技能1 了解电子电器产品采购方式

活动：案例研讨

活动形式：以小组为单位分析研讨案例。

活动过程：（1）教师向学生说明本次活动的目的、内容及注意事项。

（2）学生认真预习“基本知识”，研读案例并在教师的指导下展开讨论、回答问题。

（3）组长负责记录，小组发言人报告研讨结果。

（4）教师对本次活动的开展情况进行评价；对存在争议的一些问题加以澄清；对表现好的小组和个人予以表扬或奖励，尤其要鼓励学生的创造性思维。

活动成果：小组研讨记录表（见表8-1）。

表8-1 ______小组研讨记录表

研 讨 问 题	研 讨 结 果
（1）苏宁当初的采购方式、采购策略及采购时机是什么	
（2）苏宁何以得到了其他商家所不曾得到的厂家优惠价格	
（3）苏宁得以不断持续发展的原因是什么	

案例 8-1

苏宁电器的崛起缘由

1990 年 12 月 16 日，苏宁公司在南京当时还很偏僻的宁海路上开张。

1992 年由于南京地区高温天气持续时间不长，加上“复关”呼声日高，空调市场陷入低谷。当年秋冬，当空调厂家召开第二年订货会时，大多数商家反应冷淡。而此时的苏宁却看准了市场大势，按照既定的淡季打款、低进低出的采购策略，在当年 10 月春兰公司的订货会上，与这位当时空调界的老大签下协议，一改传统商家旺季前进货、现进现卖的做法，淡季陆续向厂家打款近 5000 万元。以同样的方式，苏宁还和另一家空调巨头华宝建立了合作关系。作为回报，旺季到来时苏宁不但拿货及时，更能得到比其他商家优惠得多的价格。而此时其他商场别说价格优惠了，由于整个空调市场供不应求，大商场进不到货，品牌、品种、型号常常出现断档，在与苏宁的竞争中自然难以还手。

1993 年春，南京各大媒体上“要想夏天过得好，去到苏宁买空调”的广告铺天盖地，1—4 月苏宁广告投入超过 50 万元。在商家普遍认定的旺季还没到来，苏宁的空调销售额已突破 9000 万元，占据南京空调市场 70%的份额。

1993 年底到 1994 年的淡季里，苏宁又向华宝、飞鹿等品牌厂家滚动投入 1 亿多元的资金，得到了诱人的回报：与一般经销商相比，从华宝拿到的价格低 3%，从美的、江南等厂家拿到的价格要低 10%。苏宁保持了市场资源优势，也保持了自己的竞争优势。

当年的苏宁靠空调的批发、零售完成了资本积累。在随后近二十年的时间里，苏宁凭借着雄厚的供应商资源和正确的战略决策，不断发展、壮大。如今的苏宁已由经营空调为主转型到经营电视、手机、计算机等综合家电品类；由批发、零售转变为全国连锁经营模式。企业规模也由南京本地的一家普通家电经销商发展成为我国首屈一指的大型电器产品经营企业。

基本知识

一、商品采购的概念和原则

商品采购是指商业企业为实现销售，以市场消费需求为依据，向其他生产企业或流通企业购买商品的一种经营活动。

商品采购是商业企业经营活动的重要组成部分。为了做好商品采购工作，在采购中必须遵循一定的采购原则。商品采购原则是指商品采购工作所依据的法则。它主要包括以下几个方面的内容。

1. 以需定进原则

以需定进原则要求企业根据市场需求采购商品。商品采购是为卖而买的活动，因此企业采购什么商品、采购多少商品、什么时间采购商品，都取决于市场上的需要。坚持以需定进原则，有助于提高商品的适销率，避免采购工作的盲目性。

2. 勤进快销原则

勤进快销是商业企业最主要的一条进货原则，要求企业采购要小批量、多批次、短周期，加速资金周转，避免商品积压。商品流通企业的资金相对有限，一旦因为某种商品占压了资金，势必影响其他商品的采购。因此，企业必须以勤进促快销，以快销促勤进，力争以较少的资金经营较多的商品，加速商品周转和资金周转，把生意做活。

3. 以进促销原则

以进促销原则要求企业发挥进货的能动作用，不断开辟进货渠道，扩大商品货源，刺激商品销售。“良好的采购是销售成功的一半”，企业如果能够在适当的时间，以适当的价格，提供试销对路的商品，就能起到促进销售的作用。因此，企业要广开货源，特别是采购一些受消费者欢迎的新款式、新品种。利用这些新式样、新品种来吸引消费者，并带动其他商品的销售。

4. 经济核算原则

经济核算原则要求企业要尽可能降低采购成本，扩大采购效益。为此，企业在组织货源时要对商品的质量、价格、货源地点、结算条件、运输方式、销售风险等因素进行综合分析和比较，优选进货渠道和进货时机，以取得较好的经济效益。

5. 稳定货源渠道原则

企业在组织商品采购过程中，需要同众多的供货单位建立业务联系。为了保证企业经营活动稳步进行，在商品采购中要从企业的长远利益出发，积极协调处理好同供货单位的利益关系，互相体谅，互相支持，利益共享，风险共担，尽力与供货单位建立起长期、稳定的关系，以稳定货源渠道。

二、电子电器产品的采购方式

采购方式是指企业在商品采购中，根据本企业的实际情况，所采取的进货形式和方法。电子电器产品的采购方式按采购方法和采购的组织形式分类，通常有如下几种。

1. 市场选购

电子电器产品经营企业根据市场需要直接向电子电器产品生产企业或其他商业企业选购商品，协商定价。这种采购方式体现了一种松散型的购销关系，选购商品不受品种、数量、时间的限制，供货方可以自销，采购方可以完全根据市场状况及企业销售需要自主选购。这种方式建立在双方平等、自由协商的基础上，是最常用的采购方式，适用于品种繁多、规格不一、消费需求多变和挑选性强的产品采购。

2. 合同订购

电子电器产品经营企业为了掌握某些产品的货源，通过与电子电器产品生产企业协商，签订合同，预先向生产企业订购一定数量的商品。生产企业按照合同规定的品种、规格、数量、质量进行生产并按交货期交货；经营企业按照合同规定的内容、标准验收商品和交付货款。经营企业既可以订购生产企业正在生产的产品，也可以提出自己对产品设计、质量、包装、标签的要求，由生产企业专门生产，从而获得独具特色的产品。

3. 代销

电子电器产品经营企业接受电子电器产品生产企业或其他商业企业的委托办理代销，售后再办理结算付款手续。采用这种方式，经营企业只负责向最终消费者销售产品，取得占销售额一定比例的代销收入，不占用资金，不承担经营风险。如果产品在一定的时间内没有售出，可以退还给供货方。这种采购方式适用于贵重产品、新产品和销售风险较大的产品。

4. 集中采购

企业设置专门机构和专职采购人员统一采购，产品部、组只负责产品销售。集中采购的优点是可以节省人力、物力，统一使用资金；统一对外，避免多头联系和重复工作；企业对采购的控制力加强，可以防止假冒伪劣产品进入商店。其缺点是：容易造成购销脱节；增加企业内各部、组的调拨手续，不利于加速商品流通。这种采购方式适用于小型经营企业和货源较远的产品。

5. 分散采购

各经营部、组自设采购人员，在核定的资金范围内自行组织进货。企业业务部门只掌握各部、组之间购销业务的统一平衡，适当调控各部、组之间的资金使用。分散采购的优点是：购销合一，容易采购到适销对路的产品；进货及时，易于实现“勤进快销”的原则。其缺点是：容易造成人力、物力的浪费；多头联系，企业各部门间缺乏合作；企业对采购的控制力较弱，假冒伪劣产品容易流入企业。这种采购方式适用于大型商业企业和货源较近的产品。

6. 集中采购和分散采购相结合

通常情况下，本地进货由企业各产品部、组自行组织，外地进货则由企业业务部门统一组织。集中采购和分散采购相结合的采购方式既发挥了前两种采购方式的优势，又避免了前两种采购方式的劣势，适用于当前大多数大中型电子电器产品经营企业。

7. 建立采购中心

采购中心是电子电器产品连锁企业的产品采购组织方式。采购中心承担着所有分店的产品采购责任，根据各分店的销售记录和存货，分配给各分店一定数量的产品。建立采购中心的优点是：增强了与产品供应者讨价还价的能力，便于获得优惠的进货条件；降低产品运输与库存的成本。其缺点是：过于强调统一化，容易忽略各分店特殊的产品需求，分店所在地消费者的消费偏好无法得到满足。

三、电子电器产品的采购策略

采购策略是电子电器产品经营企业在采购过程中，为实现采购目标，根据供求规律和产销特点，对电子电器产品的采购数量、品种、价格、时机等重要问题做出的决策。电子电器产品市场环境瞬息万变，针对不同情况，制订不同的产品采购策略，是企业采购工作的重要内容。科学合理的产品采购策略不仅有利于确保产品采购计划的顺利完成，还有利于提高企业的综合经济效益。

1. 电子电器产品在生命周期不同阶段的采购策略

（1）引入期。在这一阶段，产品刚刚投放市场，还未被消费者认识和接受，产品销售量缓慢增长，并且很不稳定。企业应谨慎进货，以打开销路为主，数量要少些，花色品种要多些，可以采取为生产企业代销的方式，以减小经营风险。

（2）成长期。在这一阶段，产品经过试销、改进已逐步定型，销路已经打开，销售量迅速增长。企业应抓住时机，积极组织货源，扩大产品购进，并加大产品促销力度。

（3）成熟期。在这一阶段，产品已被消费者广泛认识和接受，产品销量达到顶点但已呈现下降趋势。企业应适当控制进货量，不宜过多储备，以免造成产品积压。

（4）衰退期。在这一阶段，产品的销售量大幅度下降，面临被市场淘汰的危险。企业应严格控制进货，清理库存产品，尽快卖完存货，改营其他产品。

2. 电子电器产品品种采购策略

（1）以需定进策略：即根据消费者的需求情况来确定产品采购品种。为此，企业要研究本企业历年来同一时期所经营产品品种的销售情况；研究本企业最近一个时期各类经营品种的销售情况；研究下一时期经营品种的消费变化趋势。通过研究分析，列出各种产品适销程度的顺序，作为控制进货品种的依据。

（2）以销定进策略：即根据产品的产销特点来确定产品采购品种，如依据各种产品的产地分布、上市季节、消费季节、供给量等。根据这些情况，确定将产品列入哪一个时期的采购品种目录。对于一些更新换代快的产品，更要及时掌握产品上市动态。

（3）以能定进策略：即依据企业的经营能力，主要是企业的资金实力、现有经营产品的品种结构、产品储存与保养条件等来确定产品采购品种。当企业储存保养设备不配套时，不易大批量多品种进货；若企业资金雄厚，则可尽量多开辟进货品种。

（4）以对手定进策略：即根据竞争对手的采购情况来确定产品采购品种。通常采取"人无我有，人有我全，人全我优，人优我转"的采购策略，以求在市场竞争中占据主动地位。

3. 采购价格策略

价格策略是采购策略的一个重要方面。合理的进货价格，可以加速资金周转，增加企业赢利。一般而言，电子电器产品采购遵循这样的原则：在同类产品同等质量的情况下，进价越低越好。企业在制订采购价格策略时，还必须综合考虑以下几个方面的因素。

（1）产品质量与进货价格的关系。进货价格要服从产品质量，在产品质量符合采购标准的前提下，追求合理的进价。在采购过程中，企业必须按质论价，质价相称，防止一味地追求低进价而忽视产品质量。

（2）进货费用与进货价格的关系。在产品进价与销价确定的情况下，进货费用的大小直接影响着产品的赢利状况。企业在采购中必须注意对进货费用的控制，不能不计进货路途的远近、运输环节的多少而盲目追求较低的进价。

（3）货款结算与进货价格的关系。货款结算期限和结算方式都会对企业的采购成本产生较大的影响。企业不仅要力求合理的进货价格，还要争取有利的结算期限和结算方式。通常情况下，较长的付款期限和较低的预付货款比例对企业是有利的，可以减少资金的占用，提高经济效益。

（4）价格折扣和进货价格的关系。采购中的价格折扣通常包括数量折扣、季节折扣和现金折扣。企业不仅要看到价格折扣可以降低进价，还要认识到价格折扣会带来风险。以数量折扣为例，企业获得数量折扣固然可以降低采购成本，但是一旦企业不能按照最初期望的价格在一定的时间内售完产品，企业经营会产生风险。因此，企业在利用各种折扣条件时，不能只考虑进价的高低，还必须仔细评估经营风险与成本因素。

思考题

1. 采购中心的特点是什么？
2. 电子电器产品采购的基本方式有哪些？
3. 制订采购价格策略时考虑的因素有哪些？

知识拓展

采购时机的选择

企业为了不失时机地采购产品，使产品库存保持在合理的水平，必须把握适当的采购时机。产品采购时机是指企业可以获得最大收益的产品采购时间和机会。在采购过程中，企业应根据不同产品的产销特点和供求规律来选择采购时机。

（1）常年性产品采购时机的选择。常年性产品是指常年生产、常年需要的产品，如电饭煲、微波炉等。这类产品在经营上没有十分明显的淡旺季变化。对于这种产品，企业可采用进货点法来决定进货时机。所谓进货点法，是指企业事先确定一个合理的库存量作为进货点，一旦实际库存量下降到进货点，就开始进货。

（2）季节性产品采购时机的选择。受生产和消费的影响，许多电子电器产品的销售呈季节性变动趋势，如降温、取暖产品。企业应根据不同产品季节性变动的规律和特点，合理安排采购时机。常年生产、季节销售的产品，应根据销售季节，淡季少进，旺季多进；季节生产、常年销售的产品，要按照企业常年销售情况，进全进足；季节生产、季节销售的产品，要季前多进、进齐，季中补进，季末销完。

（3）流行性产品采购时机的选择。流行性产品是指在一定时期为众多消费者接受和使用的时尚产品，如手机等时尚电子产品。当产品处于流行期时，销售形成热潮，一旦过了流行期，产品就很少有人问津，成为滞销品。流行性产品有其自身的流行规律，其流行过程一般可分为四个阶段：第一阶段是少数时髦人物采用；第二阶段是时髦人物的追随者采用；第三阶段是多数人采用；第四阶段是落伍者采用。在不同阶段，产品的供求状况具有不同特点。因此，企业要认真研究流行产品的运动规律，测定产品流行的前兆期和流行时间的长短，以此来决定采购时机。采购时，应注意快进快销，以快取胜。

基本技能2 熟悉电子电器产品采购基本业务

活动：体验采购过程

活动形式：每位同学购买一双指定牌子及款式的袜子。

活动过程：（1）每位同学购买一双指定牌子及款式的袜子（已提前告之并完成，注意不能以全班为单位购买）。

（2）各小组成员分述自己所购商品的购买渠道（小摊、商场……）、购买方式（零购、团购……）及购买价格。

（3）各小组发言人报告本组购买渠道、方式及价格情况，最终得知全班同学购买渠道、方式及价格情况。

（4）请购买价格最低的同学介绍其具体购买过程。

（5）小组讨论，共同回答问题。组长负责记录。

活动成果：小组研讨记录表（见表8-2）。

表 8-2　______小组研讨记录表

小 组 成 员	购 买 渠 道	购 买 形 式	购 买 价 格
1			
2			
3			
4			
5			
…			
研 讨 问 题	研 讨 结 果		
（1）商品的购买渠道有哪些			
（2）商品的购买形式有哪些			
（3）获得低售价的途径有哪些			

基本知识

一、电子电器产品经营企业采购工作基本程序

1. 确认企业采购需求

确认企业采购需求，就是要对企业所需要的产品或服务的特点、数量、时间等进行准确描述和说明。需求采购与实际销售的时间差异，决定了企业采购需求客观存在的预测性。为了确认采购需求，要求有效提高产品需求预测的准确程度，尽量采用标准化格式填写请购单（或采购申请表）。目前，企业确认采购需求的方法主要有填写请购单、定额采购、公司采购卡、紧急订单采购。

2. 分析和确定供应商

确定供应商是企业采购管理程序的重要步骤和关键工作，企业根据采购需求，寻找、分析、比较供应商。

3. 确定价格和采购条件

一般情况下，企业采购价格主要是通过对采购总成本及成本构成的分析来确定的。政策环境、货源选择、采购时机、供应商状况、市场信息获取、与供应商的谈判策略以及谈判能力等因素，都在一定程度上影响着采购价格和采购条件的确定。

4. 拟定且发出采购订单

规范的采购订单包括序列编号、发单日期、接受订单的供应商名称和地址、所需物品的数量和描述、发货日期、运输要求、价格、支付条款，以及对订单有约束的各种条件。

5. 采购订单跟踪与催货

企业采购订单跟踪是根据发出订单确定的日期和有关规定，进行例行跟踪或供应商走访，以便确保供应商实现供货。企业催货是对供应商供货情况的监督和催促，确保企业采购需求的满足。

6. 采购产品的接收和检验

企业采购产品的接收和检验，是企业采购管理程序的重要步骤。采购产品的接收和检验，在不同的企业里，可能会由企业负责采购管理的部门、库存管理部门、质量管理部门、财务部门等不同的部门来承担。不论由企业哪个部门负责，都应根据采购订单的要求进行接收和检验。

7. 货款结算

企业采购的货款结算主要是根据采购订单的规定，在接收和检验后，结清发票并且支付货款的工作。一般情况下，这项工作由企业财务管理部门负责，但采购部门要进行审核。

8. 采购资料建档保存

在企业完成一次完整的采购过程后，应将与采购活动有关的文件副本等资料汇集建档，妥善保存。

二、电子电器产品采购业务洽谈

与供应商进行洽谈是采购工作的重要内容。产品采购，特别是电子电器产品连锁企业的产品采购，采购中心承担着所有分店的产品采购任务，责任重大，无论采购人员有多么高超的选择商品的技术和经验，如果不懂得谈判，企业预期的采购目标和利润目标将难以实现。

1. 洽谈步骤

采购业务洽谈可以分为如下三个步骤。

（1）做好洽谈准备工作。洽谈准备工作是正式进行洽谈的前奏。在这一阶段要准备好洽谈的有关资料，还要设计出业务洽谈的可行方案，以便在正式洽谈中做到“胸有成竹”。

电子电器产品经营企业采购人员同供应商进行谈判的依据通常是企业制定的商品采购计划、商品促销计划以及供应商文件。

（2）正式洽谈过程。整个洽谈过程可分为三个阶段：

①展示与观察阶段。供货单位通过提供产品目录等方式展示其产品的品种、规格，购货单位看样、审查，并询问了解产品的各方面信息。

②互诉与协商阶段。交易双方听取对方关于产品数量、质量、品种、价格等方面的提议，并进行磋商。为了保证磋商的顺利进行，在磋商的过程中，双方都要具有诚意，互谅互解。

③提出改进方案阶段。双方根据业务洽谈内容的不妥之处，寻找大家都可以接受的意见，提出改进方案。此时，应注重对重点问题进行修改，求大同存小异。

（3）交易达成的结果。如果上述各阶段能够顺利进行，就可以进入洽谈的最后一个阶段，即双方达成交易。如果双方在洽谈中无法取得一致意见，不能达成各自的目标，洽谈很可能中断或失败。

2. 洽谈技巧

购货业务洽谈技巧是指洽谈人员在洽谈过程中顺利达成交易、实现企业洽谈目标的技能和本领。其主要内容可概括为如下三个方面。

（1）熟悉情况。必须熟悉洽谈内容和洽谈对方的情况。例如，该产品的购销状况、市场行情；洽谈双方有无共同利益和兴趣；对方有无提供货源的能力等。只有事先摸清对方的情况，才能在洽谈中有的放矢，占据主动地位。

（2）善于察言观色。在洽谈中要密切注意客户的各种反应，如感觉反应、情绪反应、信任反应、行为反应等。要善于观察对方在洽谈过程中的各种心理表现和行为表现，采用针对性的洽谈语言和洽谈手段，因势利导，把握时机，以便在洽谈中取得优势。

（3）为对方着想。在业务洽谈中，不仅要实现本企业的洽谈目标，还要为对方着想，力求实现“双赢”的结果。如果在洽谈中能体现出本企业的诚意，说明洽谈结果给对方带来的利益，讲清本企业为对方服务的意图，就会赢得对方的信任，促进洽谈的顺利进行，有利于建立良好稳定的货源关系。

3. 洽谈内容

与供应商进行洽谈，主要包括如下四个方面的内容。

（1）产品谈判。这是对产品的品种、规格、花色、质量、包装等内容进行的谈判，是购货业务洽谈的基本内容。

（2）价格谈判。供应商通常会提供基本价格表，并围绕基本价格表建立价格框架，对最后的买价进行调整。根据购买的数量、时间、支付方式和结算期限的不同，供应商会给予买方一定的价格折扣。采购企业在谈判中应力求争取到对自己有利的价格折扣。

（3）服务谈判。这是就供应商提供的服务进行的谈判。服务谈判中应明确以下几个方面的问题：

①供应商运送产品免费还是收费；

②维修；

③产品退换；

④信息咨询服务等。

（4）促销谈判。促销谈判在市场竞争日益激烈的今天变得尤为重要，因为许多产品都需要供应商的促销支持才能成功地占领市场。为了更好地实现销售目标，许多供应商都加强了对各个销售环节，尤其是零售终端的促销力度，提供越来越多的促销支持。通常，供应商会采用合作广告、商品陈列和营业推广等手段，在零售店铺内开展促销活动。因此，关于促销的谈判也是购货业务洽谈的重要内容，洽谈中应明确供应商所提供的各种促销支持的内容和时间安排。

三、签订购货合同

产品采购合同，简称购货合同，是指商业企业为实现采购目的而与其他企业签订的有关双方权利和义务的书面契约或协议。购货合同是保证企业采购活动顺利进行的重要手段，签订购货合同是企业采购工作的一项重要内容。

1. 购货合同的内容

合同双方当事人通过反复协商达成一致意见的各项条款，构成了购货合同的内容。购货合同一般包括如下几方面内容。

（1）产品的花色、品种、规格和数量。应具体指明产品的品种，避免使用综合品名；产品的规格应当具体规定颜色、式样、尺码和牌号等；产品的数量应按国家统一的计量单位标出；必要时可以附上产品品种、规格、数量明细表。

（2）产品的质量和包装。合同中应规定产品所符合的质量标准，并注明是国际标准、国家标准还是部颁标准，若非上述标准，则应由双方协商或凭样订货；对于副品、次品应规定一定的比例，并注明其标准；对于实行保修、包退、包换的产品，应注明具体条款；对产品包装的方法、材料、式样、规格、体积、重量、标志等，均应有详细规定。

（3）产品的价格和结算方式。合同中对价格的规定要具体化，规定作价的方法和对副品、次品的扣价办法；规定结算方式和结算程序。

（4）交货期限、地点和运输方式。交货期限要根据双方的实际情况、产品特点和交通运输条件等确定。要明确产品的发送方式是送货、代运，还是自提。

（5）产品验收办法。合同里要具体规定产品数量验收和质量验收的办法、验收期限和验收地点。

（6）违约责任。签约一方不履行合同，必将影响另一方经济活动的进行，因此违约方应承担相应责任，赔偿对方遭受的损失。在签订合同时，应明确规定合同双方当事人违约时应承担的违约责任。

（7）合同的变更和解除条件。合同中应规定，在什么情况下可变更和解除合同，什么情况下不可变更和解除合同，以及通过什么手续来变更和解除合同。

此外，为使购货合同更加符合实际，行之有效，可根据实际情况增加补充条款。总之，企业在确定合同的内容时，应力求具体、明确、便于执行，避免不必要的纠纷。

2. 购货合同的签订原则

企业签订购货合同时，必须遵循以下原则。

（1）合同的当事人应具有合同主体资格。合同主体资格也称为缔约人能力，包括行为能力和权利能力。行为能力是指能够以自己的名义独立地行使其权利和承担义务的能力；权利能力是指能够依法行使其权利和承担义务的资格，是法律上认定权利主体的前提。只有具备合同主体资格才能订立有效合同并承担相应的权利义务。缔约人能力通常可分为法人缔约能力和自然人缔约能力。

（2）合同内容和签订手续必须合法。这是指企业必须遵照国家的法律、法规、政策来签订合同，其内容和手续应符合有关合同管理的具体条例和实施细则的规定。

（3）签订合同必须坚持平等互利、充分协商的原则。

（4）签订合同必须坚持等价、有偿原则。

（5）当事人应当以自己的名义签订合同。若委托别人代签，必须要有委托证明。

（6）购货合同应当采取书面形式，不宜采用口头契约形式。

3. 购货合同参考文本

工业产品购销合同

供方＿＿＿＿＿＿＿＿＿＿＿＿＿＿　　　　合同编号：

　　　　　　　　　　　　　　　　　　　签订地点：

需方＿＿＿＿＿＿＿＿＿＿＿＿＿＿　　　　签订时间：　　年　　月　　日

一、产品名称、商标、型号、数量、金额、供货时间及数量

产品名称	牌号商标	规格型号	计量单位	数　量	单　价	金　额	交提货时间及数量					
							合　计					

合计人民币金额（大写）＿＿＿＿＿＿＿＿＿＿＿＿＿＿＿＿＿＿＿＿

二、质量要求技术标准

三、供方对质量负责的条件和期限

四、交（提）货方式

五、运输方式及到达站（港）的费用负担

六、合理损耗计算方法

七、包装标准、包装物的供应与回收和费用负担

八、验收方式及提出异议期限
九、随机备品、配件工具数量及供应方法
十、结算方式及期限
十一、如需提供担保，另立合同担保书，作为本合同附件
十二、违约责任
十三、解决合同纠纷的方式
十四、其他约定事项

供　　方	需　　方	鉴（公）证意见
单位名称（章）	单位名称（章）	
单位地址	单位地址	
法定代表人	法定代表人	
电话	电话	
电挂	电挂	
开户银行	开户银行	
账号	账号	
邮政编码	邮政编码	
有效期限：至　　年　　月　　日		

思考题

1. 电子电器产品经营企业产品采购的基本原则是什么？
2. 采购人员应该具备的基本条件有哪些？
3. 电子电器产品经营企业产品采购的基本程序是怎样的？

知识拓展

电子电器产品经营企业采购人员的素质要求

1. 思想素质

采购人员要作风正派、遵纪守法、廉洁奉公，自觉抵制采购中的不正之风；要具有良好的职业道德、强烈的责任感和事业心。

2. 个性特征

据调查资料表明，优秀的采购人员往往具备以下性格特征：

（1）机智多谋，善于思考；
（2）具有一定的语言天赋，善于交际，善于处理和协调业务关系；
（3）具有商业经营的灵活性、适应性和直觉判断力；
（4）为人诚恳并为他人着想；
（5）有坚定的信心和自我推动力，任劳任怨，勇于克服困难。

3. 知识能力

（1）丰富的产品知识。熟悉本企业产品的品种、规格、性能、用途、价格和质量等。
（2）经济核算知识。熟悉本企业产品成本构成的各个要素，熟悉采购数量、时间、结算方

式等因素对利润的影响。

（3）合同文书写作知识。熟悉合同签订的知识与技巧，防止签约失误造成损失。

（4）政策法规知识。在采购过程中能够运用法律手段，维护本企业的利益。

（5）市场信息知识。掌握本企业产品的产销规律，熟悉消费需求动向。

（6）谈判能力。

（7）熟知本企业的情况。了解本企业的目标顾客、经营目标、营销策略，以及本企业在同行中的地位。

模块技能训练

一、请讨论并回答下列问题

1. 为什么电子电器产品采购要以勤进快进为原则？
2. 为什么采购洽谈时还要为对方着想？
3. 如何依据产品生命周期理论制定采购策略？

二、业务训练

情景模拟　讨价还价

将教室布置成一个模拟跳蚤市场，每位同学拿事先准备的一些物品向同学交换或出售。要求最先提出的交换条件或出售价格是浮动的，有讨价还价的余地。

三、技能实训

听专题报告

活动形式：邀请一位有丰富工作经验的采购员做专题报告。

活动要求：（1）认真听讲，做好笔记；

（2）各小组事先准备若干问题与采购员交流；

（3）讲究文明礼仪；

（4）以小组为单位提交一份报告总结。

活动成果：小组报告总结。

营销小故事

尊重赢得大订单

两次鸦片战争的失败，使得清政府决定要“求强求富”。建立一支强大的国防力量就是其中一项重要内容。

当时，清政府自己的兵工厂只有上海的江南制造总局等有限几处，生产的武器装备少，而且性能不大好。于是，李鸿章决定向洋人购买武器装备。

1868年，他派了一个采购团到欧洲考察。采购团走了几个国家，最后来到德国的埃森，这里是德国最大的军火企业克虏伯公司所在地。采购团受到克虏伯公司的热情接待，又是照相，又是宴请，不仅讲解细致，而且礼貌周到。采购团上上下下所有人的心情一下子好了起来。

难道他们到别的国家心情不好吗？当时，清朝是战败国，而且清朝男人是留辫子的，在英国、法国，人们以一种嘲笑、蔑视的眼光与语气，谈论他们的辫子，这让采购团成员非常不舒服。

克虏伯公司则不然。这家公司仔细考察中国军火市场，决定要抢在英法前面占领这个市场。于是，他们制定企业经营策略：尊重中国人的风俗与习惯，让他们感觉到，德国与其他国家是不一样的。

克虏伯的经营策略成功了。他们对来访者的尊重引来了当时世界上最大的一个客户。李鸿章听完采购团的汇报，一次就向克虏伯公司订购358门大炮。这是这个公司创办以来最大的一笔订单。

营销启示：想要赢得客户的信任，首先要给予客户足够的尊重。这就是德国抢在英法之前赢得清政府订单的重要原因。

模块学习测验与总结

一、选择题

1. 以下哪些是商品采购的原则？（　　）
   A. 以需定进　　B. 勤进快销
   C. 以销促进　　D. 件件过目
2. 电子电器产品品种采购策略包括（　　）。
   A. 以对手定进策略　　B. 以销定进策略
   C. 以能定进策略　　D. 以需定进策略
3. 整个洽谈过程分为三个阶段，依次是（　　）。
   A. 提出改进方案阶段　　B. 互诉与协商阶段　　C. 展示与观察阶段
4. 购货业务洽谈技巧可概括为三个方面，即（　　）。
   A. 熟悉情况　　B. 善于察言观色
   C. 贿赂对方　　D. 为对方着想
5. 洽谈的主要内容包括四个方面（　　）。
   A. 产品谈判　　B. 价格谈判　　C. 服务谈判　　D 促销谈判

二、判断正误

1. 商品采购是为卖而买的活动。（　　）
2. 采购中心的缺点是容易忽略各分店特殊的产品需求。（　　）
3. 处于成熟期的商品应尽可能多地进货。（　　）
4. 采购洽谈的内容不包括促销谈判。（　　）
5. 购货合同应可以采用口头契约形式。（　　）

三、案例分析

案例 8-2

海湾战争打响后

海湾战争打响后，长虹马上大量购进聚丙乙烯。聚丙乙烯是重要的石油加工副产品，更是生产电视机外壳的原材料。长虹认为，海湾战争的爆发会导致“世界油桶”——海湾地区的局势紧张，全球石油价格以及石油加工副产品的价格定会立刻大幅上涨。果然，在随后的几天内，聚丙乙烯的价格迅猛提升，而长虹由于采用了正确的采购策略，准确把握住了采购时机，赶在涨价之前购进了大量聚丙乙烯，从而节省了 500 万元的采购成本。

企业利润额等于企业商品销售额减去包括采购成本在内的企业各项费用的支出后的差值。也就是说在企业销售额以及企业其他费用支出不变的情况下，长虹节省了 500 万元的采购成本相当于为企业净赚了 500 万元。

问题：长虹采用了怎样的采购策略使企业节省了 500 万元的采购成本？

四、个人学习总结（表 8-3）

表 8-3　个人学习总结

我学到了哪些知识	
我学会了哪些技能	
我哪里学得不够好？ 原因及措施怎样	

模块学习评价（表 8-4）

表 8-4　模块学习评价表

小组：		姓名：	评价总分：		
评价项目		评价依据	优秀 8～10 分	良好 6～8 分	继续努力 0～6 分
自我评价 20 分	学习态度	遵守纪律；学习主动；积极参与小组活动和讨论；尊重同学和老师；具有较强的团队精神、合作意识；能客观有效地评价同学的学习			
	目标达成	达到学习目标；按要求完成各项学习任务			
	自评合计分				

续表

小组互评30分	其他组员	评价依据	优秀 20～30分	良好 10～20分	继续努力 0～10分
		（1）积极参与小组活动和讨论；具有较强的团队精神、合作意识；服从角色安排 （2）对小组活动贡献大小 （3）知识目标达成情况 （4）技能目标达成情况			
	……				
	小组平均分				
教师评价50分		评价依据	优秀 8～10分	良好 6～8分	继续努力 0～6分
	学习态度	综合表现			
	个人评价	自评结果			
	小组评价	互评结果			
	小组活动	活动成果			
	测验	测验结果			
	教评合计分				

>>> 模块九

电子电器产品仓储与保管实务

教学目标

知识目标	熟悉商品入库、出库作业；熟悉企业订单处理过程
技能目标	能够填写商品出入库的相关单据；能够办理商品出入库的手续；具备认真负责的工作态度
教学方式	学生自主学习、合作学习；教师授导；情景模拟；实地参观
参考学时	4 学时

模块基本技能

基本技能 1 熟悉电子电器产品仓储基本业务

活动：物品存取保管

活动形式：情景模拟物品存、取、保管过程。

活动过程：（1）教师向学生说明本次活动的目的、内容及注意事项。

（2）每位学生准备两件个人物品。

（3）各组分别布置出一个物品保管区域作为模拟仓库，小组成员自行分工负责物品的接收、登记、存放、领取等工作。

（4）各组依次派组员将个人物品分别送往其他小组由其保管。

（5）各组将接收的物品登记，并开具收条作为物主的取物凭证。

（6）负责存放的同学将登记后的物品放置在保管区域。

（7）每位组员凭收条到其他小组领取个人物品。

（8）教师带领学生分析活动过程中出现的各种问题，找出原因及解决办法。

（9）各组对本次活动进行总结。

活动成果：小组活动总结表（见表 9-1）。

表 9-1 ______小组活动总结表

评 价 项 目	结 果	总结经验教训（找出原因及解决办法）
（1）有物品丢失的情况吗		
（2）有物品损坏的情况吗		
（3）有物品错领的情况吗		
（4）有物品无人认领的情况吗		
（5）有被物主讹诈的情况吗		

基本知识

一、仓储的概念

仓储是指把产品存储在仓库里，进行备用和交换。同产品采购、销售一样，仓储也是电子电器产品营销过程中的一个必要环节。

由于电子电器产品购进和销售不可能完全一致，有的产品购进后销售得快，有的产品购进后销售得慢。而且，产品价格的波动性使同一种产品在不同的时间销售，可获取的经济效益也不尽相同。因此，为了保证产品流通不因购销时间不一致而发生中断，并能够从产品价格波动中获利和避免造成损失，必须保持一定数量的仓储。此外，某些电子电器产品销售前必要的整理、编配等工作，以及运输过程中运输工具和发运产品衔接的不一致等也产生了对仓储的要求。

二、仓库的种类

从不同的侧面来分类，仓库可以有不同的种类。仓库按照它在电子电器产品流通过程中所起的作用可以分为以下几种。

1. 采购供应仓库

采购供应仓库主要用于集中存储从生产部门采购的商品，一般这一类的仓库库场设在商品生产比较集中的大、中城市，或商品运输枢纽的所在地。

2. 批发仓库

批发仓库主要用于存储从采购供应库场调进或在当地采购的商品，这一类仓库一般贴近商品销售市场，规模同采购供应仓库相比一般要小一些。它既从事批发供货，也从事拆零供货业务。

3. 零售仓库

零售仓库主要用于为商业零售业做短期储货，一般是提供店面销售。零售仓库的规模较小，所储存物资周转快。

4. 中转仓库

中转仓库处于货物运输系统的中间环节，存放那些等待转运的货物，一般货物在此仅做临时停放。这一类仓库一般设置在公路、铁路的场站和水路运输的港口码头附近，以方便货物在此等待装运。

电子电器产品生产企业生产出来的产品首先是被存储在采购供应仓库，然后流向批发仓库，接着是零售仓库，最后商品进入卖场，在那里向最终用户销售。其间也通常会用到中转仓库。

三、商品仓库基本作业过程

仓库作业过程主要由入库、保管、出库三个阶段组成。

图 9-1、图 9-2 所示为现代仓库的作业过程。具体表现为实物流和信息流过程。

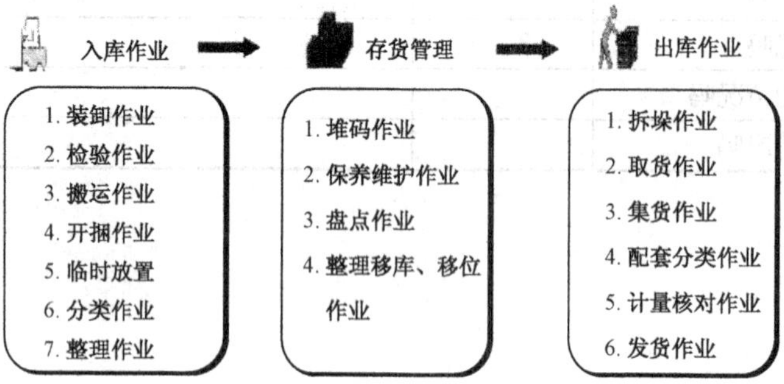

图 9-1　仓库的实物流过程

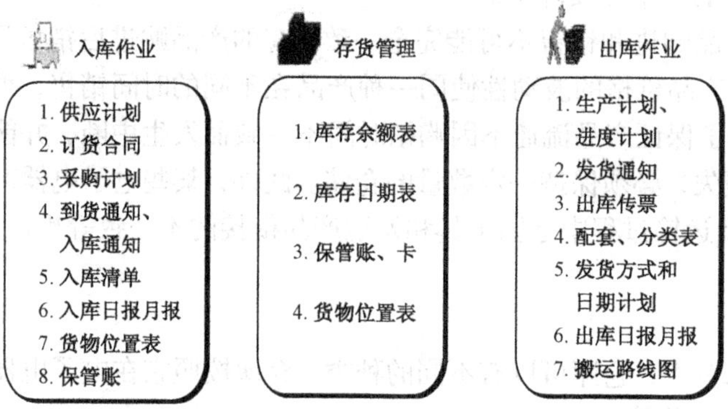

图 9-2　仓库的信息流过程

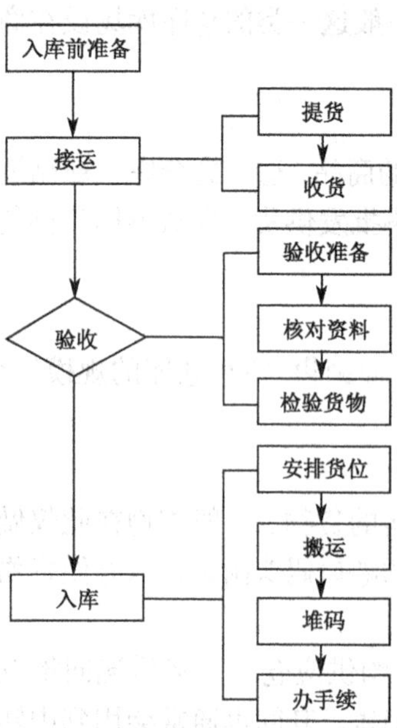

图 9-3　入库步骤图

下面先来介绍商品入库和出库的基本业务。

1. 商品入库业务

商品入库业务也叫收货业务，是仓储业务的开始，包括接运、卸货、搬运、清点数量、商品验收、整理、堆码、办理入库手续等一系列的作业过程。它是根据商品存储计划和入库凭证安排的，按照规定的程序，仓库进行收货的业务。在收货过程中，仓库要做到手续简便、操作敏捷、点数准确、保证质量。按其业务程序可以分为入库前准备、接运、验收、入库等几个环节，如图 9-3 所示。

（1）商品入库前的准备。商品入库前需要做好以下准备工作：

①编制仓储计划，做好入库准备；

②安排仓容，确定堆放位置；

③合理组织人力、装卸工具；

④准备好验收设备，保证商品验收；

⑤备齐商品苫盖物料和劳动保护用品。

（2）货物接运。商品接运的主要方式有如下几种。

①到车站、码头提货。这是由外地托运单位委托铁路、水运、民航等运输部门或邮局代运及邮递货物到达本埠车站、码头、民航站、邮局后，仓库根据货物通知单派车提运货物的作业活动。

提货人员对所提取的商品应了解其品名、型号、特性和一般保管知识以及装卸搬运注意事项等，在提货前应做好接运货物的准备工作，如装卸运输工具，腾出存放商品的场地等。提货人员在到货前，应主动了解到货时间和交货情况，根据到货多少，组织装卸人员、机具和车辆，按时前往提货。

②到货主单位提取货物。这是仓库受托运方的委托，直接到供货单位提货的一种形式。其作业内容和程序主要是当货栈接到托运通知单后，做好一切提货准备，并将提货与物资的初步验收工作结合在一起进行。最好在供货人员在场的情况下，当场进行验收。因此，接运人员要按照验收注意事项提货，必要时可由验收人员参与提货。

③托运单位送货到库接货。这种接货方式通常是托运单位与仓库在同一城市或附近地区，不需要长途运输时被采用。其作业内容和程序是：当托运方送货到货栈后，根据托运单（需要现场办理托运手续先办理托运手续）当场办理接货验收手续，检查外包装，清点数量，做好验收记录。如果有质量和数量问题，托运方应在验收记录上签证。

货物到库后，仓库收货人员首先要检查货物入库凭证，然后根据入库凭证开列的收货单位和货物名称与送交的货物内容和标记进行核对，完成后就可以与送货人员办理交接手续。如果在以上工序中无异常情况出现，收货人员在送货回单上盖章表示货物收讫。如果发现有异常情况，必须在送货单上详细注明并由送货人员签字，或由送货人员出具差错、异常情况记录等书面材料，作为事后处理的依据。

（3）商品的验收。凡商品进入仓库储存，必须经过检查验收，只有验收后的商品，方可入库保管。商品入库验收要求做到及时、准确、负责，即在尽可能短的时间内，准确地验收商品的数量、质量和包装，以认真负责的态度对待验收。

商品验收包括验收准备、核对凭证、确定验收比例、实物检验、做出验收报告及验收中发现问题的处理。

①验收准备。验收准备是货物入库验收的第一道程序。仓库接到到货通知后，应根据商品的性质和批量提前做好验收的准备工作，包括以下内容：

a．全面了解验收物资的性能、特点和数量，根据其需求确定存放地点、垛形和保管方法。

b．准备堆码苫垫所需材料和装卸搬运机械、设备及人力，以便使验收后的货物能及时入库保管存放，减少货物停顿时间；若是危险品则需要准备防护设施。

c．准备相应的检验工具，并做好事前检查，以便保证验收数量的准确性和质量的可靠性。

d．收集和熟悉验收凭证及有关资料。

e．进口物资或上级业务主管部门指定需要检验质量者，应通知有关检验部门会同验收。

②核对凭证资料。入库商品即须具备下列凭证资料：

a．货主提供的入库通知单和订货合同副本，这是仓库接收商品的凭证。

b．供货单位提供的验收凭证，包括材质证明书、装箱单、磅码单、发货明细表、说明书、保修卡及合格证等。

c．承运单位提供的运输单证，包括提货通知单和登记货物残损情况的货运记录、普通记录以及公路运输交接单等，作为向责任方进行交涉的依据。

③检验货物。检验货物是仓储业务中的一个重要环节，包括检验数量、检验外观质量和检验包装三方面的内容，即复核货物数量是否与入库凭证相符，货物质量是否符合规定的要求，货物包装能否保证在储存和运输过程中的安全。

a．数量检验。数量检验是保证物资数量准确不可缺少的措施。要求物资入库时一次进行完毕。一般在质量验收之前，由仓库保管职能机构组织进行。

凡是经过数量检验的商品，都应该填写磅码单。在做数量验收之前，还应根据商品来源、包装好坏或有关部门规定，确定对到库商品是采取抽验还是全验方式。

b．质量检验。质量检验包括外观检验、尺寸检验、机械物理性能检验和化学成分检验四种形式。仓库一般只进行外观检验和尺寸精度检验，后两种检验如果有必要，则由仓库技术管理职能机构取样，委托专门检验机构检验。现以外观质量检验为例说明。

外观检验是指通过人的感觉器官检查商品外观质量的检查过程。主要检查货物的自然属性是否因物理及化学反应而造成负面的改变，是否受潮、玷污、腐蚀、霉烂等；检查商品包装的牢固程度；检查商品有无损伤，如撞击、变形、破碎等。对外观检验有严重缺陷的商品，要单独存放，防止混杂，等待处理。凡经过外观检验的商品，都应该填写“检验记录单”。

外观检验的基本要求是：凡通过人的感觉器官检验商品后，就可以决定商品质量的，由仓储业务部门自行组织检验，检验后做好商品的检验记录；对于一些特殊商品，则由专门的检验部门进行化验和技术测定。验收完毕后，应尽快签返验收入库凭证，不能无故积压单据。

c．包装检验。物资包装的好坏、干潮直接关系到物资的安全储存和运输。所以对物资的包装要进行严格验收，凡是产品合同对包装有具体规定的要严格按规定验收，如箱板的厚度、打包铁腰的匝数、纸箱的质量等。对于包装的干潮程度，一般是用眼看、手摸的方法进行检查验收。

④验收中发现问题的处理。在物品验收过程中，如果发现物品数量或质量的问题，应该严格按照有关制度进行处理。验收过程中发现的数量和质量问题可能发生在各个流通环节，可能是由于供货方或交通运输部门或收货方本身的工作造成的。按照有关规章制度对问题进行处理，有利于分清各方的责任，并促使有关责任部门吸取教训，改进今后的工作。

表 9-2 所示是某企业商品验收码单。

表 9-2　深圳××后勤保障有限公司收货凭证

<table>
<tr><td colspan="2">客户通知编号：</td><td colspan="2"></td><td colspan="3">通知单号码：</td><td colspan="2"></td></tr>
<tr><td colspan="2">供应商：</td><td colspan="2"></td><td colspan="3">收货日期：</td><td colspan="2"></td></tr>
<tr><td rowspan="2">序号</td><td rowspan="2">产品编号/说明</td><td rowspan="2">单位</td><td rowspan="2">通知数量</td><td colspan="3">收货数量</td><td rowspan="2">生产日期</td></tr>
<tr><td>接收数量</td><td>破损数量</td><td>搁置数量</td></tr>
<tr><td></td><td></td><td></td><td></td><td></td><td></td><td></td><td></td></tr>
</table>

收货体积：　　　　　　　　　　　　　　备注：

收货人：

日期：

（4）商品的入库交接。入库物品经过点数、查验之后，可以安排卸货、入库堆码，表示仓库接收物品。在卸货、搬运、堆垛作业完毕后，与送货人办理交接手续，并建立仓库台账。

①办理交接手续。交接手续是指仓库对收到的物品向送货人进行的确认，表示已接收物品。办理完交接手续，意味着分清运输、送货部门和仓库的责任。完整的交接手续包括：

a．接收物品。仓库通过理货、查验物品，将不良物品剔出、退回或者编制残损单证以明确责任，确定收到物品的确切数量、物品表面状态良好。

b. 接收文件。接收送货人送交的物品资料、运输的货运记录、普通记录等，以及随货的在运输单证上注明的相应文件，如图纸、准运证等。

c. 签署单证。仓库与送货人或承运人共同在送货人交来的送货单、交接清单见表 9-3。各方签署后留存相应单证。提供相应的入库、查验、理货、残损单证、事故报告由送货人或承运人签署。

表 9-3 到接货交接单

收货人	发站	发货人	品名	标记	单位	件数	重量	号车	运单号	货位	合同号
备注											

送货人　　　　　　　　　　接收人　　　　　　　　　　经办人

②办理入库手续。商品入库应填写入库通知单，完整的入库单据必须具备四联：送货回单、储存凭证、仓储账页和货卡，并附上检验记录单、产品合格证、装箱单等有关资料凭证，以证实该批商品已经检验合格，就可以正式入库保管。

a. 立“卡”。所谓立“卡”，就是由该种商品的保管员记录所保管商品的动态卡片，它是直接反映商品品名、型号、规格、数量、单位、进出动态以及积存的保管卡。商品入库堆码完毕后，应立刻建立货卡，按“入库通知单”所列内容逐项填写。货卡是商品保管员进行验收和商品出库管理的主要依据，也是随时反映商品动态的基本业务凭证。

b. 登“账”。为了保证商品数量准确，反映商品进出和储存的情况，仓库还应建立“实物保管明细账”，按商品的品名、型号、规格、单价、存货人等分别建立账户。实物保管明细账是仓库用于记录商品收发和结存动态的，也是核对储存商品动态和保证与财务总账相符的主要依据。它是能够全面反映商品动态的账目，应随着进、发货业务活动而及时进行记账。

c. 建“档”。建“档”是指商品入库后，应建立商品档案，以充分发挥信息流的作用，利用凭证资料了解和掌握商品在运输、入库、保管、出库活动的全过程中的动态效果。应保持商品档案的系统性、完整性和准确性。系统性是指仓储业务活动全过程中的资料、凭证、信息的统一联系；完整性是指仓储业务活动全过程中资料、凭证记录的完整无缺；准确性是指资料、凭证的记录数据必须准确无误。

表 9-4 所示是某企业商品入库时需要填写的入库单据。

表 9-4 ××公司商品入库单　　　　No:000001

<table>
<tr><td colspan="2">仓库管理员</td><td colspan="4"></td><td colspan="2">入库日期</td><td></td></tr>
<tr><td colspan="2">货主编号</td><td colspan="2">货主名称</td><td colspan="2"></td><td colspan="2">联系电话</td><td></td></tr>
<tr><td>商品批号</td><td>商品名称</td><td>规格</td><td>产地</td><td>件数</td><td>件重（kg）</td><td>总重（kg）</td><td colspan="2">入库位置</td></tr>
<tr><td></td><td></td><td></td><td></td><td></td><td></td><td></td><td colspan="2"></td></tr>
<tr><td></td><td></td><td></td><td></td><td></td><td></td><td></td><td colspan="2"></td></tr>
<tr><td></td><td></td><td></td><td></td><td></td><td></td><td></td><td colspan="2"></td></tr>
<tr><td>备注</td><td colspan="8"></td></tr>
</table>

2. 商品出库业务

商品出库是仓储业务的最后一个环节。对商品出库，要求发货准确、及时，保质保量地交给仓单持有人；出库的商品必须包装完整、标记清楚。

（1）商品出库准备。为了能准确、及时、安全、节约地搞好出库工作，提高工作需效率，仓单持有人在提取商品之前，应通知仓库提货时间。在商品出库前，仓库人员要做好以下几方面的准备工作：

①对商品原件的包装整理；

②零星商品的组装、分装；

③包装材料、工具、用品的准备；

④待运商品的仓容及装卸机具、运输工具的安排调配；

⑤发货业务的合理组织与安排。

（2）出库的要求。物品出库要求做到“三不、三核、五检查”。“三不”是指未接单据不翻账、未经审单不备库、未经复核不出库；“三核”是指在发货时，要核实凭证、核对账卡、核对实物：“五检查”是指对单据和实物要进行品名检查、规格检查、包装检查、件数检查、重量检查。商品出库要求严格执行各项规章制度，提高服务质量，使用户满意，包括对品种规格要求，积极与货主联系，为用户提货创造各种方便条件，杜绝差错事故。

（3）出库的形式。商品出库主要有两种形式，即送货和提货。

送货形式是由专职仓库保管员定期或定量将商品送到客户地址。这种方式，是要货单位根据商品销售情况，向业务部门提出进货要求，再由业务部门开出商品提货单（出库证），仓库保管员根据出库单的具体要求清点整理出库，将商品送到客户地址。客户根据开列商品的名称、数量、商标、规格、型号等进行逐一查对，验收后签字确认。

提货形式是由客户到仓库提货或储运人员提货。采用提货形式，首先是要货单位根据商品销售情况，向业务部门提出进货申请，然后由业务主管开出提货单，由客户到仓库提货。仓库保管员接到提货单后，按提货单开列的具体项目组织商品出库，客户或储运人员应在仓库当场验收，以便分清责任。若由储运人员提货，则必须进行二次核对手续，提货时，与报关员核对，送到客户地址后，再由客户核对。

（4）商品的出库程序。

①审核出库凭证。仓库发货要以货主单位开出的正式出库凭证为依据，仓库发货人员要对出库凭证进行认真审核。首先要检查其合法性和真实性，审核来库提货的凭证是否属于货主单位开出的正式出库单。严禁白条提货。其次要核对出库单的印鉴是否与存货单位预留印鉴相符，以及提货人的备书是否正确。再次是逐项核对出库单所列品名、数量等项有无错开、漏开和涂改痕迹，包括付货仓库是否相符。如果属于错开、漏开，应由货主单位办理更正手续；若发现涂改，仓库应拒绝发货，并立即查明原因。最后还应掌握有效期，出库单在有效期内生效，超过有效期，应由提货单位办妥延期手续，仓库才予发货。

②核对登账。审核仓单后，仓库商品会计要核对商品的品名、型号、数量等有无错误，单证字迹是否清楚，是否超过提货有效期等。如果核对无误，可根据凭证所列各项内容，登入商品保管账，核销储存量，收回仓单，签发商品出库单，交仓库保管员配货。

③配货备货。保管员对商品出库单复核无误后，按其所列项目内容和凭证上的批注，对货核实后配货。配货中要执行“先进先出”“易坏先出”“坏货不出”的发货原则。保证数量准确，

质量完好，包装完好，标识清楚。

配货后把出库商品分品种、分规格、分流向堆放在备货区。仓单持有人认为可以出库，并在正式出库凭证上签署意见后，方可出库。凡是发运商品，要配合运输人员在包装上粘贴发运标志，集中待运。

④交接放行。出库商品无论是客户自提，还是交运输部门发运，仓库发货人必须向提货人和运输人员按出库凭证所列逐件点交清楚，划清责任。得到接货人员认可后，仓库发货人随即在出库凭证上加盖“商品付讫”日戳，同时开出接货人商品出门证，以便门卫放行。

⑤填单销账。商品发完后，应根据出入库情况，对收发、保管、溢缺数量和垛位安排等情况进行分析，并把这些资料整理好，存入商品保管档案，妥善保存，以备日后查用。

表 9-5 所示是某企业商品出库时需要填写的出库单据。

表 9-5 ××公司商品出库单　　No:090600001

货主编号			货主名称			出库日期		
商品批号	商品名称	规格	件重（kg）	件数	总重（kg）	出库次数	结存数	库位

开票员：　　理货员：　　仓管：　　货主：

（5）出库中发生问题的处理。商品出库过程中出现的问题是多方面的，应分别对待处理。

①出库凭证《提货单》上的问题。

a．凡出库凭证超过提货期限，用户前来提货，必须先办理手续，按规定缴足逾期仓储保管费。然后方可发货。任何白条都不能作为发货凭证。提货时，用户发现规格开错，保管员不得自行调换规格发货，必须通过制票员重新开票方可发货。

b．凡发现出库凭证有疑点，或者情况不清楚，以及出库凭证发现有假冒、复制、涂改等情况时，应及时与仓库保卫部门以及出具出库单的单位或部门联系，妥善处理。

c．商品进库未验收，或者期货未进库的出库凭证，一般暂缓发货，并通知货主，待货到并验收后再发货，提货期顺延，保管员不得发代验。

d．如果客户因各种原因将出库凭证遗失，客户应及时与仓库发货员和账务人员联系挂失。如果挂失时货已被提走，保管人员不承担责任，但要协助货主单位找回商品；如果货还没有提走，经保管人员和账务人员查实后，做好挂失登记，将原凭证作废，缓期发货。

②提货数与实存数不符。若出现提货数量与商品实存数不符的情况，一般是实存数小于提货数。造成这种问题的原因主要有：

a．商品入库时，由于验收问题，增加了实收商品的签收数量，从而造成账面数大于实存数。

b．仓库保管人员和发货人员在以前的发货过程中，因错发、串发等差错而造成实际商品库存量小于账面数。

c．货主单位没有及时核减开出的提货数，造成库存账面数大于实际储存数，从而使开出的提货单提货数量过大。

d．仓储过程中造成的货物的毁损。

当遇到提货数量大于实际商品库存数量时，无论是何种原因造成的，都需要和仓库主管部门以及货主单位及时取得联系后再作处理。如果属于入库时错账，可以采用报出报入方法进行调整，即先按库存账面数开具商品出库单销账，然后再按实际库存数重新入库登账，并在入库单上签明情况。如果属于仓库保管员串发错发而引起的问题，应由仓库方面负责解决库存数与提单数门的差数。如果属于货主单位漏记账而多开出库数，应由货主单位出具新的提货单，重新组织提货和发货。如果是仓储过程中的损耗，需要考虑该损耗数量是否在合理的范围之内，并与货主单位协商解决，合理范围内的损耗，应由货主单位承担，而超过合理范围之外的损耗，则应由仓储部门负责赔偿。

③串发货和错发货。所谓串发和错发货，主要是指发货人员对商品种类规格不很熟悉的情况下，或者由于工作中的疏漏，把错误规格、数量的商品发出库的情况。例如，提货单开具某种商品的甲规格出库，而在发货时错把该种商品的乙规格发出，造成甲规格账面数小于实存数，乙规格账面数大于实存数。在这种情况下，如果商品尚未离库，应立即组织人力，重新发货。如果商品已经提出仓库，保管人员要根据实际库存情况，如实向本库主管部门和货主单位讲明单发和错发货的品名、规格、数量、提货单位等情况，会同货主单位和运输单位共同协商解决。一般在无直接经济损失的情况下由货主单位重新按实际发货数冲单（票）解决。如果形成直接经济损失，应按赔偿损失单据冲转调整保管账。

④包装破漏。包装破漏是指在发货过程中，因为商品外包装破散、砂眼等现象引起的商品渗漏、裸露等问题。这问题主要是在储存过程中因堆垛挤压、发货装卸操作不慎等情况引起的，发货时都应经过整理或更换包装，方可出库，否则造成的损失应由仓储部门承担。

⑤漏记和错记账。漏记账是指在商品出库作业中，由于没有及时核销商品明细账而造成账面数量大于或少于实存数的现象。错记账是指在商品出库后核销明细账时没有按实际发货出库的商品名称、数量等登记，从而造成账实不相符的情况。无论是漏记账还是错记账，一经发现，除及时向有关领导如实汇报情况外，还应根据原出库凭证查明原因调整保管账，使之与实际库存保持一致。如果由于漏记和错记账给货主单位、运输单位和仓储部门造成了损失，应予以赔偿，同时应追究相关人员的责任。

思考题

1．电子电器产品入库的程序是怎样的？

2．电子电器产品出库的程序是怎样的？

知识拓展

商品入库管理制度

（1）仓库保管员收到厂方正式发票（出库单）或储运部转来运单、随货同行联、到货通知单后，要及时转交，由合同员审核、注销合同、加盖经销商品章转公司物价员编号、核定价格。

（2）仓库保管员接到物价员转来的票据后，凭此票验收商品数量、品名、规格、包装、质量等，票货相符、质量合格后，将商品入库。

（3）仓库保管员凭审核、定价后的原始单据（即厂方的正式发票或随货同行联、到货通知单等），填制“经销商品入库单”第1～5联。

（4）仓库保管员将原始单据及自制入库单第1～5联转商店商品账进行复核、签字后，再转给仓库保管员。

（5）仓库保管员在自制第1～5联入库单上加盖“货已收讫”章及签名后，自留第1联，增记“库房经销库存明细账”中入库数量，随后将第2～4联及原始单据转商品账，第5联转营业部（柜台）。

（6）商品账接到仓库保管员转来的“经销商品入库单”第2～4联，凭第3联记“经销库存商品明细账”进货数量，结存数量、内库增加。

（7）商品账根据当日“经销商品入库单”填制营业部“进销存日报表”第1～3联，凭第1联记经销库存商品金额账，库存金额增加。

（8）商品账将进销存日报表第2联附进货原始单据及入库单第2联转会计室，进销存日报表第3联附入库单，第4联转统计员。

（9）商店会计员接到转来的“进销存日报表”“原始单据”“经销商品入库单”审核无误后，做记账凭证入账。统计员也做相应的账务处理。

基本技能2 熟悉电子电器产品存储保管基本业务

活动：谁是优秀团队

活动形式：团队竞赛

活动过程：（1）教师向学生说明本次活动的目的、内容及注意事项。

（2）各组事先准备规定的8种共10件物品，组员自行分工负责物品的入库登记、存放保管、出库领取等工作。

（3）在教室布置出一个物品保管区域作为模拟仓库。

（4）各小组依次出场，完成3个小组共30件物品的入库登记、存放保管、出库领取等任务，并对整个过程计时。

（5）根据任务完成质量和时间综合评定成绩，出错少、完成时间短者获胜。

（6）教师为获胜队颁发奖品。

（7）各组在教师的引导下，对本次活动进行分析总结。

活动成果：小组竞赛总结表（见表9-6）。

表9-6 ______小组竞赛总结表

总结项目	结果
（1）获胜队取胜的原因在哪里	
（2）非获胜队存在的问题在哪里	

基本知识

一、存储商品保管的含义

储存商品保管就是研究商品性质以及商品在储存期间的质量变化规律，积极采取各种有效措施和科学的保管方法，创造一个适合商品存储的条件，维护商品在存储期间的安全，保护商品的质量和使用价值，最大限度地降低商品的损耗。

存储保管是电子电器产品营销过程的重要环节。它能够调整电子电器产品生产和消费的时间差别，维持市场稳定；衔接电子电器产品流通过程；反映市场信息；提供信用保证；为电子电器产品的经营销售提供现货交易的场所。

二、电子电器产品存储保管的基本业务

处于流通过程中的电子电器产品的存储保管具体包括以下业务。

1. 物资存储

物资的存储有可能是长期的存储，也可能只是短时间的周转存储。进行物资存储既是仓储活动的表征，也是仓储的最基本的任务。

2. 流通调控

流通控制的任务就是对物资是仓储还是流通做出安排，确定储存时机、计划存放时间，当然还包括储存地点的选择。

3. 数量管理

仓储的数量管理包括两个方面：一方面是存货人交付保管的仓储物的数量和提取仓储物的数量必须一致；另一方面是保管人可以按照存货人的要求分批收货和分批出货，对储存的货物进行数量控制，配合物流管理的有效实施，同时向存货人提供存货数量的信息服务，以便客户控制存货。

4. 质量管理

为了保证仓储物的质量不发生变化，保管人需要采取先进的技术、合理的保管措施，妥善和勤勉地保管仓储物。

5. 交易中介

仓储经营人利用大量存放在仓库的有形资产，利用与物资使用部门广泛的业务联系，开展现货交易中介具有较为便利的条件，同时也有利于加速仓储物的周转和吸引仓储。

6. 流通加工

加工本是生产的环节，但是随着满足消费多样化、个性化，变化快的产品生产的发展，又为了严格控制物流成本的需要，生产企业将产品的定型、分装、组装、装潢等工序留到最接近销售的仓储环节进行，使得仓储成为流通加工的重要环节。

7. 配送

仓储配送业务的发展，有利于生产企业降低存货、减少固定资产投入、实现准时制生产；商店减少存货，降低流动资金使用量，且能保证销售。

8. 配载

货物在仓库集中集货，按照运输的方向进行分类仓储，对运输车辆进行配载，当运输工具到达时出库装运，确保配送的及时进行和运输工具的充分利用。

三、电子电器产品保管基本作业

商品验收入库后，便进入储存保管阶段，这是仓储业务的重要环节。其主要内容包括根据库区、库容的合理规划和货位合理布局；对商品正确堆码；商品的保管维护；商品的盘点、检查和保管损耗控制等。通过商品的在库科学管理，保持商品原有价值和使用价值。

1. 商品储存区域的合理布局

储存区域的合理布局是指将各种商品合理地布置到库房、货棚、货场的平面和空间，以利于提高仓库的利用率。

（1）储存区域的平面布局。仓库储存区域的平面布局是否合理，可用仓库面积利用率来衡量。仓库储存区域平面利用率通常是保管面积占总面积的30%～60%；入出库道路占总面积的10%～20%；检验与准备入库货区占总面积的15%～25%；商品集结区占总面积的5%～10%。

（2）仓库储存区域的竖向布局。仓库的竖向布局是指库存商品在仓库立体空间上的布置，即货垛和货架的实际高度与仓库建筑高度的布置关系。通常仓库竖向布局采用的方式有：①就地码垛；②托盘堆码；③集装箱堆码；④使用货架；⑤空中悬挂；⑥采用架子平台。

（3）储存区域合理布局的要求。

①尽量扩大存放商品的储存面积，同时也要合理安排作业通道、货垛间距、收发货场所占用的非保管面积；

②保证仓库作业的连续性，使商品的收发保管作业互不干扰；

③合理利用仓库地坪承载能力；

④注意保证商品的存放安全。

2. 商品存放的原则和堆码方式

（1）商品存放的原则。

①面向通道进行保管；

②尽可能地向高处码放，提高保管效率；

③根据出库频率选定位置；

④同一品种在同一地方保管；

⑤根据商品重量安排保管位置；

⑥根据商品形状安排保管方法；

⑦根据先进先出的原则。

（2）商品的堆码方式。商品的堆码方式由商品的性能、形状、包装、仓储设备、存放场所和季节、气候等决定。从实践来看，为便于商品保管、清点数量的便利，以及仓库容量的有效利用，常用的堆码方式主要有如下几种。

①散堆方式：是指将无包装的散货在仓库或露天货场上堆成货堆的存放方式。这种方法适用于不用包装的颗粒状、块状的大宗散货等。

②货架方式：使用通用和专用的货架进行商品堆码的方式，主要适用于存放不宜堆高、需特殊保管存放的小件包装的商品等。

③成组堆码方式：采用成组工具先将商品组成一组，使其堆存单元扩大。可以用装卸机械成组搬运、装卸、堆码。常用的成组工具有托盘、网络、绳扣等。

④垛堆方式：直接利用商品或其包装外形进行堆码，适用于有外包装和不需要包装的长、大件商品等。

3. 商品检查、盘点、养护与保管损耗

（1）仓储保管期间的商品检查。为了保证储存保管的商品质量完好、数量完整，必须经常和定期对所保管的商品进行数量、质量、保管条件、安全等的动态检查，这是仓库保管业务的一项综合性措施。检查内容主要有：

①数量检查。检察账上的记载是否正确，核对账、卡、物是否一致。

②质量检查。检查商品质量有无变化，如有无受潮、玷污、锈蚀、发霉、鼠咬等现象。必要时，还要进行技术检查。

③保管条件检查。检查商品堆码是否合理稳固，库房是否漏雨，货场是否有积水，通风是否良好，库内温度、湿度是否符合要求等。

④安全检查。检查仓库各种安全措施和消防设备、器材是否齐备，是否符合安全要求等。

检查的方式可以分为日常检查、定期检查和临时检查等。

（2）商品盘点。

①盘点的方式。商品的盘点是指定期或临时核对库存商品实际数量与保管账上的数量是否相符；查明超过保管期限、长期积压商品的实际品种、规格和数量，以便提请处理；检查商品有无质量变化、残损等情况；检查库存商品数量的溢余或缺少的原因，以利于改进商品的仓储管理。盘点方式通常有两种：一种是定期盘点，即仓库的全面盘点，一般是每季度进行一次；另一种是临时盘点，当仓库发生商品损失事故，或保管员更换，或仓库与货主认为有必要盘点对账时，即组织一次局部性或全面的盘点。

②盘点的内容。商品盘点主要包括数量盘点、重量盘点、货账核对和账账核对等方面的内容。在进行商品日常盘点时，可以采用动态盘点、循环盘点和重点盘点等方法。动态盘点是指在发生出库动态时，就随之清点商品的余额，并与保管卡片的记录数相互对照核对；循环盘点是指按照相关商品入库的先后次序，有计划地对库存保管商品循环不断地进行盘点的一种方法，即保管员按计划每天都盘点一定量的在库商品，直至库存商品全部盘点完毕，再继续下一循环；重点盘点是指对商品进出动态频率高的，或者易损耗的，或者昂贵重要的进行盘点的一种方法。通过这些盘点方法，确保定期盘点和临时盘点的准确性，从而保证盘点的质量。

（3）商品的养护。商品养护是指商品在储存期间所进行的经常性的保养和维护工作。由于库存商品在外界环境各种因素的影响下会发生物理、化学变化，为了维护商品的使用价值，确保商品储存安全，最大限度地降低商品损耗和减少商品的损失，保障市场供应，必须做好商品储存期间的养护工作。

在电子电器产品保管过程中，对产品质量产生影响的因素主要是温度、湿度及尘埃等。所以应加强仓库管理，在仓库内外设置温度计和湿度计，经常检查温度和湿度；根据库存产品的各种性能要求，分别采取恰当的措施，如通风、降温、吸潮、避光等；严格执行商品在库检查，对库存商品的质量情况，应进行定期或不定期的检查。

商品在装卸、搬运、堆垛、盘点的操作过程中，应严格操作规程，防止商品及包装受损。对怕压、怕震、易碎、易燃商品，要轻拿轻放。要经常保持仓库和周围环境的清洁卫生，对库存时间较长的商品要及时处理，以免日久而影响质量。

（4）商品的保管损耗。商品的保管损耗是指在一定的期间内保管这种商品所允许发生的自然损耗，一般以商品保管损耗率来表示。

造成电子电器产品保管损耗的原因主要是因为业务人员的失职和保管不善使商品损坏或

丢失而造成的损耗。

四、电子电器产品储存合理化

库存是按照商品流通规律，以保证商品流通的连贯和畅通为基本职能的。对库存总量的要求是：既不脱销，又不积压，能加速资金周转和提高经济效益，使商品流通顺利进行。为此，商品合理储存应符合数量适当、结构合理、时间适当、空间合理的要求。

1. 仓储合理化的内容

（1）存货数量合理化。储存量过多或过少会导致商品积压或脱销。适当的库存数量应当是刚好保证销售的连续略有余量。当商品销售量大或商品供求偏紧时，存货量应多些；销量不大或供求平缓时，存货量可少些；易损、易燃，需要特殊保管条件的，备货量不宜多。

（2）存货结构合理化。不同品种、规格、质量的商品储存数量关系要适应一定时期内消费者的需求结构。要做到存货结构合理，对外必须熟知市场行情，通过市场调查，了解哪些商品好销，哪些商品滞销，哪些商品销路一般；对内必须掌握各类商品的性能、用途、特点及其库存量。内外结合，综合分析，发现结构不合理要及时采取措施，加以调整。

（3）存货期限合理化。商品在库超过一定期限，保管费用支出会大于进销差价，便发生亏损，故存货期不能超过保本期。要经常分析商品的寿命周期阶段，以便及时采取对策，寿命周期短的，储存时间不宜过长。

（4）库存空间合理化。要在库址选择、库内分区分类、编码符合标准的基础上，做好三项工作：

①做好季节性货位调整工作，注意季节差异和市场销售商品品种数量变化；

②做好日常货位记录与管理工作；

③做好预留机动货位工作。

总之，合理空间是一个相对概念，是商品库存与商品经营的动态适应过程。

2. 实现仓储合理化的途径

（1）实行 ABC 管理。由于在仓库中一般库存的商品品种非常多，所以在管理过程中必须根据具体情况实行重点管理，才能取得确实效果。一般采用 ABC 管理可以达到预期要求。ABC 管理就是把物品分成三类，如把占总数 10%左右的高价值的商品定为 A 类；占总数 70%左右的价格低的物品定为 C 类；A 和 C 之外的 20%则为 B 类。在库存管理中应区别对待各类物品，A 类物品应在不发生缺货条件下尽可能减少库存，实行小批量订货，每月盘点；C 类则可制订安全库存水平，进行一般管理，订货批量大，年终盘点；对 B 类则两月盘点一次。除按价值分类外，还可根据销售难易程度、缺货产生的后果等因素进行 ABC 分类，或者综合几种因素进行分类。总之，要符合仓库管理的目标和仓库本身的具体情况。

（2）应用预测技术。销售额的估计和出库量的估计等需要精确地预测，这是库存管理的关键。由于库存量和缺货率是相互制约的因素，所以要在预测的基础上，制订正确的库存方针，使库存量和缺货率协调，取得最好效果。对于预测的数据也不可过分依赖，因为预测总是以过去的数据为基础进行的，预测计算和实际情况有一定出入。为此，在预测时应尽可能依据最新的数据和信息。另外，订货周期和供货延迟期要尽量缩短，这样可以提高预测的可靠性。

（3）科学的库存管理控制。库存控制主要是对库存量进行控制。库存量过多将会导致许多问题，如占用过多的流动资金，为此付出相应的利息；存货过多则仓库的各种费用，如库存费、保险金、劳务费也随之增加；此外，还会导致商品过时、失效等损失。但一味降低库存又会出现缺货率上升的风险。因此，库存控制应当综合考虑各种因素，采用科学的库存管理控制方法以满足三方面要求：降低采购费等综合成本；减少流动资金，降低盘点资产；提高服务水平，防止缺货。

思考题

1．库存商品存放的原则是什么？

2．库存商品检查、盘点和养护的主要内容有哪些？

3．实现仓储合理化的途径有哪些？

知识拓展

一、仓储作业纪律

作业纪律是集体作业管理中必不可少的条件。它要求每个员工按照有关规定、制度和要求去进行工作，完成自己所承担的工作任务。

仓储作业人员应遵守的纪律主要有以下几个方面。

（1）组织纪律。每个员工都要服从调度，听从指挥，遵守个人服从组织、下级服从上级的组织原则，对部门主管分配的工作不讨价还价，并保证圆满完成工作任务。

（2）生产技术纪律。每个员工都必须严格遵守各种规章制度，如岗位责任制、安全技术规程、交接班制度等。

（3）工作时间纪律。每个员工都要遵守考勤制度，坚守工作岗位，并将工作时间全部用于业务工作。

（4）安全保卫纪律。要求每个员工严格遵守有关仓储安全保卫工作的规章。

二、仓库安全管理

现代仓库的安全管理是其他一切管理工作的前提和基础，具有十分重要的意义。现代仓库的安全管理主要包括现代仓库设施、设备、仓储商品等物质的安全管理和仓库保管人员的人身安全管理两大方面。仓库的安全管理应始终贯穿于仓储管理的全过程，并尽全力抓好。从商品入库验收、堆垛、到商品保养，直到商品出库点交，都离不开安全工作。所以企业仓库要制订仓库安全管理制度并要求严格遵守，以保证仓库的安全。

某企业仓库安全管理制度

（1）严格执行企业安全保卫的各项规章制度。仓库安全工作要贯彻预防为主的方针，做好防火、防盗、防汛、防工伤等工作。

（2）建立健全各级安全组织，做到制度上墙、责任到人、逐级把关、不留死角，本着“谁主管谁负责、宣传教育在前”的原则，坚持部门责任制。

（3）若库区配备消防器材和工具，应按企业内部规定执行，不得私自挪用。

（4）严禁各种生活用危险品、车辆、油料、易燃品进入库区。

（5）仓库区域严禁烟火和明火作业，确因工作需要动用明火，按企业有关安全规定执行。

（6）加强用电管理。建立班前班后检查记录制度，做好交接检查的详细记录。

（7）加强对企业内门、窗、锁的管理，出现问题及时向有关部门汇报，及时采取措施。末班人员下班后，将钥匙交到保卫部门，方可离去。

若因违反以上规定而造成物品损失，按企业有关规定处理。

模块技能训练

一、请讨论并回答下列问题

1. 为什么电子电器产品入库、出库需要办理详细的登记手续？
2. 为什么电子电器产品仓储要求实现合理化？
3. 为什么要对仓库存放商品实施检查、盘点、养护等保管措施？

二、业务训练

情景模拟：角色扮演图书管理员

每人提前准备两本书刊，并为每本书刊制作一张信息卡片作为借阅凭证；在教室的某个区域通过合理设计和布置，建立一个模拟“图书馆”；各小组轮流扮演图书管理员的角色，其他同学则扮演读者向其借、还书刊。对借阅过程中出现的问题，大家集体讨论，共同解决。

三、技能实训

实地参观考察

活动形式：以小组或班级为单位走访一家企业仓库。

活动要求：（1）遵守企业有关规章制度；

（2）认真观察物品进、出仓库的详细过程；

（3）细心观察库存物品储存区域布局、存放形式和堆码方式；

（4）做好观察记录；

（5）重视团队合作；

（6）参观过后，以小组为单位撰写一份考察报告。

活动成果：小组参观考察报告。

营销小故事

高露洁在日本岛上的促销

美国的高露洁牙膏在进入日本这样一个大的目标市场时，并没有采取贸然进入、全面出击的策略，而是先在离日本本土最近的琉球群岛上开展了一连串的广告公关活动。

他们在琉球群岛上赠送样品，使琉球的每个家庭都得到免费的牙膏。因为是免费赠送的，所以琉球的居民不论喜欢与否，每天早上都是使用高露洁牙膏。

这种免费赠送活动，引起了当地报纸、电视的注目，把它当做新闻发表，甚至连日本本土的报纸、月刊也大加报道。

于是，高露洁公司在广告区域策略上就达到了这样的目的：以琉球作为桥头堡，使得全日本的人都知道了高露洁牙膏，以点到面，广告效果十分明显。

营销启示：营销攻坚战究竟该怎么打？一般而言，有两种方法：正面进攻和侧面出击。当企业对战场不熟悉、群众基础尚未建立之时，先建立稳固的根据地，从侧面入手是一种稳健可行的策略。

模块学习测验与总结

一、选择题

1．商品验收核对时应严格执行（　　）的操作规则。

A．以单为主　B．抽样验收　C．以单核货　D．件件过目

2．配货中要执行（　　）发货原则。

A．先进先出　B．大货先出　C．易坏先出　D．坏货不出

3．ABC 管理法中把占总数 10%左右的高价值的商品定为（　　）类。

A．A类　B．B类　C．C类　D．其他类

4．仓储合理化的基本内容是（　　）。

A．库存空间合理化　B．存货结构合理化

C．存货期限合理化　D．存货数量合理化

5．商品出库的形式主要有（　　）。

A．送货　B．理货　C．提货　D配货

二、判断正误

1．仓储就是把产品存储在仓库里，进行备用和交换。（　　）

2．商品存放时应尽可能向高处码放以提高保管效率。（　　）

3．提货形式是由客户到仓库提货或储运人员提货。（　　）

4．电子电器产品消费者购买过程中最重要的角色是购买者。（　　）

5．仓库对商品的内在质量和包装内的数量，一般不负责验收。（　　）

三、案例分析

案例 9-1

电器仓库突发大火损失在千万元以上

2006 年 12 月 20 日中午 11 时 30 分许，位于西安市长乐东路的 809 库内一座数千平方米的

电器仓库南部突起大火。

火苗是从仓库的南边先蹿起来的，一位曾参与救火的工人回忆，救火时，有些同事脸都被熏黑了，“但里面放着上万台冰柜、空调，都包着纸箱和塑料泡沫，见火就着，我们根本压不住，还好没人受伤。”

中午12时，119接到火警，24辆消防车陆续赶到现场时，南仓库已成火海。消防战士们一步一探，对每个火点逐一消灭。在他们脚下，仍在燃烧的电器不时发生爆炸。经过消防战士两个多小时的英勇奋战，下午2时许，明火被扑灭。

工人们估计，火灾的损失最少在千万元以上。“火灾发生30分钟才报警，太晚了！”西安市公安局消防支队副支队长贾西海说：“灭火的最佳时间在20分钟内，如果他们早报警，损失绝对不会这么大。”

据查，此起火灾是由于该仓库工作人员违反规定，在仓库内抽烟所致。

问题：谈谈你对仓库安全问题的认识。

四、个人学习总结（表9-7）

表9-7 个人学习总结

我学到了哪些知识	
我学会了哪些技能	
我哪里学得不够好？ 原因及措施怎样	

模块学习评价（表9-8）

表9-8 模块学习评价表

小组：		姓名：	评价总分：		
评价项目		评价依据	优秀 8～10分	良好 6～8分	继续努力 0～6分
自我评价 20分	学习态度	遵守纪律；学习主动；积极参与小组活动和讨论；尊重同学和老师；具有较强的团队精神、合作意识；能客观有效地评价同学的学习			
	目标达成	达到学习目标；按要求完成各项学习任务			
	自评合计分				
小组互评 30分	其他组员	评价依据	优秀 20～30分	良好 10～20分	继续努力 0～10分
		（1）积极参与小组活动和讨论；具有较强的团队精神、合作意识；服从角色安排 （2）对小组活动贡献大小 （3）知识目标达成情况 （4）技能目标达成情况			
	……				
	小组平均分				

续表

<table>
<tr><td rowspan="7">教师
评价
50分</td><td></td><td>评价依据</td><td>优秀
8～10分</td><td>良好
6～8分</td><td>继续努力
0～6分</td></tr>
<tr><td>学习态度</td><td>综合表现</td><td></td><td></td><td></td></tr>
<tr><td>个人评价</td><td>自评结果</td><td></td><td></td><td></td></tr>
<tr><td>小组评价</td><td>互评结果</td><td></td><td></td><td></td></tr>
<tr><td>小组活动</td><td>活动成果</td><td></td><td></td><td></td></tr>
<tr><td>测验</td><td>测验结果</td><td></td><td></td><td></td></tr>
<tr><td colspan="2">教评合计分</td><td colspan="3"></td></tr>
</table>

模块十

电子电器产品销售实务

教学目标

知识目标	了解电子电器产品销售的类型及方式；熟悉电子电器产品零售业务程序以及售后服务的基本内容
技能目标	懂得消费心理和销售技巧；具备电子电器产品销售基本工作能力
教学方式	学生自主学习、合作学习；教师授导；座谈会；情景模拟；案例研讨；实地观察
参考学时	6 学时

模块基本技能

基本技能 1 了解电子电器产品销售方式

活动：座谈会

活动形式：座谈讨论。

活动过程：（1）教师向学生说明本次活动的目的、内容及注意事项。

（2）以小组为单位讨论表 10-1 所列问题，组长负责记录。

（3）讨论过程中教师给予必要的指导。

（4）小组发言人宣读讨论结果。

（5）教师对本次活动情况进行评价；对表现好的小组和个人加以表扬或奖励，尤其要鼓励学生的创造性思维。

活动成果：小组座谈记录（见表 10-1）。

表 10-1 ______小组座谈记录表

研 讨 问 题	研 讨 结 果
我所知道的购物方式有哪些	

基本知识

一、商品销售的概念及其分类

商品销售是指商品所有者通过货币关系向货币所有者让渡商品的经济活动，也就是从企业已有的产品出发，以推销产品为目的的一种市场营销活动。从商品由生产领域向消费领域转移的全过程来看，市场上的商品销售活动可按商品的出售者分为三类。

1. 生产销售

生产销售存在两种情况：一种情况是生产者将商品直接卖给消费者或生产用户，供消费者的日常需要或生产者作为再生产用；另一种情况是生产者将商品卖给中间商供转卖。而后者即商业企业的采购。

2. 批发销售

批发销售也有两种情况：一种情况是将商品（主要是消费品）批量供应给其他批发商或零售企业，供进一步转售；另一种情况是将商品（主要是生产资料）批量供应给生产加工企业，作为生产消费。

3. 零售销售

零售销售是直接面向广大消费者和社会集团的商品销售活动，将商品出售给城乡居民以满足人们的日常生活需要；出售给社会集团，供作非生产性的公用消费。

从上述三类商品销售活动来看，后两类是由商业企业完成的。商业企业的销售活动，按其销售对象和用途又可以分为供转售和供消费两种情况。供转售是在中间商之间进行的，并未离开流通领域；供消费是在中间商、消费者和社会集团之间进行的，它离开了流通领域进入消费领域。

二、电子电器产品批发企业的销售方式

批发企业的销售对象主要是生产企业和其他流通企业。商品售出后是为了进一步的加工或转卖，因此批发企业有其独特的销售方式。电子电器产品批发企业具体的销售方式主要有如下两种。

1. 门市批发

门市批发是批发企业日常性的现货销售方式。它是在固定的地点或企业内部设有样品陈列室，陈列各种商品样品，并备有可供商品的目录。批购者可以根据需要，随时到门市看样采购自己需要的商品，并当场办理批购手续。

2. 会议销售

商品销售采用会议的形式由供需双方在一定的时间内集中成交，可以是期货交易，也可以是现货交易。这种交易方式既有全国性的，也有地方性的；既有综合性的，也有专业性的；既可以有一家企业主办，也可以由几家企业联合主办或由政府部门出面主办。一般每年举行两次或多次，具体形式有如下几种。

（1）供货会：由各级商业批发部门主持，一般是在某种商品的销售旺季之前召开。在供货会上各企业陈列商品，提出货源情况及其他资料，采购企业可看样订货，双方签订合同。

（2）展销会：是企业推销积压产品或新产品的一种销售方式。在会议上陈列样品，供采购人员看样选购。

（3）洽谈会：是专为推销某一类商品而召开的会议。它是由批发企业单独召开或会同生产企业联合召开。

（3）上门推销：是由企业派出推销人员携带商品目录、价目表、样品等，到购货单位进行现场表演，促成商品交易的方式。这种方法的好处是能随时了解市场的供求情况，并及时反馈给生产厂家或上一级的批发单位。通过和客户的直接接触和交流，易于和客户建立良好的人际关系，易于促成交易并形成稳定的客户网络。其主要缺点是受推销人员的水平影响较大，费用较高。

三、电子电器产品零售企业的销售方式

零售企业的销售对象是最终消费者，用户购买的目的是为了最终消费。由于购买对象不同、购买目的不同，零售企业的销售方式与批发企业的销售方式也有所不同。电子电器产品零售企业的销售方式主要有以下几种。

1. 门市销售

门市销售是商业企业在固定的场所进行商品销售的方式，其销售方式主要有四种。

（1）柜台销售。这种销售方式是用柜台将顾客和售货员分隔开，商品摆放在柜台或货架上，顾客选购商品必须经过售货员的传递通过柜台进行交易。这种方法的优点是售货员可以直接向顾客介绍商品，帮助挑选，并可以随时听到顾客的意见，便于信息的收集和反馈，同时便于商品的保管，确保商品的安全，避免丢失和污损。但这种方法的缺点也很明显，主要是售货人员的劳动强度较大，需用售货人员较多，且不便于顾客的挑选。所以它一般只适用于零星细小、交易频繁、顾客的选择性不强、贵重的商品，如首饰、手机、手表等。

（2）敞开式销售。这种销售方式是顾客与售货人员在同一场地，没有柜台相隔，顾客可以直接接触商品，自由进行选购。顾客选定商品之后交给售货人员拿取，包装商品。这种销售方式的优点是减轻了售货人员的劳动强度，顾客可以自由地选购商品，提高了顾客的购买兴趣和满意程度，提高了成交率，但在货物的管理上相对比较困难。它适用于花色品种比较复杂、挑选性较强的产品和大件笨重产品，如电冰箱、电视机、空调等。

（3）半敞开式销售。这种销售方式吸取了上述两种销售方式的长处，一般是把商品陈列在柜台上或柜外，顾客可以自由地挑选，选好后售货员在柜台内办理成交，收付货款。它适用于式样品种较为多、挑选性比较强的产品，如笔记本计算机、影碟机、电动自行车等。

（4）自选式售货。它是由敞开式售货发展而来，货物有外包装，并标明价格，摆放在货架上，由顾客自由选购。售货员的主要工作是解答顾客提出的问题，补充、摆放、看管商品。顾客自己到电子收款机处付款。这种销售方式的优点是售货人员较少，劳动强度较低，商品价格便宜，便于顾客挑选。其缺点是对商品的包装配送、计算机管理方面的要求较高，并且在货物的管理上难度较大，如电饭煲、电风扇、电话机等。

2. 展览销售

这种销售方式是通过举办展销会，将商品实物或其他资料如图片等，在一定的期限内展览销售。其主要特点是将各种花色品种的商品集中在专柜陈列展销，由售货员宣传介绍，解答顾客提出的问题，引导顾客购买，并常伴有一定的促销活动，如取暖产品展销会。

3. 流动销售

这种销售方式是零售企业销售活动的一种补充方式。它不受营业时间、地点的限制，可以

深入到居民区、集市等地方，更接近消费者，便于顾客购买。这种销售方式可以是设摊销售、上门推销、流动售货车等，如深入农村地区的家电“大篷车”。

4. 信贷销售

这种销售方式是商品流通企业为了推销耐用消费品或库存过大的商品，用延期或分期付款的方式向消费者出售商品。它可以扩大或打开商品销路，同时也解决了消费者因一时货款不足而买不到急需商品的困难，如贷款购买大型家电。

5. 网络销售

网络销售就是通过互联网销售产品。例如目前人们熟悉的各个网上购物平台，如百度有啊、淘宝网、看了又看品牌网、易趣、拍拍等。卖家通过网络交易平台销售产品以便买家选购，这是一种“宅经济”消费趋势。

思考题

1. 电子电器产品批发企业的销售方式有哪些?
2. 电子电器产品零售企业的销售方式有哪些?
3. 电子电器产品销售人员应具备的知识条件有哪些?

知识拓展

电子电器产品销售人员应具备的条件

电子电器产品的销售活动是由销售人员来完成的。在顾客的心中，销售人员是企业的化身，代表着企业的形象，销售人员的素质对销售工作的影响至关重要。一个称职的电子电器产品销售人员必须具备如下条件。

1. 思想政治条件

（1）销售人员必须严格遵守国家的法律、法规。

（2）树立“顾客第一”的观念，具有全心全意为顾客服务的思想。

（3）具有强烈的事业心和开拓精神，热爱本职工作。

（4）能正确地处理好销售人员和企业、顾客、竞争对手之间的关系，遵守销售人员的职业道德。

2. 身体、个性、语言条件

（1）销售人员必须身体健康、精力充沛，具有独立工作和适应各种场合的能力。

（2）必须具有受顾客欢迎的礼仪和风度。

（3）讲究语言艺术，能主动、热情、耐心、周到地接待顾客。

3. 工作态度和工作能力

（1）具有高度的责任心，不怕艰苦，任劳任怨。

（2）应具有较强的工作能力，即具有较好的记忆力、观察力、分析问题和解决问题的能力，必须有想象、思维与表达能力，以及自我约束能力、善于沟通的能力和应变能力等。

（3）具有市场调查研究和搜集市场信息的能力。

4. 专业知识条件

（1）销售人员必须具备一定的科学文化知识。销售人员的科学文化知识越高，就越能在更高的层次上掌握和精通销售的专业知识和技巧。

（2）企业知识。熟悉企业的历史及在同行业中的地位、企业的销售政策、企业的经营范围、商品种类、服务项目、定价策略、交货方式、付款条件及保管方法等销售知识。

（3）商品知识。熟悉企业所经销的电子电器产品的性能、用途、用法；了解产品的基本结构、调试及简单的维修知识；了解竞争对手的情况；了解所经销产品的生命周期等。

（4）用户知识。懂得电子电器产品消费者的消费心理及其购买行为特点，了解谁是商品的购买决策者，顾客的购买动机、购买习惯及采购方式、时间、条件等情况。

（5）市场知识。了解顾客分布规律、增加购买量的途径、潜在用户的情况、潜在销量，以及有关国家政策、法律、法规、措施及规定等。

5. 心理条件

（1）在心理上要有对挫折、委屈的承受能力。

（2）有不怕困难、百折不挠的精神。

（3）有宽宏大量、能接纳各种类型顾客的胸怀。

基本技能2 熟悉电子电器产品零售基本业务

活动：体验售货过程

活动形式：情景模拟。

活动过程：（1）教师向学生说明本次活动的目的、内容及注意事项。

（2）每位学生事先准备一件商品，并尽可能多地搜集材料，了解有关的产品信息。

（3）学生之间相互展示、介绍自己的商品，并设法说服对方购买。

（4）各小组长负责记录本组成员商品售出情况。

（5）分组讨论各小组成员商品售出与未售出的原因。

活动成果：小组研讨记录表（见表10-2）。

表10-2 ______小组研讨记录表

小组成员	出售商品	售出与否	原　因
1			
2			
3			
4			
…			

基本知识

一、电子电器产品零售业务程序

1. 售货前的准备工作

售货前的准备工作主要包括出售商品的准备、售货用具的准备、售货场所的准备等。做好售前的准备工作，对于提高销售服务质量和劳动效率，具有十分重要的意义。

（1）商品准备。为了满足消费者的购买要求、保证日常销售的需要，营业前准备商品时应做到库有柜有，数量充足，花色、品种、规格齐全。同时，销售过程中要随时检查和整理，补齐备足商品，保证当天的供应。在准备商品时，柜台上、货架上商品要摆放丰满、布局均衡、一目了然，便于顾客观看和选购，起到指导消费的作用。要注意店容店貌的美化，从而引起顾客观赏商品的兴趣，诱使顾客产生购买行为。

在商品准备时间上，一般要求在晚上营业结束后或是早上开门营业之前完成商品的准备工作。对于一些需要拆包、分件或分装、挑选、装配的商品，也应提前做好准备工作，以提高售货速度，同时节省顾客的等待时间。在备货量上，一般以足够销售一天的商品量为宜。

（2）售货用具的准备。为了做好营业工作，售货人员应在营业前做好售货用具的准备工作。售货用具一般包括计算器、笔、发票、剪刀、螺丝刀、钳子、试电笔、万用表，以及用于包装的袋、盒、绳等。要注意数量充足，妥善保管。

（3）售货场所的准备。售货场所是顾客活动的公共场所。售货场所的准备工作主要是保持店堂的环境卫生。销售人员在营业前要清扫、整理所在柜组内外的环境卫生，保持充足的光源。要充分利用自然光，同时为保证售货场所的光线，需大量使用灯光照明。售货场所内的灯光照明要均匀、柔和、明亮，柜台和橱窗的光源要注意隐蔽以突出商品。灯光注意不要产生阴影，以便顾客清晰观看陈列的商品。营业前要检查灯光照明，若发现故障要及时报修。保持温度正常，空气新鲜。商店要注意通风，可利用自然风，必要时可以利用人工通风。营业前要检查各种设备是否完好，以保证营业场所的清洁和温度。

2. 售货环节

零售企业的售货环节是指在商品售货服务工作中营业人员要依次进行的工作步骤。零售企业不论采用哪种售货方式，大致都经过接待顾客、展示商品、计量包装、收款付货、送别顾客五个步骤。

（1）接待顾客。首先，要有正确的接待顾客的姿态。售货员要穿着商店规定的服装，要保持服装的整洁，精神饱满，化妆淡雅，仪态大方。同时，售货员要固守规定的位置，以正确的姿势站立，心在柜台，不干私活，不聊天，随时准备接待顾客。其次，顾客进店后，要善于观察顾客的来意，用不同的方法接待。来店的顾客一般分为两类：一类是有购买目的的顾客，进店后目光集中，脚步很快，径直向售货员走去；另一类是逛商店的顾客，进门后脚步缓慢，神色自若，目光不集中。对前一类顾客，售货员应主动与其打招呼不让其久等；对后一类顾客，售货员应让他们自由地观看。当他们来到柜台前，对某种商品发生购买兴趣时，售货员就要迎上去热情接待。

（2）介绍商品。介绍商品是以售货员所掌握的商品知识和对顾客心理的观察为基础，向顾客推荐商品。售货员在介绍商品时，一是要注意实事求是，耐心地向顾客介绍商品性能、特点、质量、价格、使用方法和售后服务等，对于不能退换和时间性强的商品，要向顾客讲明不予退换的原因；二是要态度诚恳；三是要讲究方式；四是要有问必答，做到百拿不厌，百问不烦。

（3）包装。当顾客选好商品后，售货员要迅速做好包装工作。包装要做到结实、美观、大方，尽量满足顾客所提出的要求。包装要尽量使用印有店名、店址和经营范围的包装用品，以起到广告宣传的作用。

（4）收款付货。包装好商品后，要开票收款。售货员要有礼貌地收款找零，务求笔笔无差错。收款找零时要做好三唱，即“唱价”，向顾客报商品货价和应收货款总额；“唱收”，报实际收到顾客交付的金额；“唱找”，报应找顾客的零钱数。收款时要注意先收整数，后收零数，当面点清。找零钱时方法相同。最后将包装好的商品交付给顾客。

收款的方式分为三种。

①货款合一：即一手交钱一手交货的方式。小型电子电器产品多采用这一收款方式。

②货款分管：即售货员管货不管钱。商店设收银台，由收银员专门负责收款。大型电器产品一般采用货款分管方式。

③电子收款机：电子收款机是超级市场进行货款结算的有效工具，它能打印发票和提供各种营业数据，有利于提高收款速度和减少差错。

（5）送别顾客：顾客离柜时，售货员要有礼貌地送别。送别的方式一般分为语言送别和行动送别两种。语言送别是当顾客离柜时，主动招呼“欢迎再来”“您走好”等；行动送别是向顾客点头示意、笑脸相送或目送顾客离柜。即使没有达成交易，也应该以诚相待，以表示对顾客的重视和关心，保持良好的企业形象。

3. 结账、盘点工作

商品的结账盘点工作是商业企业经营活动的重要环节。它对加强商品管理，监督商品、货款的安全具有十分重要的意义。售货员要掌握结账盘点的方法和对商品销货款的溢余、短缺的处理。

关于结算工作，实行货款合一收款方式的柜台，要清点当日的销货款，复核准确后，填写“缴款单”送交会计部门；实行货款分管的商店，售货员将缴款凭证汇总计算后和收银员对账，而后，售货员根据“缴款单”销减商品账总金额；实行日清月结的柜台，要当日清点商品余存数，与销货卡片上的数目核对，然后销减商品账中数字。

盘点工作是对商品实存数量及其金额的清点。商品的盘点工作有日销日盘、一周盘点、一旬盘点、月终盘点、临时盘点五种，不管采用哪一种盘点，都要统一参加月终盘点。盘点方式有关门盘点和营业中盘点两种。盘点时，要逐项清查、认真点数，防止重盘和漏盘。要核对价格，看货造表，把商品品名、单价、数量等逐项填入“商品盘点表”中，将每件商品的售价金额加以汇总，与会计账目核对。如果发现有货款不符现象，说明发生了商品和销货款的溢余或短缺问题，要进一步妥善处理。

发生商品损溢和销货款的长短款问题的原因主要有四种：第一，进货过程中出现差错，如原包装细数短缺；第二，销售过程中出现差错；第三，商品盘点过程中出现差错，如漏盘、重盘等；第四，其他人为造成的差错，如贪污、盗窃等。如果出现盘点问题，不论数额大小，都要由发现问题的柜组分析原因，提出改进意见，以防止类似差错发生。若属于业务生疏造成的差错，应吸取教训，改进工作；若属于责任事故或监守自盗的，应根据企业有关规定做出处理，对于已触犯法律的，应追究法律责任。

二、售货员销售服务技巧

1. 针对顾客购买商品的心理发展特点提供销售服务

消费者购买商品的心理发展过程与售货员的心理过程是相互联系、一一对应的，心理是二者的联结点。因此售货员为顾客提供销售服务的过程也是售货员与顾客彼此心理沟通的过程，如图 10-1 所示。

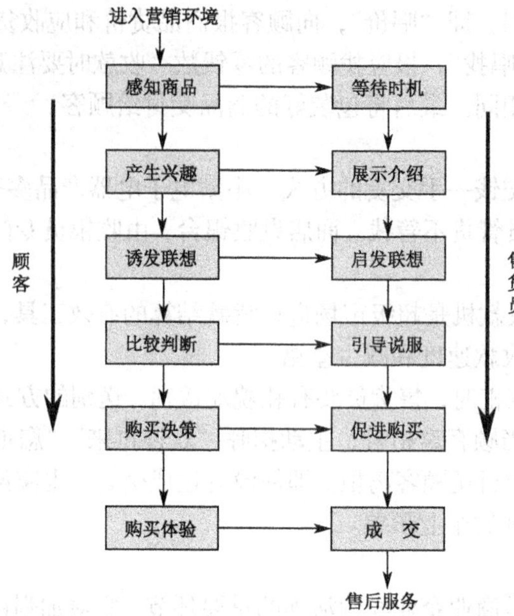

图 10-1　销售服务过程

（1）顾客购买心理发展过程。

①感知商品。当顾客进入销售环境后，会有意或无意地对周围的物理环境、营业员和其他顾客产生初步印象，接着就会把注意力集中在观赏商品上，不管事先有无购买意图，顾客总是希望找到自己需要或感兴趣的某种商品，这就是销售的基础。

②产生兴趣。顾客一旦发现目标，就会产生进一步了解商品的兴趣，集中注意，反复观察，如了解商品的品牌、价格、功能、质地、颜色等。这一过程既可能由顾客个人完成，也可能由营业员来协助完成，从而使顾客形成对商品的主观感受。

③诱发联想。当感知的商品给顾客留下比较满意的印象时，就可能诱发顾客的联想。例如，联想到使用这种商品的愉快心情，或是它带给人们的种种方便及各种观赏价值等。

④比较判断。联想所产生的心理效应，会使顾客增加或减弱对商品购买的欲望。在购买欲望形成的过程中，顾客往往会运用比较的思维方式，对可供选择的同类商品或功能相似的替代商品进行认真细致的分析鉴别，权衡优劣。此时，营业员的意见、评价往往起着重要的作用。

⑤购买决策。根据比较阶段的综合评价，顾客明确了对其所选商品的认识，从而做出购买决定，产生购买行为。

⑥购买体验。购买行为完成后，顾客的心理活动并没有马上结束，还会形成对购买活动不同的心理感受，如商品满意程度的感受、对营业员服务水平的感受。如果感到满意则会引起重复购买，并向他人宣传；否则，会产生不同程度的失望，甚至导致退货。

（2）售货员销售服务过程。

①等待接近时机。售货员与顾客的首次真正接触，专家称它是销售过程中的“黄金 30 秒”。因此，售货员要抓住最佳时机接近顾客，主动热情地向顾客打招呼，争取在 30 秒内与顾客建立良好的关系，为促成交易打下良好的基础。一般而言，售货员与顾客接近有以下几个时机：

- 顾客长时间注视某种商品的时候；
- 顾客突然放慢脚步或停步注视某种商品的时候；

- 顾客用手指向或接触某种商品的时候；
- 顾客象是在寻找什么商品的时候；
- 顾客与售货员目光相对的时候。

②展示介绍。了解了顾客的购买意图后，售货员就可以根据顾客的不同特点和要求，向其展示或介绍商品。展示商品要力求诉诸多种感官的刺激，如视觉、听觉、味觉、触觉等，突出商品特性并加以适当的介绍。

③启发联想。诉诸多种感官的刺激后，售货员强化了顾客的心理感受，此时要启发其兴趣和联想，促进其产生丰富的想象。

一般情况下，售货员要启发消费者的联想，可以采取以下方法：

- 提示法。对于拿不定主意的顾客，售货员可以根据其要求进行符合消费者利益的提示，解除其疑虑。
- 提供经验数据法。利用他人经验、数据来证明商品的使用性能、内在质量等。
- 实际操作法。可由售货员操作演示，也可由顾客自己试用，加深其对商品使用的感受。

④引导说服。售货员应细心观察顾客的感知反映，并根据其反应进行引导说服。通常，售货员的说服途径有以下几种：

- 根据顾客对展示商品的不满之处加以客观地评价，委婉地说服；
- 尽可能提供较多的同类商品让顾客进行比较选择；
- 根据不同顾客的特点和需求，有针对性地进行重点说服。例如，对于讲求实用、低价的顾客，可以着重说明商品的高性价比。

⑤促进购买。通过启迪和说服，顾客增强了购买欲望。此时，售货员就要帮助消费者坚持这种购买欲望，坚定购买信心，促成购买行为。

售货员常常会采用以下方法来促进顾客的购买行为：

- 提供详细材料，如商品的畅销程度、其他消费者的评价情况等。
- 介绍售后服务内容，如商品售后服务的项目、对比同行的优势及企业信誉等。
- 广泛征询意见，如引导前来陪同购买的顾客提出积极性意见，特别是有影响力的顾客。
- 用恰当的语言鼓励其购买，如优惠期将至、产品紧俏存货不多等。

⑥成交。当顾客决定购买后，售货员应快速、准确地办好交易手续，减少顾客等待时间，同时向顾客表示感谢，并欢迎下次惠顾。有时可适当赞美顾客的决定，或关照一些注意事项等，使顾客体验到商品和服务的双重满意。

2. 针对不同类型顾客的购买特点提供销售服务

了解顾客，掌握顾客的购买特点，是交易能否成功的重要因素。按照不同的标准，一般将顾客划分为不同的类型，售货员可针对不同类型顾客的购买特点提供销售服务。

（1）按代表性分类。按代表性分类，顾客可分为三种类型，见表 10-3。

表 10-3 顾客按代表性标准分类

序 号	类 型	购买表现及销售服务
1	走马观花型	这类顾客一般行走缓慢，东瞧西看，目标性不强。对这类顾客，应察言观色，随机应变，当出现接近机会时，售货员应及时介入
2	一见钟情型	这类顾客大多喜欢新奇的商品，当他对某种商品产生兴趣时，会表露出中意的表情并询问，此时售货员要主动迎合
3	胸有成竹型	这类顾客一般都直奔商品有备而来，售货员应迅速接近，积极配合

（2）按年龄分类。按年龄分类，顾客可分为三种类型，见表10-4。

表10-4　顾客按年龄标准分类

序　号	类　型	购买表现及销售服务
1	老年顾客	老年顾客购买心理稳定，不易受广告宣传的影响，希望购买质量好、价格公道、方便舒适、结实耐用、售后服务有保障的商品；喜欢购买习惯使用的商品，对新商品常持怀疑态度，很多情况下是在亲戚朋友的推荐下才购买未曾使用过的某种品牌的商品；购买时动作缓慢，挑选仔细，喜欢问长问短。售货员对待这类顾客应有足够的耐心
2	中年顾客	多属于理智购买，购买时比较自信，喜欢购买已被证明其使用价值的新商品；对能够改善家庭生活条件、节约家务时间，既经济，质量又好，还有装饰效果的商品感兴趣。对于此类顾客，售货员一定要以亲切、诚恳、专业的态度来对待，才有可能被其接受
3	青年顾客	具有强烈的生活美感，由于年龄因素，不需要承担过多的经济负担，所以对商品的价值观念淡薄，只要是见到自己喜欢的商品，就会产生购买欲望和行动；追求档次、品牌，求新、求奇、求美的心理较为普遍，对消费时尚反应敏感，喜欢购买新颖、流行的商品，往往是新产品的第一批购买者；多数购买行为具有明显的冲动性，易受外部因素影响。售货员要迎合此类顾客的求新、求奇、求美的心理进行商品介绍，尽量向他们推介目前流行的、前卫的商品，并强调此商品的新特点、新功能、新用途

（3）按性别分类。按性别分类，顾客可分为两种类型，见表10-5。

表10-5　顾客按性别标准分类

序　号	类　型	购买表现及销售服务
1	男顾客	多数是有目的地购买，比较自信，不喜欢售货员过分热情和喋喋不休；购买动机常会受外界因素影响而发生改变；选择商品以其用途、质量、性能为主，价格因素作用相对较小；希望迅速成交，对排队等候更是缺乏耐心。售货员应重点介绍商品的使用功能和质量特性，语言应简短、自信、专业，并适时提供建议，可替顾客交费
2	女顾客	购买动机具有主动性、灵活性和冲动性；购买心理不稳定，易受外界因素的影响，且购买行为受情绪影响较大；挑选商品细致，注重商品的流行性、外观、款式、品牌、价格、质量和售后服务。售货员应与顾客建立愉快、融洽的沟通关系，耐心细致地帮顾客展示多种商品供其挑选，热情提供参考意见，帮助顾客做出购买决定

3. 抓住产品卖点为顾客提供专业的导购服务

任何一种电子电器产品之所以为消费者所购买，都必然有一个或几个能够满足消费者的某种需求的功能，称为卖点。售货员抓住产品卖点向顾客推介产品，是营销成功的关键所在。下面以电冰箱为例介绍电冰箱产品的卖点。

随着“节能”“环保”“健康”“抗菌”等消费理念的深入人心，电冰箱业已逐渐步入一个崭新的时代。如今电冰箱产品的卖点就是更加节能、更大容量、更多门数、更高保鲜、更加美观的“五更”冰箱，这已成为今后几年的电冰箱流行趋势，具体内容见表10-6。

表 10-6 电冰箱的产品卖点

序 号	卖 点	内 容
1	更节能	2008 年是奥运年，也是提倡“健康节能”的一年，因此，众多家电厂家都在这一年发布了更多的节能环保产品。HE 品牌保鲜系列多门变频冰箱 BCD-355WBP 和矢量变频电冰箱 BCD-278VBP，在实现节能的同时更颠覆了传统保鲜概念。XMZ 品牌 KK20V60TI 双开门冰箱采用电脑温控和单循环制冷系统，耗电量仅为 0.49 度。MD 品牌 BCD-199DM 冰箱采用全封闭的高效压缩机，其性能优良，有效地提高了冰箱的工作效率
2	多开门	目前来看，双门电冰箱一直占据着主流市场，但今年从市场上可以明显看到，多开门电冰箱显示出强劲的增长势头。近期，HE 品牌、MD 品牌等冰箱一线品牌纷纷推出多开门电冰箱新品，其中 MD 品牌电冰箱的多开门产品已经接近 20 款，包括三门、四门、五门等主力高端机型
3	大容量	与多开门电冰箱形成呼应的是，大容量多温区的空间设计也成为各企业追逐的目标。与一年前相比，大容量冰箱的容积段发生了惊人的变化，产品容量从 240L 提升到 560L，容积翻了一倍多。多温区颠覆了原来简单的冷藏、冷冻室划分方式，辟出专有空间以储存不同温度需求的食物
4	高保鲜	保鲜是冰箱之所以称为“冰箱”的基本功能之一。目前，各冰箱厂家在温度控制上都已经达到了较高水平，部分厂家已经开始在湿度和微生物上做文章。有的冰箱厂家甚至开始研究气体环境的控制，据专家介绍，家用冰箱的这种突破势必将大大提升其保鲜水平
5	讲艺术	冰箱的外观设计除了目前市场上流行的“彩色面板”之外，还出现了简约大方、清新淡雅的欧式设计风格，令人耳目一新。MD 品牌、HE 品牌等陆续推出多款法式对开门产品系列，使之成为高端产品的主流设计趋势。L 品牌、SX 品牌、YL 品牌的产品也体现出强烈的视觉冲击

思考题

1．电子电器产品零售的业务程序是什么？

2．顾客购买商品的心理发展过程是怎样的？

知识拓展

电子电器产品售后服务

电子电器产品售后服务主要是指产品售出后的送货、安装、调试及维修服务等。这是企业销售活动不可缺少的极其重要的组成部分，对于扩大企业销售、提高企业的竞争能力、满足消费需要都具有十分重要的意义。

电子电器产品售后服务的基本内容如下。

1．送货服务

送货服务又称送货上门。它一般是指由售货方为购买笨重或体积庞大商品的顾客提供方便，负责将商品运送到家。对于购买重量较大、体积庞大的商品和路途较远的商品，或是一次购物数量较大的顾客，以及一些有特殊困难的顾客（如老、弱、病、残），公司或直销商必须提供送货上门服务项目。在送货途中一定要注意顾客地址是否准确，货物要小心保存，要轻搬轻放，防止散包和损坏。

根据服务礼仪规范，送货服务需要注意以下五个方面的问题。

（1）遵守承诺。提供送货服务，通常在售货服务进行之中。即明文公告，或由营业员口头告诉顾客。不论是明文公告还是口头相告，均应将有关的具体规定，诸如送货区域、送货时间等一并告诉顾客，并且必须言而有信，认真兑现自己的承诺。

（2）专人负责。为顾客提供送货服务，大体上都应当由指定的专人进行负责。在规模较大的销售单位里，往往还需要组织专门的送货人员与送货车辆。即使雇请外部人员负责，也要与之签订合同，以分清彼此之间的责任，并要求对方全心全意地做好此事。

（3）免收费用。在正常情况下，企业为顾客所提供的送货服务，是不应再额外加收任何费用的。除非顾客对于送货提出某些特定的要求，如进行特殊包装、连夜送货上门并且已与顾客达成付费协议。但费用一经议定，就不得任意更改。

（4）按时送达。送货上门，讲究的是尽快尽早。因此，服务单位应当尽一切可能，使自己的送货服务当时进行或者当天进行。如果一时难以做到，也要争取越快越好。对于自己已经承诺的送货时间，则一定要严格遵守。若无特殊困难，必须在规定的时间之内准时为顾客送货到家。

（5）确保安全。在送货上门的过程中，有关人员应当采取一切必要的措施，确保自己运送货物的安全。如果在送货期间货物出现问题，按惯例应由销售单位负责理赔。根据惯例，送货到家之后，应请顾客对其开箱进行验收检查，然后正式签收。

2. 实行“三包”服务

“三包”服务即包修、包换、包退。实行“三包”是现代电子电器产品生产经营企业服务项目中最基本的服务承诺，也是争取顾客、取得更大销售成绩的有效方法之一。

3. 安装服务

安装服务是指由销售单位负责为顾客上门装配、调试对方所购买的大件商品或成套商品。对于不少消费者来说，销售商能否负责上门装配，往往是他们购买商品时考虑的重要因素。因为有许多大件商品或成套商品，不懂专业技术的人是难以正确装配、调试的。例如，顾客购买空调、热水器、抽油烟机等商品，除要求免费送货外，还要求上门免费安装的售后服务。因此，为顾客提供上门装配、调试服务，不仅能满足顾客的要求，而且也为企业树立了良好形象。

销售单位在提供安装服务时应注意以下几个方面的问题。

（1）约期不误。向顾客提供安装服务，务必要在双方预先约定的时限之内按时进行。切勿一拖再拖、反复延误，甚至毁约不再负责安装。如果那么做，实际上是对消费者权益的一种严重损害。

（2）免收费用。按照惯例，为顾客提供安装服务，对销售单位而言往往是其应尽的一项义务，因此是不应收取任何费用的。有关经办人员在上门进行安装时，也不得以任何方式加收费用或者进行变相收费。

（3）烟酒不沾。安装人员上门进行服务时，应当做到两袖清风，不拿顾客的一针一线。不准私自索取财物，不准要吃要喝，尤其是不准以要挟手段来达到此类目的。

（4）符合标准。为顾客所进行的安装服务，不但要由专业技术人员负责，而且在进行具体操作时，也要严守国家的有关标准。不合标准而随意安装，或是在进行安装时偷工减料，都是不允许的。

（5）当场调试。正式安装完毕之后，有关人员应当场进行调试，并向顾客具体说明使用过程之中的注意事项，认真答复对方为此而进行的询问。当调试无误之后，应由对方正式进行签收。

（6）定期访查。对于本单位负责安装的商品，服务单位本着对顾客负责到底的精神，应在事后定期访查，以便为顾客减少后顾之忧，并及时为其排忧解难。

4. 包装服务

对于消费者购买的有些商品，商家应予以包装，方便顾客携带，保护商品不受损坏。在包装商品时，商家可使用印有本公司名称、生产厂家、地址、电话号码、服务内容的专用包裹或包装袋、包装纸，这样既起到了保护商品的作用，又宣传了公司形象，是一种很有效的广告宣传方法。

5. 建立用户档案

消费者在购买商品的使用过程中经常会遇到这样或那样的问题，企业应建立消费者档案，掌握消费者的使用情况，为消费者提供指导及商品咨询服务，既为消费者提供良好的售后服务，解除他们的后顾之忧，又为商家产品的更新换代提供各项资料，加速产品的更新换代，更好地满足顾客多方面的需求。

模块技能训练

一、请讨论并回答下列问题

1．如何进行商品的结账盘点工作？

2．如何根据顾客购买心理过程开展销售工作？

二、业务训练

角色扮演

活动形式：情景模拟。

活动过程：（1）教师向学生说明本次活动的目的、内容及注意事项。

（2）找四位学生充当演员。两人一组。第一组表演场景一、二；第二组表演场景三。给每位演员分派一个角色并把剧本发给他们。给他们一些时间来熟悉角色，然后请他们分别演绎场景一、场景二和场景三。提醒学生要特别注意演员的言行举止，找出售货员所做的对顾客有消极或消极影响的事情。

场景一

顾客：你好!

售货员：（看着顾客走近来，没有表情，也没有说什么）

顾客：嗯，我想了解一些冰箱的信息。

售货员：（语气较为和善，没有直接看着顾客……）好的，我们这里有多种款式的冰箱。你需要一些介绍手册吗，或者你想了解一下价格信息？

顾客：好，我现在只需要一些介绍手册，想带回家看。目前我还没有要买的打算。

售货员：（语气转为冷淡）没关系。那里有你需要的手册（将手册指给顾客），你可以看一看，如果有什么问题，可以给我打电话。

顾客：好的。谢谢你。

售货员：（没表情）。

（顾客转身离开）

场景二

售货员：（看着顾客走近来，面带微笑）早上好。

顾客：你好！

售货员：（直面顾客，做眼神交流）我能为您做些什么吗？

顾客：哦，我想了解一些冰箱的信息。

售货员：好的。我们这里有多种款式的冰箱。你需要一些介绍手册吗，或者你想了解一下价格信息？

顾客：哦，现在我只需要一些手册带回家看。目前我还没有要买的打算。

售货员：没关系。这里有一些您需要的手册（微笑着将手册双手交给客户）。您可以看一看，如果有什么问题，可以给我打电话。

顾客：好的。谢谢你。

售货员：谢谢你的来访。

（顾客转身离开）

场景三

售货员：（看着顾客走近来，面带微笑）早上好。

顾客：你好！

售货员：（直面顾客，做眼神交流）我能为您做些什么吗？

顾客：哦，我想买台计算机。

售货员：好的。请问您要购买的计算机是单位用还是家里用呢？

顾客：是我在家里使用。

售货员：家里使用体积小一点比较好，对吧？

顾客：是的，体积应尽量小。

售货员：您需要功能强大的还是不需要有太多功能的？

顾客：不需要有太多功能的。

售货员：是不是主要用来处理一些文件资料和上网浏览？

顾客：是的，处理文件资料主要在办公室完成，家里只是偶尔上上网。

售货员：嗯，功能要少，体积要小，而且要安装方便、故障少，具有一般文字处理和上网功能是否就行了？

顾客：对，只要这些就行。

售货员：先生，这台 Y-009 型家用计算机是目前体积最小，具有一般文字输入和上网功能的计算机。它推向市场才一年，品质、性能相当稳定，安装、操作都非常方便，目前正执行优惠价格，才 2800 元，并提供一年包换、终身保修，非常适合您的要求，您看如何？

顾客：嗯，好的，就买它了。

（3）各小组在教师的指导下展开讨论，回答研讨问题。

（4）组长负责记录，小组发言人代表本组宣读讨论结果。

（5）教师对本次活动情况进行评价；对存在争议的一些问题加以澄清；对表现好的小组和个人加以表扬，对出演角色的四位学生进行奖励，。

活动成果：小组研讨记录表（见表10-7）。

表10-7 ______小组研讨记录表

研讨问题	研讨结果
（1）请指出场景一中售货员做得不好的地方	
（2）请指出场景二中售货员做得好的地方	
（3）场景三中售货员为何如此顺利地就将电脑销售出去了	

三、技能实训

观察售货员销售服务过程

活动形式：实地观察。

活动过程：（1）各小组成员由组长带领利用课余时间到附近的大型商场进行现场考察。采用非参与的方式，仔细观察并记录下售货员在销售服务的整个过程中都采用了哪些有利于商品售出的语言和非语言行为（目光、表情、手势、体姿等）。

（2）组长负责记录、填写考察表，并将考察表整理成电子稿发往老师电子邮箱。

活动结果：小组现场观察表（见表10-8）。

表10-8 ______小组现场考察表

语言行为	非语言行为
1.	1.
2.	2.
3.	3.
4.	4.
5.	5.
…	…

营销小故事

两家小店

有两家卖粥的小店，每天的顾客相差不多，都是川流不息、人进人出的。然而晚上结算时，左边这家总是比右边那家多出百十元来，天天如此。这天，我走进了右边那家粥店。服务小姐微笑着把我迎进去，给我盛好一碗粥。问我："加不加鸡蛋？"我说加。于是她给我加了一个鸡蛋。每进来一个顾客，服务员都要问一句："加不加鸡蛋？"有说加的，也有说不加的，大概各占一半。我又走进左边那家小店。服务小姐同样微笑着把我迎进去，给我盛好一碗粥。问我："加一个鸡蛋还是加两个鸡蛋？"我笑了，说："加一个。"再进来一个顾客，服务员又问一句："加一个鸡蛋还是加两个鸡蛋？"爱吃鸡蛋的就要求加两个，不爱吃的就要求加一个。也有要求不加的，但是很少。一天下来，左边这家小店就要比右边那家卖出很多个鸡蛋。

营销启示：给别人留有余地，更要为自己争取尽大可能大的领域。销售不仅是方法问题，更多的是对消费心理的理解。

模块学习测验与总结

一、选择题

1. 以下属于批发销售方式的是（　　）。
   A．柜台销售　B．会议销售　C．信贷销售　D．流动销售
2. 敞开式销售的特点是（　　）。
   A．顾客与售货员之间有柜台相隔　B．顾客与售货员之间有柜台相隔
   C．顾客可以直接接触商品　D．顾客可以直接接触商品
3. 会议销售的基本形式有（　　）。
   A．供货会　B．联谊会　C．洽谈会　D．展销会
4. 收款找零时要做好三唱，即（　　）。
   A．唱好　B．唱价　C．唱收　D．唱找
5. 发生商品损溢和销货款的长短款问题的原因原因主要有（　　）。
   A．进货过程中出现差错　B．销售过程中出现差错
   C．商品盘点过程中出现差错　D．其他人为造成的差错

二、判断正误

1. 收款时要注意先收整数，后收零数。（　　）
2. 售货的最后一个环节是收款付货。（　　）
3. 出现货款不符现象，说明发生盗窃问题。（　　）
4. 当感知的商品给顾客留下比较满意的印象时，就可能诱发顾客的联想。（　　）
5. 送货到家之后，应请顾客对其开箱进行验收检查，然后正式签收。（　　）

三、案例分析

案例 10-1

诚信服务　巧赢顾客心

某顾客到南天店音响柜台，在初步比较后，明确表示想买一套“宝笙”音响。为了主推某公司的“派浪”音响，销售人员并没有急于推荐，先是播放了一段音乐，让他进行音质、性能的比较。顾客表示并未决定购买“宝笙”音响。于是，销售人员在与之巧妙地闲谈中了解到，顾客要为新装修的房子选购一整套家用电器。销售人员抓住机会热心进行导购，实事求是地说明各品牌的优点和不足，为顾客提供参考依据。顾客满意地购了其他商品后，对该销售员的服务及全程陪同十分赞同，就决定购买“派浪”音响。事隔不久，他又带来了亲戚指名要找该销

售员为其服务。

顾客对商家产生信任是十分重要的，实事求是、真诚以待是销售中最重要的产品，只有赢得了顾客的心，才会最终赢得顾客。万事没有十全十美的，产品也如此，实事求是既宣传了商家的信誉，又为售后奠定了基础。

问题：为什么实事求是介绍产品不足之处却能达成交易？

四、个人学习总结（表10-9）

表10-9 个人学习总结

我学到了哪些知识	
我学会了哪些技能	
我哪里学得不够好？ 原因及措施怎样	

模块学习评价（表10-10）

表10-10 模块学习评价表

小组：		姓名：	评价总分：		
评价项目		评价依据	优秀 8～10分	良好 6～8分	继续努力 0～6分
自我评价20分	学习态度	遵守纪律；学习主动；积极参与小组活动和讨论；尊重同学和老师；具有较强的团队精神、合作意识；能客观有效地评价同学的学习			
	目标达成	达到学习目标；按要求完成各项学习任务			
	自评合计分				
小组互评30分	其他组员	评价依据	优秀 20～30分	良好 10～20分	继续努力 0～10分
		（1）积极参与小组活动和讨论；具有较强的团队精神、合作意识；服从角色安排 （2）对小组活动贡献大小 （3）知识目标达成情况 （4）技能目标达成情况			
	……				
	小组平均分				
教师评价50分		评价依据	优秀 8～10分	良好 6～8分	继续努力 0～6分
	学习态度	综合表现			
	个人评价	自评结果			
	小组评价	互评结果			
	小组活动	活动成果			
	测验	测验结果			
	教评合计分				

模块十一

电子电器产品运输与配送实务

教学目标

知识目标	理解商品运输的概念、方式和采用的一般模式；熟悉商品运输及配送的业务内容和作业流程；熟悉相关手续的办理、商品运输和配送业务基本业务内容
技能目标	具备制定合理运输方案的初步能力；具备电子电器产品配送工作所需的基本业务能力
教学方式	学生自主学习、合作学习；教师授导；情景模拟；座谈会
参考学时	4 学时

模块基本技能

基本技能 1　了解电子电器产品运输基本业务

活动：制订旅行计划

活动形式：情景模拟。利用速度、时间、路程的关系解决行程问题。假设同学们计划结伴出游，目的地为北京、上海或广州，各小组分别设计一个经济、快捷且收获最大的 7 日旅行计划。

活动过程：（1）教师利用多媒体课件向学生展示 3 个城市的地图、图片、视频材料，也可通过网站对城市的景点、风俗进行介绍，让学生对准备去的地方有一个感性认识。

（2）分组讨论出行前需要明确的几个问题，如路程、交通工具、花费、时间、可能的收获等；明确活动要解决的 3 个问题：①打算去什么地方？②选择什么交通工具？理由是什么？③以合理为原则设计一个经济、快捷且收获最大的 7 日旅行计划，并用合适的方式（表格、文字、演示文稿等）对计划进行简要的概括整理。

（3）分组进行网络环境下的协助学习。在协作学习过程中同学们自行分工，分别负责查询路程、时间、票价、预测可能的收获、记录和整理数据、比较并计算结果。

（4）同组整理数据，交流意见。汇总本组查询到的各种信息，明确运用哪些信息的数量关系可以计算出何种结果，小组讨论本活动提出的 3 个问题。

（5）整理小组讨论结果，用合适的方式加以概括。

（6）全体同学进行交流汇总。

*活动成果：*一份对本活动提出的 3 个问题的解决方案。

基本知识

一、商品运输的概念

商品运输是指商品借助运力在空间位置上的转移，即运用某种运输工具把甲地的商品运往乙地。通过运输，商品由生产领域进入流通领域，最后进入消费领域，实现商品价值和使用价值。

运输在电子电器产品营销过程中占据十分重要的位置。它需要根据客户的要求，在预定的时间内高效率、低成本地将货物运达目的地。做好电子电器商品的运输工作，可以缩短商品的在途时间，及时满足销售需求，减少在途商品的资金占压，减少商品损耗，降低运输费用，从而提高企业的经济效益。

二、电子电器产品运输的主要方式

电子电器产品运输采用的方式主要有铁路运输、公路运输、水运和航空运输等。

1. 公路运输

公路运输是主要使用汽车在公路上进行货客运输的一种方式。它主要承担近距离、小批量的货运和水运、铁路运输难以到达地区的长途、大批量货运，以及铁路、水运优势难以发挥的短途运输。其主要优点是灵活性强，可采取“门到门”运输形式，即从发货者门口直到收货者门口，而无须转运或反复装卸搬运。其缺点是装运量小、燃料消耗大、运输费用高、受气候影响大，适合短距离运输。公路运输的经济里程一般在 200 千米以内。

2. 铁路运输

铁路运输是使用铁路列车运送客货的一种运输方式。它主要承担长距离、大数量的货运。在没有水运条件的地区，几乎所有大批量货物都是依靠铁路运输。铁路运输的特点是运输量大、运行速度快、安全准时，运费比公路运输低，在运行中有较高的连续性和准确性，受季节气候的影响小，适合大宗商品的远程运输，但灵活性比较差，有些地区不能直接运到。铁路运输经济里程一般在 200 千米以上。

3. 水运

水运是使用船舶运送客货的一种运输方式。它主要承担大数量、长距离的运输，是干线运输中起主力作用的运输形式。在内河及沿海，水运也常作为小型运输工具使用，担任补充及衔接大批量干线运输的任务。其优点是成本低，能进行低成本、大批量、远距离的运输；缺点是运输速度慢，受港口、水位、季节、气候影响较大，所以一年中中断运输的时间较长。

4. 航空运输

航空运输是使用飞机或其他航空器进行运输的一种方式。其特点是运输速度最快，不受地形的限制，能保证远程运输在很短的时间内到达。但飞机运量小、营运成本高、运价高，不能广泛大量地使用它来运送商品，所以适合运送贵重商品、急需运输的商品。

三、电子电器产品运输的主要模式

商品运输一般分为运输和配送。运输和配送的区别在于：所有物品的移动都是运输，而配送则专指短距离、小批量的运输；运输是指整体，而配送则是指运输中的一部分。

电子电器产品品的运输主要有两种模式：干线运输和配送。

1. 干线运输

干线运输即一般意义上的运输，是指大规模、高效率、远距离的运输。它一般适用于以下两种情况。

（1）生产厂家到存货地点之间的运输，如工厂到大型中转仓库，工厂到流通中心之间的运输等。

（2）生产厂家到大量用户之间的直达运输。

干线运输通常采用铁路整列、整车运输和船舶运输等。

2. 配送

配送又称为二次运输或末端运输。它与干线运输不同，是一种小规模、多户头的运输。它按照众多用户的不同要求，逐个将货物送给用户，具有送量小、路程短、送达地点不固定且较分散等特点。配送一般采用汽车运输方式。

干线运输和配送的具体区别见表 11-1。

表 11-1　干线运输与配送的区别

编　号	干 线 运 输	配　送
1	长距离大量货物的移动	短距离少量货物的移动
2	据点间的移动	企业送交用户
3	地区间货物的移动	地区内部货物的移动
4	一次向一地单独运送	一次向多处运送，每处只获得少量货物

干线运输和配送往往有机地连接成一个整体。电子电器产品生产经营企业在组织产品运输时，只有把二者有效地配置，才能取得较好的经济效益。

四、电子电器产品运输业务

1. 发运业务

发运业务是指商业发货单位或发货人按照铁路、交通运输部门的规定办理手续，通过一定的运输方式和运输工具，把商品从发运地运送到接受地的业务活动。

运输方式不同，其流转手续、技术操作也有所不同，一般来说具有如下工作程序。

（1）组织配货：就是根据货源、运力的情况，按照货物包装、性能、重量、体积、运价等特点，把货物组织配载在一节铁路货车、一个集装箱或一艘船、一辆汽车内。它是货物运输过程中技术性很强的环节，对车船的利用程度、运费的高低、货物的安全等有着重要影响。

组织配货的方法主要有见单组配、见货组配、按运输计划组配三种。在组配时应注意以下几点：

①根据合理运输的原则，一般掌握能直达的不中转，能联运的不分运，能合装的不发零担。

②要确保货物安全，应按照货物性能和铁路、交通部门的货运规章，把适合一起装载的货物组配成一批发运。

③要分清轻重缓急，注意以快为主，快中求好，快中求省，快商结合。

④要根据铁路、交通部门的货物运价规则，精心计算、比较，实行轻重合理组配，提高车、

船装载量。

（2）办理托运手续：是指发货单位根据货物流转和运力情况，向铁路、交通部门要车、迎船、批票等，包括填制各种运输单证和办理具体托运手续两方面。

（3）送货到站：由于送货工作中环节多、手续杂，所以各环节必须严格交接，点验货物，划清责任，保证货物发运工作质量。

（4）组织装运：在办完商品发运交接手续之后，就要组织装运。这是实现组配、提高运输工具装载量、保障货物运输安全的重要环节。

特别应该强调发运时间，备货和调车要衔接一致，保证按时发车、按时装车、按时发运。有些企业和运输部门，采用"网络分析法"严密计算发运业务各项工序的时间，按简繁不同、先后次序组织作业，从而确定最佳的发运时间。

2. 接运业务

接运业务是指企业或运输部门在接到到货通知后，认真做好接运准备工作，把到达的货物完整无损地接运到指定位置的业务活动。接运同样是很重要的作业环节，它关系到运输时间、货物质量和能否及时入库与出售。接运要做好以下几方面的工作。

（1）接运单位必须与运输部门办理交接手续，根据有关货物运输凭证以及数量和质量的要求，接收、清点货物，要手续清楚、责任分明。

（2）接卸货物，必须注意安全，保证质量，严禁野蛮装卸、损伤货物，给国家财产造成不应有的损失。

（3）提货前准备仓位，货物接卸以后，应立即办理入库手续，进入在库保管环节。

（4）能组织直拨的货物，企业在接到到货通知后，可事先与用户单位联系，当货物到达后，在就近车站、码头或专用线，直接把货物发出，不入库保管，可减少中间环节。

3. 中转业务

凡是从起运地到收获地之间不能一次到达，须经过二次运输，转换两种以上运输工具的就属于中转运输。中转运输起着承前启后的作用，即一方面它要把发来的货物接运进来；另一方面，又要把接运的货物发运出去。所以，加强中转管理，对提高运输作业质量是非常重要的。首先，要衔接运输计划，发货单位必须按有关规定，提前将需要中转的运输计划通知中转单位；其次，要事先做好接运和中转准备工作，货物到达后，及时装卸，及时转出；再次，检查加固包装，对中转的货物包装要认真检查，凡是发现已经破损的，应该进行加固或更换，不能破来破转，造成货物损失；最后，物流企业在货物到达后，要及时理货，分批进行，以利中转，避免前后混淆、批次不清而造成混乱，延误中转时间。

五、电子电器产品运输的合理化

电子电器产品的合理运输是指在运输过程中，按照交通运输条件、产品合理流向和市场供需情况，走最短的里程，经过最少的环节，用最少的运力，花最少的费用，以最快的速度将产品从起运点运达目的地。

1. 影响运输合理化的因素

运输合理化的影响因素很多，起决定作用的有五个方面，称为合理运输的五要素。

（1）运输距离。在运输时，运输时间、运输货损、运费、车辆或船舶周转等运输的若干技术经济指标，都与运距有一定比例关系，运距长短是运输是否合理的一个最基本的因素。缩短运输距离从宏观、微观考虑都会带来好处。

（2）运输环节。每增加一次运输，不但会增加起运的运费和总运费，而且必须要增加运输的附属活动，如装卸、包装等，各项技术经济指标也会因此下降。所以，减少运输环节，尤其是同类运输工具的环节，对合理运输有促进作用。

（3）运输工具。各种运输工具都有其使用的优势领域，对运输工具进行优化选择，按运输工具特点进行装卸运输作业，尽可能发挥所用运输工具的作用，是运输合理化的重要一环。

（4）运输时间。运输是物流过程中需要花费较多时间的环节，尤其是远程运输。在全部物流时间中，运输时间占绝大部分，所以运输时间的缩短对整个流通时间的缩短有决定性的作用。此外，运输时间短，有利于运输工具的加速周转，充分发挥运力的作用，有利于货主资金的周转，有利于运输线路通过能力的提高，对运输合理化有很大贡献。

（5）运输费用。前面已提到运费在全部物流费中占很大比例，运费的高低在很大程度决定了整个物流系统的竞争能力。实际上，运输费用的降低，无论对货主企业还是对物流经营企业来讲，都是运输合理化的一个重要目标。运费的判断，也是各种合理化实施是否行之有效的最终判断依据之一。

2. 不合理运输的表现形式

不合理运输是指在现有条件下可以达到的运输水平而未达到，从而造成了运力浪费、运输时间增加、运费超支等问题的运输形式。它主要有如下七种。

（1）返程或启程空驶。空车无货载行驶，是不合理运输的较严重形式。在实际运输组织中，除必须调运空车的情况不能将其看成不合理运输外，因调运不当、货源计划不周、不采用运输社会化而形成的空驶等，都属于不合理运输的表现。造成空驶的不合理运输主要有以下几种原因：

①能利用社会化的运输体系而不利用，却依靠自备车送货提货，这往往出现单程重车、单程空驶的不合理运输。

②由于工作失误或计划不周，造成货源不实，车辆空去空回，形成双程空驶。

③由于车辆过分专用，无法搭运回程货，只能单程实车、单程回空周转。

（2）对流运输。对流运输也称为“相向运输”“交错运输”，指同一种货物，或彼此间可以互相代用而又不影响管理、技术及效益的货物，在同一线路上或平行线路上作相对方向的运送，而与对方运程的全部或一部分发生重叠交错的运输称为对流运输。已经制订了合理流向图的产品，一般必须按合理流向的方向运输，如果与合理流向图指定的方向相反，也属于对流运输。

在判断对流运输时需注意的是，有的对流运输是不很明显的隐蔽对流。例如，不同时间的相向运输，从发生运输的那个时间看，并无出现对流，于是可能做出错误的判断，所以要注意隐蔽的对流运输。

（3）迂回运输。迂回运输是舍近取远的一种运输。可以选取短距离进行运输而不办，却选择路程较长路线进行运输的一种不合理形式。迂回运输有一定复杂性，不能简单处之，只有当计划不周、地理不熟、组织不当而发生的迂回，才属于不合理运输，如果最短距离有交通阻塞、道路情况不好或有对噪音、排气等特殊限制而不能使用时发生的迂回，不能称为不合理运输。

（4）重复运输。本来可以直接将货物运到目的地，但是在未达目的地之前，或在目的地之外的其他场所将货卸下，再重复装运送达目的地，这是重复运输的一种形式。另一种形式是，同品种货物在同一地点一面运进，同时又向外运出。重复运输的最大缺点是增加了非必要的中间环节，这就延缓了流通速度，增加了费用，增大了货损。

（5）倒流运输。倒流运输是指货物从销地或中转地向产地或起运地回流的一种运输现象。其不合理程度要大于对流运输，其原因在于，往返两程的运输都是不必要的，形成了双程的浪费。倒流运输也可以看成是隐蔽对流的一种特殊形式。

（6）过远运输。过远运输是指调运物资舍近求远，近处有资源不调而从远处调，这就造成可采取近程运输而未采取，拉长了货物运距的浪费现象。过远运输占用运力时间长、运输工具周转慢，物资占压资金时间长，远距离自然条件相差大，又容易出现货损，增加了费用支出。

（7）运力选择不当。运力选择不当是指运输方式选择不当造成的不合理现象，常见有以下形式。

①弃水走陆：在同时可以利用水运及陆运时，不利用成本较低的水运或水陆联运，而选择成本较高的铁路运输或汽车运输，使水运优势不能发挥。

②铁路、大型船舶的过近运输：不是铁路及大型船舶的经济运行里程却利用这些运力进行运输的不合理做法。其主要不合理之处在于火车及大型船舶起运及到达目的地的准备、装卸时间长，且机动灵活性不足，在过近距离中利用，发挥不了运速快的优势。相反，由于装卸时间长，反而会延长运输时间。另外，和小型运输设备比较，火车及大型船舶装卸难度大、费用也较高。

③运输工具承载能力选择不当：不根据承运货物数量及重量选择，而盲目决定运输工具，造成过分超载、损坏车辆及货物不满载、浪费运力的现象。尤其是“大马拉小车”现象发生较多。由于装货量小，单位货物运输成本必然增加。

（8）托运方式选择不当。托运方式选择不当，如应选择整车运输，却采取零担托运；应选择直达运输，却采取中转运输等，这是一种会造成运力浪费及费用支出加大的不合理运输。

上述各种不合理运输形式都是在特定条件下表现出来的，在进行判断时必须注意其不合理的前提条件，否则就容易出现判断的失误。例如，如果同一种商品，因商标、价格不同所发生的对流，不能绝对看成不合理，因为其中存在着市场机制引导的竞争，优胜劣汰。如果强调因为表面的对流而不允许运输，则会起到保护落后、阻碍竞争甚至助长地区封锁的作用。

3. 实现运输合理化的途径

实现运输合理化的途径一般有以下几种。

（1）分区产销平衡合理运输。这是根据商品产销分布情况和交通运输条件，在产销平衡基础上，按照一定区域和近产近销原则，规划商品基本流向和范围，制订商品合理的流向图，用这种办法把供销关系和合理运输路线固定下来。要使商品运输合理化、制度化，必须注意三个问题：适应商品产销情况和交通运输条件的变化；充分注意个别品种的产品在不同地区之间的相互调剂；得到有关部门的通力协作。

（2）按经济流向组织商品运输。由于供求关系和消费习惯自然形成一种经济运行形势，形成一定经济区域，于是根据这种流向和范围组织商品运输。必须注意选择工业生产和交通条件发达的城市为中心，同时也要注意打破行政区划的限制。

（3）直达直线运输。直达运输是指越过中间环节，把产品直接运往销地或主要用户；直接运输是指按商品合理流向，走最短里程，合称为直达直线运输。要注意加强各方协作，相互配合，同时注意经济效益。

（4）“四就直拨”运输。“四就直拨”运输是指四种直拨形式：一是就工厂直拨；二是就车站直拨；三是就仓库直拨；四是就车过载直拨。采取“四就直拨”运输既要注意适用范围，也要强调各方配合，重要的是必须贯彻执行“节约费用、双方受益”的原则。

（5）合理使用运输工具。它包括提高技术装载量，一方面改进商品包装，另一方面改进装载技术；提高整车比重；加速车辆周转；组织双程运输，避免空驶。

（6）选择最佳的运输方式。首先要决定采用何种运输工具。如果使用汽车，还要考虑车型（大型、轻小型、专用），是使用自有车还是委托运输公司。

（7）提高运输效率。努力提高车辆的行程利用率、装载率，减少空车行驶，缩短等待或装载时间，提高有效工作时间，降低燃料消耗。

（8）推进共同运输。提高部门、集团、行业间的合作和批发、零售之间的配合，提高运输工作效率，降低运输成本。

思考题

1．电子电器产品运输的主要方式有哪些？

2．电子电器产品不合理运输的表现形式有哪些？

3．实现电子电器产品运输合理化的途径有哪些？

知识拓展

运输包装标志

运输包装上的标志，可根据其作用、用途的不同，分为以下几种。

1．运输标志

运输标志俗称“唛头”，其作用是在运输过程中使有关人员易于辨识货物，便于核对单证，避免货物在运输中发生混乱或延误，使货物顺利和安全地运抵目的地。运输标志通常刷印在运输包装明显的部位，由一些字母、数字及简单文字组成，有的还伴有几何图形。它主要包括以下三项基本内容。

（1）收/发货人的名称代号、简单的几何图形。有的只有简单的文字或英文字母组成，其中英文字母，根据双方约定，可以是发货人名称或买方名称。

（2）目的地的名称。目的地标志是用来说明货物运往目的地的名称，一般不能用简称或代号。如果途中需要转运，则应加列“转运”字样和转运地名称。

（3）件号。在货物付运时，货主都要对每件货物按照顺序编号，件号标志一般用1/10、10/10等表示，其中分母表示该批货物的总件数，分子表示该件货物在整批货物中的编号，目的是为了便于查对、点数。

鉴于运输标志的实际内容比较多，有时还要加进一些不必要的项目，加上各种运输方式之间对运输标志的要求差异较大，不能适应多式联运的开展，不利于电子计算机在运输和单证流转方面的应用，因此，我国建议统一使用由联合国相关组织制定，并向各国推荐使用的标准运输标志。该标志包括以下四个因素：

（1）收货人或买方名称的英文缩写字母或简称；

（2）参考号，如运单号码、订单号码或发票号码；

（3）目的地，如货物最终目的港或目的地的名称；

（4）件数号码。

现举例说明标准化运输标志，如图 11-1 所示。

ABCD	收货人代号
1234	参考号
LONDON	目的地
1/20	件数代号

图 11-1 标准化运输标志示例

2. 指示性标志

指示性标志是提示人们在装卸、运输和保管过程中需要注意的事项，一般都是以简单、醒目的图形和文字在包装上标出，故有人称为注意标志。根据我国国家技术监督局发布的《包装储运图示标志》规定，指示性标志如图 11-2 所示。

图 11-2 指示性标志

3. 运输安全

货物在运输过程中，都要经过发货、收货及装卸、搬运等环节。有些货物要经过长途运输，有的还需要中转才能到达目的地。保证货物在运输过程中的安全是伴随运输管理全过程的一项重要工作。

在货物运输过程中，常见的货物运输事故，一般有以下类型。

（1）属于货物本身性能特点和操作不当引起的事故。例如，一部分属于易腐、易碎、易燃、易爆的货物，如果包装不注意、装卸不小心，在运输中很容易发生事故、损失或酿成灾难。

（2）属于货物在装卸环节和运输途中造成的差错事故。例如，在运输作业和装卸作业中，内于装车、卸车、行车操作不当，车辆振动过大而损坏商品，造成事故；或由于装车时篷布拴得不严，使货物受到雨淋水浸；在装货前，由于车厢清扫不净，造成货物污染等都属于这种差错事故。

（3）属于发货单位填错货票、唛头而发生的事故。由于填错了货物名称、规格、数量、等级、收货人、到站等而错发了商品；由于没有单、货同行，给收货方造成验收困难，而造成错收、错转等都属于这种差错事故。

（4）属于在运输中或装车前、卸车后的车站、港口发生货物丢失、被盗等事故。

（5）属于自然灾害造成货物在运输过程中的损失事故。例如，由于洪水、暴风、暴雨、塌方、断道而造成翻车、沉船等事故。

可见，货物运输事故是多方面原因造成的，所以为了防止或尽量减少事故和损失的发生，物流运输部门必须贯彻“以防为主”的方针，切实采取预防措施，加强运输安全管理，以确保货物运输安全。

基本技能2 了解电子电器产品配送基本业务

活动：课堂讨论

活动形式：小组座谈。主题：邮寄物品是如何送达我们手中的。

活动过程：（1）由教师向学生说明本活动的目的和要求，以及活动过程中可能出现的问题和注意事项。

（2）小组展开主题讨论，讨论内容包括物品邮寄的流程、采用的运输方式以及物品寄出和接受所需要办理的手续等。组长负责记录。

（3）讨论过程中，教师给予必要的指导。

（4）由各小组发言人宣读本组座谈记录，以形成资料共享。

（5）老师对各组讨论情况进行总结评价。对气氛热烈、发言积极的小组和个人予以表扬和奖励，尤其要鼓励学生的创造性思维。

活动成果：小组座谈记录表（见表11-2）。

表 11-2 ______小组座谈记录表

组长		座谈主题	邮寄物品是如何送达我们手中的
座谈记录			
座谈总结			

基本知识

一、配送的定义

配送是指在经济合理区域范围内，根据客户要求，对物品进行拣选、加工、包装、分割、组配等作业，并按时送达指定地点的运输活动。

配送是“配”和“送”有机结合的形式。配送与一般送货的重要区别在于，配送利用有效的分拣、配货等理货工作，使送货达到一定的规模，以利用规模优势取得较低的送货成本。如果不进行分拣、配货，有一件运一件，需要一点送一点，这就会大大增加动力的消耗，使送货并不优于取货。所以，在电子电器产品营销过程中追求整个配送的优势，分拣、配货等工作是必不可少的。

二、电子电器产品配送的一般形式

1. 配送中心配送

配送中心配送专业性强，和用户一般有固定的配送关系，配送设施及工艺是按用户专门设计的。所以，配送中心配送具有能力强、配送品种多、数量大等特点。但由于服务对象固定，其灵活机动性较差，而且由于规模大，要有一套配套设施、设备，投资较高。一般大中型电子电器产品生产经营企业特别是连锁经营企业都建有自己的配送中心。

2. 仓库配送

仓库配送是以仓库为据点进行配送。它可以是以原仓库在保持储存保管功能的前提下，增加一部分配送功能，或经过对原仓库的改造，使其成为专业的配送中心。

3. 商店配送

商店配送的据点是电子电器产品生产经营企业的门市网点。商店配送形式是除自身日常的零售业务外，还要按用户的要求将商品配齐，或代用户外购一部分本店平时不经营的商品，然后送达用户。因此在某种意义上讲，它是一种销售配送形式。连锁商店配送也是商店配送的一种形式。

三、电子电器产品配送的一般作业流程

配送的一般流程如图 11-3 所示。

图 11-3 配送流程

1. 备货

备货包括筹集货源、订货或购货、集货、进货，以及验货、交接、结算等。备货是配送的基础，它可以集中不同客户的需求统一备货，从而在一定程度上取得规模效益，降低进货成本。

2. 存储

配送中的存储有储备和暂存两种形式。配送储备是为了保证配送稳定性的周转储备和风险储备，一般数量较大，储备结构也较完善。配送暂存是配送时按分拣配货要求，在理货场地的少量备货。

3. 配货

配货是按照不同客户的要求，对货物进行分拣、分类、匹配的作业。配货是配送过程中的关键环节，配货水平的高低关系到整个配送系统的效率和水平。

4. 配装

配装是按照车辆有效负荷进行搭配装载。对于不同客户和不同的货物，按照送达的时间、地点、线路进行合理配装，可以提高车辆的载货效率和运输效率，从而提高送货水平降低送货成本。

5. 送货

送货就是把货物送达客户指定的场所。送货是一种联结客户末端的运输，主要使用汽车作为运输工具。由于配送客户多，城市交通路线比较复杂，如何使配装和路线有效组合是提高配送运输效率、减少汽车公害的关键。送货不仅是把货物运抵客户，还包括圆满地移交、卸货、堆放等服务，以及处理相关手续和结算等。

四、电子电器产品配送的合理化措施

国内外推行配送合理化，有一些可供借鉴的办法，简介如下。

（1）推行一定综合程度的专业化配送。通过采用专业设备、设施及操作程序，取得较好的配送效果并降低配送过分综合化的复杂程度及难度，从而追求配送合理化。

（2）推行共同配送。共同配送是指一个配送企业为多个客户共同提供配送服务。通过共同配送，可以以最近的路程、最低的配送成本完成配送，从而追求合理化。

（3）实行送取结合。配送企业与用户建立稳定、密切的协作关系. 配送企业不仅成了用户的供应代理人，而且承担用户储存据点，甚至成为产品代销人。在配送时，将用户所需的物资送到，再将该用户生产的产品用同一车运回，这种产品也成了配送中心的配送产品之一，或者作为代存代储，免去了生产企业库存包袱。这种送取结合，使运力充分利用，也使配送企业功能有更大的发挥，从而追求合理化。

（4）推行准时配送系统。准时配送是配送合理化重要内容。配送做到了准时，用户才有资源把握，可以放心地实施低库存或零库存，可以有效地安排接货的人力、物力，以追求最高效率的工作。另外，保证供应能力，也取决于准时供应。从国外的经验看，准时供应配送系统是现在许多配送企业追求配送合理化的重要手段。

（5）推行即时配送。即时配送是最终解决用户企业担心断供之忧、大幅度提高供应保证能力的重要手段。即时配送是配送企业快速反应能力的具体化，是配送企业能力的体现。

即时配送成本较高，但它是整个配送合理化的重要保证手段。此外，用户要实行零库存，即时配送也是重要手段保证。

思考题

1. 电子电器产品配送的一般形式有哪些?
2. 电子电器产品配送的一般作业流程是什么?
3. 电子电器产品配送的合理化措施有哪些?

知识拓展

配送的一般模式

按配送时间及数量划分的商品配送模式有定时配送、定量配送、定时定量配送、定时定线配送和即时配送。

1. 定时配送

定时配送是指按规定时间和时间间隔进行配送。定时配送的时间，由配送的供给与需求双方通过协议确认。每次配送的品种及数量可预先在协议中确定，实行计划配送；也可以在配送之前以商定的联络方式（如电话、传真、计算机网络等）通知配送品种及数量。

定时配送由于配送时间确定,对用户而言,易于根据自己的经营情况按照最理想时间进货，也易于安排接货力量（如人员、设备等)。对于配送供给企业而言，这种方式易于安排工作计划，有利于对多个用户实行共同配送以减少成本的投入，易于计划使用车辆和规划路线。但是，如果配送商品种类较多，则配货、装货难度较大，当配送数量变化较大时，配货及车辆配装的难度则较大，也会使配送运力的安排出现困难。

2. 定量配送

定量配送指按规定的批量进行配送，但不确定严格的时间，只是规定在一个指定的时间范围内配送。这种方式由于每次配送的品种、数量固定，备货工作较为简单，不用经常改变配货备货的数量，可以按托盘、集装箱及车辆的装载能力规定配送的定量，既能有效利用托盘、集装箱等集装方式，也可做到整车配送，所以配送效率较高，成本较低。由于时间不严格限定，可以将不同用户所需物品凑整装车后配送，提高车辆利用率。对用户来讲，每次接货都处理同等数量的货物，有利于准备人力、设备能力。

3. 定时定量配送

定时定量配送指按照规定的配送时间和配送数量进行配送，兼有定时、定量两种方式的优点，是一种精密的配送服务方式。

这种方式要求有较高的服务质量水平，组织工作难度很大，通常针对固定客户进行这项服务。由于适合采用的对象不多，很难实行共同配送等配送方式，所以成本较高，一般在用户有特殊要求时采用，不是一种普遍适用的方式。

4. 定时定线配送

定时定线配送是在规定的运行路线上按事先确定的运行时间表进行配送。采用这种方式有利于配送企业计划安排车辆及驾驶人员，可以依次对多个用户实行共同配送，无须每次决定货物配装、配送路线、配车计划等问题，因此比较易于管理，配送成本较低。在配送用户较多的地区，也可以免去因过分复杂的配送要求带来的配送计划、组织工作、配货工作及车辆安排等方面的困难。对用户来讲，既可以在一定路线、一定时间内进行选择，又可以有计划安排接货力量。这种配送方式可以为众多的中小型客户提供极大的方便，像连锁商店配送活动。但它的应用领域也是有限的，不是一种可普遍采用的方式。

5. 即时配送

即时配送是指完全按照用户突然提出的时间、数量方面的配送要求，随即进行配送的方式。采用这种方式，客户可以将安全储备降低为零，以即时配送代替安全储备，实现零库存经营。即时配送可以灵活高效地满足用户的临时需求，最终解决用户企业担心断供之忧，大幅度提高供应保证能力的重要手段。通常只有配送设施完备，具有较高的管理和服务水平，较高的组织和应变能力的专业化的配送中心才能大规模地开展即时配送业务。

模块技能训练

一、请讨论并回答下列问题

1. 为什么说配送有别于送货？
2. 共同配送的好处在哪里？
3. 配送为什么要求合理配装？

二、业务训练

1. 讨论分析各案例该选哪种交通运输方式，为什么？选择时都考虑了哪些因素？

（1）郑州某公司的业务员小张，必须在两天内赶到北京签订一份合同。

（2）某用户急需一种电子仪表，公司距送货地点1000多千米。

（3）从上海往大连发货，选择最经济的方法。

2. 案例分析

案例11-1

戴尔成功的诀窍——高效物流配送

在不到20年的时间内，戴尔计算机公司的创始人迈克尔·戴尔白手起家，把公司发展到250亿美元的规模。即使面对美国经济目前的低迷，在惠普等超大型竞争对手纷纷裁员减产的情况下，戴尔仍以两位数的发展速度飞快前进。

戴尔公司分管物流配送的副总裁迪克·亨特一语道破天机："我们只保存可供5天生产的存货，而我们的竞争对手则保存30天、45天，甚至90天的存货。这就是区别。"

物流配送专家詹姆斯·阿尔里德在其专著《无声的革命》中写道："主要通过提高物流配送打竞争战的时代已经悄悄来临。看清这点的企业管理人员才是未来竞争激流中的弄潮者，否则，一个企业将可能在新的物流配送环境下苦苦挣扎，甚至被淘汰出局。"

亨特在分析戴尔成功的诀窍时说："戴尔总支出的74%用在材料配件购买方面，2000年这方面的总开支高达210亿美元，如果我们能在物流配送方面降低0.1%，就等于我们的生产效率提高了10%。”物流配送对企业的影响之大由此可见一斑。如今，特别是在高科技领域，材料成本随着日趋激烈的竞争而迅速下降。以计算机工业为例，材料配件成本的下降速度为每周1%。从戴尔公司的经验来看，其材料库存量只有5天，当其竞争对手维持4周的库存时，就等于戴尔的材料配件开支与对手相比保持着3%的优势。当产品最终投放市场时，物流配送优势就可转变成2%～3%的产品优势，竞争力的强弱不言而喻。

在提高物流配送效率方面，戴尔和50家材料配件供应商保持着密切、忠实的联系，戴尔所需材料配件的95%都由这50家供应商提供。戴尔与这些供应商每天都要通过网络进行协调沟通：戴尔监控每个零部件的发展情况，并把自己新的要求随时发布在网络上，供所有的供应商参考，提高透明度和信息流通效率，并刺激供应商之间的相互竞争；供应商则随时向戴尔通报自己的产品发展、价格变化、存量等方面信息。

问题：（1）戴尔公司为何如此重视物流配送？

（2）戴尔实现高效物流配送的诀窍是什么？

三、技能实训

运输与配送实训

活动形式：以班级为单位联系到一电器经销企业配送部门参与为客户送货。

活动要求：（1）服从带队教师和企业人员管理，遵守企业有关规章制度。

（2）了解整车货物送货单相关内容及填写注意事项。

（3）了解商品的装卸有哪些作业方法。

（4）了解电器经销企业送货过程中运输路线的设计。

（5）观察企业人员与客户交货时的语言沟通及相关手续的办理。

（6）以小组为单位撰写一份实训报告（提示：可通过互联网搜索报告范例）。

活动成果：小组实训报告

营销小故事

买次品得大奖

A市的百花商场是一家有名的商场，从来没有出售过假货、次品，价格也合理，因此它生意兴隆，并多次受到有关部门的表扬。

不料，老王从百花商场买了一台窗式空调，不管怎么调试，这台空调就是不制冷。安装人员很紧张，他以为这下会把商场的牌子砸了，便急忙给商场总经理打电话，说明了情况。总经理问了客户的详细住址后说：“你不要离开客户家，我一会儿就到。”

30分钟后，一辆面包车停到老王家的楼下，面包车前边的玻璃窗下，挂着一条黄漆还未干的红布横幅，上边写着“向顾客发奖”5个大字，车上放着欢快的音乐。总经理和两位迎宾小姐抬了部新空调下了车，装空调的纸箱上放了一个大红纸包。总经理握着老王的手说：“我今天特来向你表示祝贺，祝贺你获得我们商场里的第一个大奖！”

老王莫名其妙地说：“我买了你们的次品，怎么会获奖呢？”

总经理说："我们商场内部有一条规定：哪位顾客从我们商场买到假货、次品，我们除原价退换外，再另外奖给 5000 元。可商场开业以来，一直没有遇到这种情况，今天你是我们商场的第一个领奖者。"他把 5000 元的大红纸包交给了老王。

这件事在当地产生了强烈的反响，百花商场在人们的心目中信誉更高了，生意更红火了。

营销启示：其实，百花商场根本就没有这一条规定，只不过是空调出了问题后，总经理随机应变，及时采取的补救措施。

模块学习测验与总结

一、选择题

1．下列运输方式中，单位成本最低的是（　　）。

A．铁路运输　　B．水路运输　　C．航空运输　　D．公路运输

2．以下运输活动中，属于不合理运输的是（　　）。

A．迂回运输　　B．联合运输　　C．干线运输　　D．支线运输

3．公路运输的特点是（　　）。

A．受气候影响小　　B．运输速度快　　C．灵活性好　　D．灵活性差

4．以下属于配送模式的是（　　）。

A．定时配送　　B．定量配送　　C．定人配送　　D．定点配送

5．电子电器产品配送的一般流程是（　　）。

A．送货　　B．理货　　C．提货　　D．配货

二、判断正误

1．公路运输的运输量小且受气候影响大。（　　）

2．干线运输通常采用铁路整列、整车运输和船舶运输。（　　）

3．对流运输是一种合理的运输现象。（　　）

4．配送与送货的区别在于配送包含分拣、配货等理货工作。（　　）

5．仓库对商品的内在质量和包装内的数量，一般不负责验收。（　　）

三、案例分析

案例 11-2

运输方案的选择

大发公司有两批货物需要运往异地。一批是少量的精密电子仪器，客户要求一天内由北京运往上海；另一批货物是电风扇，由北京运往山东某山区。由于情况特殊，两批货物均不考虑节约运费。大发公司拟定的运输方案为：（1）精密仪器采用火车运输；（2）电风扇采用汽车运输。

问题：（1）各种运输工具的特点是什么？

（2）大发公司的运输方案合理吗？简单分析原因。

四、个人学习总结（表 11-3）

表 11-3 个人学习总结

我学到了哪些知识	
我学会了哪些技能	
我哪里学得不够好？ 原因及措施怎样	

模块学习评价（表 11-4）

表 11-4 模块学习评价表

小组：		姓名：	评价总分：		
评价项目		评价依据	优秀 8～10 分	良好 6～8 分	继续努力 0～6 分
自我评价 20 分	学习态度	遵守纪律；学习主动；积极参与小组活动和讨论；尊重同学和老师；具有较强的团队精神、合作意识；能客观有效地评价同学的学习			
	目标达成	达到学习目标；按要求完成各项学习任务			
	自评合计分				
小组互评 30 分	其他组员	评价依据	优秀 20～30 分	良好 10～20 分	继续努力 0～10 分
		（1）积极参与小组活动和讨论；具有较强的团队精神、合作意识；服从角色安排 （2）对小组活动贡献大小 （3）知识目标达成情况 （4）技能目标达成情况			
	……				
	小组平均分				
教师评价 50 分		评价依据	优秀 8～10 分	良好 6～8 分	继续努力 0～6 分
	学习态度	综合表现			
	个人评价	自评结果			
	小组评价	互评结果			
	小组活动	活动成果			
	测验	测验结果			
	教评合计分				

>>> 附录 A

相关法律法规

《中华人民共和国消费者权益保护法》有关条款摘录

第一条 为保护消费者的合法权益，维护社会经济秩序，促进社会主义市场经济健康发展，制定本法。

第二条 消费者为生活消费需要购买、使用商品或者接受服务，其权益受本法保护；本法未作规定的，受其他有关法律、法规保护。

第三条 经营者为消费者提供其生产、销售的商品或者提供服务，应当遵守本法；本法未做出规定的，应当遵守其他有关法律、法规。

第四条 经营者与消费者进行交易，应当遵循自愿、平等、公平、诚实信用的原则。

第五条 国家保护消费者的合法权益不受侵害。

国家采取措施，保障消费者依法行使权利，维护消费者的合法权益。

第六条 保护消费者的合法权益是全社会的共同责任。

国家鼓励、支持一切组织和个人对损害消费者合法权益的行为进行社会监督。大众传播媒介应当做好维护消费者合法权益的宣传，对损害消费者合法权益的行为进行舆论监督。

第七条 消费者在购买、使用商品和接受服务时享有人身、财产安全不受损害的权利。

消费者有权要求经营者提供的商品和服务，符合保障人身、财产安全的要求。

第八条 消费者享有知悉其购买、使用的商品或者接受的服务的真实情况的权利。

消费者有权根据商品或者服务的不同情况，要求经营者提供商品的价格、产地、生产者、用途、性能、规格、等级、主要成分、生产日期、有效期限、检验合格证明、使用方法说明书、售后服务，或者服务的内容、规格、费用等有关情况。

第九条 消费者享有自主选择商品或者服务的权利。

消费者有权自主选择提供商品或者服务的经营者，自主选择商品品种或者服务方式，自主决定购买或者不购买任何一种商品、接受或者不接受任何一项服务。消费者在自主选择商品或者服务时，有权进行比较、鉴别和挑选。

第十条 消费者享有公平交易的权利。

消费者在购买商品或者接受服务时，有权获得质量保障、价格合理、计量正确等公平交易条件，有权拒绝经营者的强制交易行为。

第十一条 消费者因购买、使用商品或者接受服务受到人身、财产损害的，享有依法获得赔偿的权利。

第十四条 消费者在购买、使用商品和接受服务时，享有其人格尊严、民族风俗习惯得到尊重的权利。

第十六条 经营者向消费者提供商品或者服务，应当依照《中华人民共和国产品质量法》和其他有关法律、法规的规定履行义务。经营者和消费者有约定的，应当按照约定履行义务，但双方的约定不得违背法律、法规的规定。

第十七条 经营者应当听取消费者对其提供的商品或者服务的意见，接受消费者的监督。

第十八条 经营者应当保证其提供的商品或者服务符合保障人身、财产安全的要求。对可能危及人身、财产安全的商品和服务，应当向消费者做出真实的说明和明确的警示，并说明和标明正确使用商品或者接受服务的方法以及防止危害发生的方法。

经营者发现其提供的商品或者服务存在严重缺陷，即使正确使用商品或者接受服务仍然可能对人身、财产安全造成危害的，应当立即向有关行政部门报告和告知消费者，并采取防止危害发生的措施。

第十九条 经营者应当向消费者提供有关商品或者服务的真实信息，不得做引人误解的虚假宣传。经营者对消费者就其提供的商品或者服务的质量和使用方法等问题提出的询问，应当进行真实、明确的答复。商店提供商品应当明码标价。

第二十三条 经营者提供商品或者服务，按照国家规定或者与消费者的约定，承担包修、包换、包退或者其他责任的，应当按照国家规定或者约定履行，不得故意拖延或者无理拒绝。

第二十四条 经营者不得以格式合同、通知、声明、店堂告示等方式做出对消费者不公平、不合理的规定，或者减轻、免除其损害消费者合法权益应当承担的民事责任。格式合同、通知、声明、店堂告示等含有前款所列内容的，其内容无效。

第二十五条 经营者不得对消费者进行侮辱、诽谤，不得搜查消费者的身体及其携带的物品，不得侵犯消费者的人身自由。

第二十九条 有关国家机关应当依照法律、法规的规定，惩处经营者在提供商品和服务中侵害消费者合法权益的违法犯罪行为。

第三十四条 消费者和经营者发生消费者权益争议的，可以通过下列途径解决：

（一）与经营者协商和解；

（二）请求消费者协会调解；

（三）向有关行政部门申诉；

（四）根据与经营者达成的仲裁协议提请仲裁机构仲裁；

（五）向人民法院提起诉讼。

第三十五条 消费者在购买、使用商品时，其合法权益受到损害的，可以向销售者要求赔偿。销售者赔偿后，属于生产者的责任或者属于向销售者提供商品的其他销售者的责任的，销售者有权向生产者或者其他销售者追偿。消费者或者其他受害人因商品缺陷造成人身、财产损害的，可以向销售者要求赔偿，也可以向生产者要求赔偿。属于生产者责任的，销售者赔偿后，有权向生产者追偿。属于销售者责任的，生产者赔偿后，有权向销售者追偿。消费者在接受服务时，其合法权益受到损害的，可以向服务者要求赔偿。

第三十七条 使用他人营业执照的违法经营者提供商品或者服务，损害消费者合法权益的，消费者可以向其要求赔偿，也可以向营业执照的持有人要求赔偿。

第四十条 经营者提供商品或者服务有下列情形之一的，除本法另有规定外，应当依照《中华人民共和国产品质量法》和其他有关法律、法规的规定，承担民事责任：

（一）商品存在缺陷的；

（二）不具备商品应当具备的使用性能而出售时未做说明的；

（三）不符合在商品或者其包装上注明采用的商品标准的；

（四）不符合商品说明、实物样品等方式表明的质量状况的；

（五）生产国家明令淘汰的商品或者销售失效、变质的商品的；

（六）销售的商品数量不足的；

（七）服务的内容和费用违反约定的；

（八）对消费者提出的修理、重作、更换、退货、补足商品数量、退还货款和服务费用或者赔偿损失的要求，故意拖延或者无理拒绝的；

（九）法律、法规规定的其他损害消费者权益的情形。

第四十一条 经营者提供商品或者服务，造成消费者或者其他受害人人身伤害的，应当支付医疗费、治疗期间的护理费、因误工减少的收入等费用，造成残疾的，还应当支付残疾者生活自助具费、生活补助费、残疾赔偿金以及由其扶养的人所必需的生活费等费用；构成犯罪的，依法追究刑事责任。

第四十二条 经营者提供商品或者服务，造成消费者或者其他受害人死亡的，应当支付丧葬费、死亡赔偿金以及由死者生前扶养的人所必需的生活费等费用；构成犯罪的，依法追究刑事责任。

第四十四条 经营者提供商品或者服务，造成消费者财产损害的，应当按照消费者的要求，以修理、重作、更换、退货、补足商品数量、退还货款和服务费用或者赔偿损失等方式承担民事责任。消费者与经营者另有约定的，按照约定履行。

第四十五条 对国家规定或者经营者与消费者约定包修、包换、包退的商品，经营者应当负责修理、更换或者退货。在保修期内两次修理仍不能正常使用的，经营者应当负责更换或者退货。对包修、包换、包退的大件商品，消费者要求经营者修理、更换、退货的，经营者应当承担运输等合理费用。

第四十九条 经营者提供商品或者服务有欺诈行为的，应当按照消费者的要求增加赔偿其受到的损失，增加赔偿的金额为消费者购买商品的价款或者接受服务的费用的一倍。

第五十条 经营者有下列情形之一，《中华人民共和国产品质量法》和其他有关法律、法规对处罚机关和处罚方式有规定的，依照法律、法规的规定执行；法律、法规未做规定的，由工商行政管理部门责令改正，可以根据情节单处或者并处警告、没收违法所得、处以违法所得一倍以上五倍以下的罚款，没有违法所得的处以一万元以下的罚款；情节严重的，责令停业整顿、吊销营业执照：

（一）生产、销售的商品不符合保障人身、财产安全要求的；

（二）在商品中掺杂、掺假，以假充真，以次充好，或者以不合格商品冒充合格商品的；

（三）生产国家明令淘汰的商品或者销售失效、变质的商品的；

（四）伪造商品的产地，伪造或者冒用他人的厂名、厂址，伪造或者冒用认证标志、名优标志等质量标志的；

（五）销售的商品应当检验、检疫而未检验、检疫或者伪造检验、检疫结果的；

（六）对商品或者服务做引人误解的虚假宣传的；

（七）对消费者提出的修理、重作、更换、退货、补足商品数量、退还货款和服务费用或者赔偿损失的要求，故意拖延或者无理拒绝的；

（八）侵害消费者人格尊严或者侵犯消费者人身自由的；

（九）法律、法规规定的对损害消费者权益应当予以处罚的其他情形。

《中华人民共和国产品质量法》有关条款摘录

第一条 为了加强对产品质量的监督管理，提高产品质量水平，明确产品质量责任，保护消费者的合法权益，维护社会经济秩序，制定本法。

第二条 在中华人民共和国境内从事产品生产、销售活动，必须遵守本法。本法所称产品是指经过加工、制作，用于销售的产品。建设工程不适用本法规定；但是，建设工程使用的建筑材料、建筑构配件和设备，属于前款规定的产品范围的，适用本法规定。

第三条 生产者、销售者应当建立健全内部产品质量管理制度，严格实施岗位质量规范、质量责任以及相应的考核办法。

第四条 生产者、销售者依照本法规定承担产品质量责任。

第五条 禁止伪造或者冒用认证标志等质量标志；禁止伪造产品的产地，伪造或者冒用他人的厂名、厂址；禁止在生产、销售的产品中掺杂、掺假，以假充真，以次充好。

第十二条 产品质量应当检验合格，不得以不合格产品冒充合格产品。

第十三条 可能危及人体健康和人身、财产安全的工业产品，必须符合保障人体健康和人身、财产安全的国家标准、行业标准；未制定国家标准、行业标准的，必须符合保障人体健康和人身、财产安全的要求。禁止生产、销售不符合保障人体健康和人身、财产安全的标准和要求的工业产品。具体管理办法由国务院规定。

第二十二条 消费者有权就产品质量问题，向产品的生产者、销售者查询；向产品质量监督部门、工商行政管理部门及有关部门申诉，接受申诉的部门应当负责处理。

第二十六条 生产者应当对其生产的产品质量负责。产品质量应当符合下列要求：

（一）不存在危及人身、财产安全的不合理的危险，有保障人体健康和人身、财产安全的国家标准、行业标准的，应当符合该标准；

（二）具备产品应当具备的使用性能，但是，对产品存在使用性能的瑕疵作出说明的除外；

（三）符合在产品或者其包装上注明采用的产品标准，符合以产品说明、实物样品等方式表明的质量状况。

第二十七条 产品或者其包装上的标识必须真实，并符合下列要求：

（一）有产品质量检验合格证明；

（二）有中文标明的产品名称、生产厂厂名和厂址；

（三）根据产品的特点和使用要求，需要标明产品规格、等级、所含主要成分的名称和含量的，用中文相应予以标明；需要事先让消费者知晓的，应当在外包装上标明，或者预先向消费者提供有关资料；

（四）限期使用的产品，应当在显著位置清晰地标明生产日期和安全使用期或者失效日期；

（五）使用不当，容易造成产品本身损坏或者可能危及人身、财产安全的产品，应当有警示标志或者中文警示说明。裸装的食品和其他根据产品的特点难以附加标识的裸装产品，可以不附加产品标识。

第二十八条 易碎、易燃、易爆、有毒、有腐蚀性、有放射性等危险物品以及储运中不能倒置和其他有特殊要求的产品，其包装质量必须符合相应要求，依照国家有关规定作出警示标志或者中文警示说明，标明储运注意事项。

第三十三条 销售者应当建立并执行进货检查验收制度，验明产品合格证明和其他标识。

第三十四条 销售者应当采取措施，保持销售产品的质量。

第三十九条 销售者销售产品，不得掺杂、掺假，不得以假充真、以次充好，不得以不合格产品冒充合格产品。

第四十条 售出的产品有下列情形之一的，销售者应当负责修理、更换、退货；给购买产品的消费者造成损失的，销售者应当赔偿损失：

（一）不具备产品应当具备的使用性能而事先未做说明的；

（二）不符合在产品或者其包装上注明采用的产品标准的；

（三）不符合以产品说明、实物样品等方式表明的质量状况的。

销售者依照前款规定负责修理、更换、退货、赔偿损失后，属于生产者的责任或者属于向销售者提供产品的其他销售者（以下简称供货者）的责任的，销售者有权向生产者、供货者追偿。销售者未按照第一款规定给予修理、更换、退货或者赔偿损失的，由产品质量监督部门或者工商行政管理部门责令改正。生产者之间，销售者之间，生产者与销售者之间订立的买卖合同、承揽合同有不同约定的，合同当事人按照合同约定执行。

第四十一条 因产品存在缺陷造成人身、缺陷产品以外的其他财产（以下简称他人财产）损害的，生产者应当承担赔偿责任。生产者能够证明有下列情形之一的，不承担赔偿责任：

（一）未将产品投入流通的；

（二）产品投入流通时，引起损害的缺陷尚不存在的；

（三）将产品投入流通时的科学技术水平尚不能发现缺陷的存在的。

第四十三条 因产品存在缺陷造成人身、他人财产损害的，受害人可以向产品的生产者要求赔偿，也可以向产品的销售者要求赔偿。属于产品的生产者的责任，产品的销售者赔偿的，产品的销售者有权向产品的生产者追偿。属于产品的销售者的责任，产品的生产者赔偿的，产品的生产者有权向产品的销售者追偿。

第四十七条 因产品质量发生民事纠纷时，当事人可以通过协商或者调解解决。当事人不愿通过协商、调解解决或者协商、调解不成的，可以根据当事人各方的协议向仲裁机构申请仲裁；当事人各方没有达成仲裁协议或者仲裁协议无效的，可以直接向人民法院起诉。

第四十九条 生产、销售不符合保障人体健康和人身、财产安全的国家标准、行业标准的产品的，责令停止生产、销售，没收违法生产、销售的产品，并处违法生产、销售产品（包括已售出和未售出的产品，下同）货值金额等值以上三倍以下的罚款；有违法所得的，并处没收违法所得；情节严重的，吊销营业执照；构成犯罪的，依法追究刑事责任。

第五十条 在产品中掺杂、掺假，以假充真，以次充好，或者以不合格产品冒充合格产品的，责令停止生产、销售，没收违法生产、销售的产品，并处违法生产、销售产品货值金额百分之五十以上三倍以下的罚款；有违法所得的，并处没收违法所得；情节严重的，吊销营业执照；构成犯罪的，依法追究刑事责任。

第六十二条 服务业的经营者将本法第四十九条至第五十二条规定禁止销售的产品用于经营性服务的，责令停止使用；对知道或者应当知道所使用的产品属于本法规定禁止销售的产品的，按照违法使用的产品（包括已使用和尚未使用的产品）的货值金额，依照本法对销售者的处罚规定处罚。

第六十九条 以暴力、威胁方法阻碍产品质量监督部门或者工商行政管理部门的工作人员依法执行职务的，依法追究刑事责任；拒绝、阻碍未使用暴力、威胁方法的，由公安机关依照治安管理处罚条例的规定处罚。

《中华人民共和国合同法》有关条款摘录

第一条 为了保护合同当事人的合法权益，维护社会经济秩序，促进社会主义现代化建设，制定本法。

第二条 本法所称合同是平等主体的自然人、法人、其他组织之间设立、变更、终止民事权利义务关系的协议。婚姻、收养、监护等有关身份关系的协议，适用其他法律的规定。

第三条 合同当事人的法律地位平等，一方不得将自己的意志强加给另一方。

第四条 当事人依法享有自愿订立合同的权利，任何单位和个人不得非法干预。

第五条 当事人应当遵循公平原则确定各方的权利和义务。

第六条 当事人行使权利、履行义务应当遵循诚实信用原则。

第七条 当事人订立、履行合同，应当遵守法律、行政法规，尊重社会公德，不得扰乱社会经济秩序，损害社会公共利益。

第八条 依法成立的合同，对当事人具有法律约束力。当事人应当按照约定履行自己的义务，不得擅自变更或者解除合同。依法成立的合同，受法律保护。

第九条 当事人订立合同，应当具有相应的民事权利能力和民事行为能力。当事人依法可以委托代理人订立合同。

第十条 当事人订立合同，有书面形式、口头形式和其他形式。法律、行政法规规定采用书面形式的，应当采用书面形式。当事人约定采用书面形式的，应当采用书面形式。

第十二条 合同的内容由当事人约定，一般包括以下条款：

（一）当事人的名称或者姓名和住所；

（二）标的；

（三）数量；

（四）质量；

（五）价款或者报酬；

（六）履行期限、地点和方式；

（七）违约责任；

（八）解决争议的方法。当事人可以参照各类合同的示范文本订立合同。

第三十二条 当事人采用合同书形式订立合同的，自双方当事人签字或者盖章时合同成立。

第三十五条 当事人采用合同书形式订立合同的，双方当事人签字或者盖章的地点为合同成立的地点。

第三十六条 法律、行政法规规定或者当事人约定采用书面形式订立合同，当事人未采用书面形式但一方已经履行主要义务，对方接受的，该合同成立。

第三十七条 采用合同书形式订立合同，在签字或者盖章之前，当事人一方已经履行主要义务，对方接受的，该合同成立。

第四十二条 当事人在订立合同过程中有下列情形之一，给对方造成损失的，应当承担损害赔偿责任：

（一）假借订立合同，恶意进行磋商；

（二）故意隐瞒与订立合同有关的重要事实或者提供虚假情况；

（三）有其他违背诚实信用原则的行为。

第五十三条 合同中的下列免责条款无效：

（一）造成对方人身伤害的；

（二）因故意或者重大过失造成对方财产损失的。

第五十四条 下列合同，当事人一方有权请求人民法院或者仲裁机构变更或者撤销：

（一）因重大误解订立的；

（二）在订立合同时显失公平的。

一方以欺诈、胁迫的手段或者乘人之危，使对方在违背真实意思的情况下订立的合同，受损害方有权请求人民法院或者仲裁机构变更或者撤销。

当事人请求变更的，人民法院或者仲裁机构不得撤销。

第六十条 当事人应当按照约定全面履行自己的义务。

当事人应当遵循诚实信用原则，根据合同的性质、目的和交易习惯履行通知、协助、保密等义务。

第六十一条 合同生效后，当事人就质量、价款或者报酬、履行地点等内容没有约定或者约定不明确的，可以协议补充；不能达成补充协议的，按照合同有关条款或者交易习惯确定。

第七十七条 当事人协商一致，可以变更合同。

法律、行政法规规定变更合同应当办理批准、登记等手续的，依照其规定。

第九十三条 当事人协商一致，可以解除合同。

当事人可以约定一方解除合同的条件。解除合同的条件成就时，解除权人可以解除合同。

第一百零七条 当事人一方不履行合同义务或者履行合同义务不符合约定的，应当承担继续履行、采取补救措施或者赔偿损失等违约责任。

第一百零八条 当事人一方明确表示或者以自己的行为表明不履行合同义务的，对方可以在履行期限届满之前要求其承担违约责任。

第一百零九条 当事人一方未支付价款或者报酬的，对方可以要求其支付价款或者报酬。

第一百一十一条 质量不符合约定的，应当按照当事人的约定承担违约责任。对违约责任没有约定或者约定不明确，依照本法第六十一条的规定仍不能确定的，受损害方根据标的的性质以及损失的大小，可以合理选择要求对方承担修理、更换、重作、退货、减少价款或者报酬等违约责任。

第一百一十二条 当事人一方不履行合同义务或者履行合同义务不符合约定的，在履行义务或者采取补救措施后，对方还有其他损失的，应当赔偿损失。

第一百一十三条 当事人一方不履行合同义务或者履行合同义务不符合约定，给对方造成损失的，损失赔偿额应当相当于因违约所造成的损失，包括合同履行后可以获得的利益，但不得超过违反合同一方订立合同时预见到或者应当预见到的因违反合同可能造成的损失。

经营者对消费者提供商品或者服务有欺诈行为的，依照《中华人民共和国消费者权益保护法》的规定承担损害赔偿责任。

第一百二十二条 因当事人一方的违约行为，侵害对方人身、财产权益的，受损害方有权选择依照本法要求其承担违约责任或者依照其他法律要求其承担侵权责任。

第三百二十二条 技术合同是当事人就技术开发、转让、咨询或者服务订立的确立相互之间权利和义务的合同。

第三百二十四条 技术合同的内容由当事人约定，一般包括以下条款：

（一）项目名称；

（二）标的的内容、范围和要求；

（三）履行的计划、进度、期限、地点、地域和方式；

（四）技术情报和资料的保密；

（五）风险责任的承担；

（六）技术成果的归属收益的分成办法；

（七）验收标准和方法；

（八）价款、报酬或者使用费及其支付方式；

（九）违约金或者损失赔偿的计算方法；

（十）解决争议的方法；

（十一）名词和术语的解释。

与履行合同有关的技术背景资料、可行性论证和技术评价报告、项目任务书和计划书、技术标准、技术规范、原始设计和工艺文件，以及其他技术文档，按照当事人的约定可以作为合同的组成部分。

技术合同涉及专利的，应当注明发明创造的名称、专利申请人和专利权人、申请日期、申请号、专利号以及专利权的有效期限。

第三百二十五条 技术合同价款、报酬或者使用费的支付方式由当事人约定，可以采取一次总算、一次总付或者一次总算、分期支付，也可以采取提成支付或者提成支付附加预付入门费的方式。

约定提成支付的，可以按照产品价格、实施专利和使用技术秘密后新增的产值、利润或者产品销售额的一定比例提成，也可以按照约定的其他方式计算。提成支付的比例可以采取固定比例、逐年递增比例或者逐年递减比例。约定提成支付的，当事人应当在合同中约定查阅有关会计账目的办法。

第三百五十六条 技术咨询合同包括就特定技术项目提供可行性论证、技术预测、专题技术调查、分析评价报告等合同。

技术服务合同是指当事人一方以技术知识为另一方解决特定技术问题所订立的合同，不包括建设工程合同和承揽合同。

第三百六十条 技术服务合同的委托人应当按照约定提供工作条件，完成配合事项，接收工作成果并支付报酬。

第三百六十一条 技术服务合同的受托人应当按照约定完成服务项目，解决技术问题，保证工作质量，并传授解决技术问题的知识。

第三百六十二条 技术服务合同的委托人不履行合同义务或者履行合同义务不符合约定，影响工作进度和质量，不接受或者逾期接受工作成果的，支付的报酬不得追回，未支付的报酬应当支付。

技术服务合同的受托人未按照合同约定完成服务工作的，应当承担免收报酬等违约责任。

参 考 文 献

[1] 纪宝成．市场营销学教程[M]．北京：中国人民大学出版社，2008．
[2] 刘德武．企业物流[M]．北京：电子工业出版社，2009．
[3] 孙国忠，袁文军．市场营销实务[M]．北京：北京师范大学，2010．
[4] 李红梅．市场营销实务[M]．北京：电子工业出版社，2010．
[5] 张泽起．市场营销实务[M]．北京：北京传媒大学出版社，2008．
[6] 罗绍明．市场营销实训[M]．北京：机械工业出版社，2009．
[7] 王瑶．市场营销基础实训与指导[M]．北京：中国经济出版社，2009．
[8] 张存禄．企业管理经典案例评析[M]．北京：中国人民大学，2005．
[9] 赵志锋．电子电器产品营销实务[M]．北京：人民邮电出版社，2008．
[10] 周伟．电子电器产品市场与营销[M]．北京：电子工业出版社，2008．
[11] 刘晓峰．现代工业企业管理[M]．北京：机械工业出版社，2008．
[12] 张雪芬，曹汝英．商品经营[M]．北京：高等教育出版社，2006．
[13] 刘永芳．消费心理学[M]．上海：华东师范大学出版社，2008．
[14] 龙江．商贸企业物流[M]．北京：中国物资出版社，2003．
[15] 韩广兴，韩雪涛．电子电器产品营销技能上岗实训[M]．北京：电子工业出版社，2009．
[16] 孙国忠，袁文君．市场营销实务[M]．北京：北京师范大学出版社，2011．
[17] 梁慧琼，余远昆．市场营销[M]．北京：清华大学出版社，2011．

反侵权盗版声明

举报电话：（010）88254396；（010）88258888

传　　真：（010）88254397

E-mail：　dbqq@phei.com.cn

通信地址：北京市万寿路 173 信箱

　　　　　电子工业出版社总编办公室

邮　　编：100036